2025年第1辑 总第326辑

上海审判实践

上海市高级人民法院 主办
主编 王光贤 副主编 张果

上海人民出版社

《上海审判实践》编辑委员会名单

《上海审判实践》本辑责任编辑

（按姓氏笔画排序）

目　录

司法实务

数字法院建设

学术讨论会

学术争鸣

案例精解

审判业务文件

民商事审判体系化思维的逻辑

毛海波*

民商事审判中存在大量复杂、疑难问题，而这些问题往往交织在一起呈现于法官面前。如何将其条分缕析、厘清裁判方向，极为考验法官的功力。养成体系化的思维，从相关法律的整体框架中去把握规则之间的内在逻辑，则是处理该类案件的必由路径。

一、体系化思维的起点：掌握规则的立法缘由

司法审判凭借的法律规则并非凭空而来，总是基于特定的社会背景，为解决一项甚至多项社会问题从而应运而生。因此，法官在适用法律时，就需要把思维体系要素与法律渊源形式连接在一起，把各种法律渊源的形式当成体系思维的要素，然后在法源理论的基础上展开体系思维，以便法治能够以“法律”的名义展开实施。① 这提醒法官在审理案件时，不仅要了解该法律规则的字面含义，还需深刻洞悉规则产生背后的社会基础，从历史脉络把握该法律规范的适用范畴。这种情况在民商事审判中非常突出，比如合同效力的判定、违约责任的承担、所有权的归属等，是民商事审判中的常见问题，在一个案件中同时涉及上述事项，亦是常有之事。法官在体系化思维下进行逻辑推演时，首先必须深刻把握法律规则的立法背景。以出卖他人房屋为例，各方当事人往往争执系争房屋的所有权归谁所有。然而，就该问题而言，涉及无权处分框架下合同的效力认定、物权如何变动、善意取得规则如何适用等问题，因此，法官就需要在无权处分这一主线下，将相关规则进行整合，

* 毛海波，法学博士，上海市浦东新区人民法院党组成员、副院长。

① 陈金钊：《体系思维的姿态及体系解释方法的运用》，载《山东大学学报》2018 年第 2 期。

并在充分理解规则的立法原因下作出恰当的裁断。

案例：甲是某房屋的所有权人，乙系甲的妹妹，趁甲不在家将其房产证偷出。乙伪造相应的身份证明，即将自己的头像照片与甲的姓名等信息混合在一起，冒充甲以其名义将该房屋于中介处挂牌出售。丙不清楚乙冒充甲的情况，在中介撮合下购买了该套房屋，向乙支付了该房屋的市场价，并通过交易中心将其过户至自己名下。甲之后发现自己的房屋已被出售，故提起诉讼，要求法院确认乙冒充其名义与丙签订的买卖合同无效，该房屋所有权回归其名下。

就合同效力而言，根据区分原则，法律行为中合同的效力与物权变动的效力应当予以区分，物权是否变动对于合同的效力不发生影响。就此最高人民法院《关于审理买卖合同纠纷案件适用法律问题的解释》第3条第1款、《民法典》第597条予以明确规定，无权处分合同属于有效合同。乙冒充甲出售房屋的行为属于无权处分，因此上述合同很容易被认定为有效。然而，在审理该类案件时，法官还需要把握《民法典》第143条的精髓，即只有意思表示真实的合意才属于有效。在一般无权处分行为下，比如由于登记错误，A的房屋登记于B名下，B将该房屋出售于C，该买卖合同的签署当事人是B与C，就B而言，房屋虽不属于其所有，但其有将该房屋出售于C的真实意思表示；就C而言，其不清楚登记错误的情况，根据登记情况想从B手里购买房屋，因此双方的意思表示完全真实，该合同确实应被认定有效。然而，就上述案例中的冒名类法律争议而言，由于房屋仍登记在甲名下，乙只能假冒甲的名义与丙发生交易，因此该买卖合同的签署当事人只能是甲（乙冒充甲，签上甲的名字）与丙。就甲而言，其完全不清楚房屋被出售的事实，并无交易的意思表示；就丙而言，其确实想和甲交易，却将乙误认为甲，交易对象发生错误，意思表示不真实。显然，该类合同并非有效，而是应被认定不成立。因此，法官在依据法律规范进行裁断时，首先需明晰合同之所以被认定有效的法理基础。

在无权处分框架下，还有一个极为复杂的问题是在冒名情况下，买受人是否可基于善意取得制度取得该套房屋的所有权。根据《民法典》第311条的规定，在无权处分情形下，只要买受人交易时主观上属于善意、支付了合理的对价、房屋已通过物权变动方式过户至自己名下，则其可善意取得该套房屋的所有权。然而，现实生活中的纠纷却极为复杂，交易的模式亦千变万化，此时法官就需要深入了解该法律制度的历史来源。

善意取得制度是一项古老的民法制度，起源于日耳曼法“以手护手”原则，是适应商品经济的发展而产生的一项交易规则。其本质上是立法者在真正权利人代表的静态物权安全与善意取得人代表的动态交易安全之间进行取舍，属于两害相较取其轻的价值决断，但这种立法决断必须有坚实的理性依据。② 无权处分人占有动产的外观事实在一定程度上可以表征权利，成为可以信赖的事实，第三人基于对此事实的合理信赖而与之交易，法律保护这种信赖，允许其善意取得相应物权。立法者的这种基于科学教义理论作出的利益衡量正是动产物权善意取得的共同正当性基础。③ 显然，善意取得制度本旨是对善意当事人信赖利益的保护，因此只有公示内容发生错误，而交易第三人信赖该公示内容，其交易行为才可以获得该制度的保障。就不动产而言，公示的内容为登记，比如在 A 的房屋错误登记在 B 名下情形下，C 信赖登记内容，与 B 发生交易，且交易时不知道登记发生错误的情形、支付了合理的对价、该房屋过户至自己名下，则其可取得系争房屋的所有权。然而，在冒名情况下，公示内容即房屋的登记信息并未发生错误，该房屋仍登记于甲名下，丙只是认识错误，将乙误认为是甲，此并非善意取得保护的对象。因此，丙不能取得系争房屋的所有权，应将该房屋恢复登记于甲名下，只能向乙主张赔偿责任。

从上述事例可知，民商事审判中，法官在梳理复杂、疑难问题时，不能仅着眼于法律的字面含义，而是需要了解该法律的来源，从比较法的角度理会立法产生的社会背景，着眼于需解决的社会问题，这样才能在处理案件时不被变化多端的交易形态所迷惑，作出符合立法本意的裁判。

二、体系化思维的深入：对当事人意思表示的把握

在双方就相关民商事交易发生纠纷时，往往就法律关系的性质发生争议，

② 黄家镇：《民法典体系下动产抵押权善意取得的规范续造》，载《法学研究》2024 年第 4 期。

③ 前引 ②，黄家镇文。

法官需要根据案件事实厘定双方之间究竟系买卖、借贷还是担保等。法律关系不同，决定了适用法律规则不同，并进而影响到双方之间的实体权利义务处理，因此法官需慎之又慎，而这涉及对当事人交易模式的理解，对当事人真实意思表示的掌握。以双方签订房屋买卖合同为例，就涉及不同的法律关系。

案例1：甲向乙借款，同时与乙签订房屋买卖合同，将其所有的房屋出售于乙。双方按照买卖合同约定，将该房屋所有权转移至乙名下。双方还约定如果甲到时归还乙的借款，则乙需将该房屋所有权返还于甲。

案例2：丙向丁借款，同时与丁签订房屋买卖合同，约定如丙到期无法归还借款，则双方履行该买卖合同，丙应将该房屋出售于丁。

案例3：戊向己借款，到期后戊无法归还借款。于是戊将自己的房屋出售于己，双方至交易中心办理了过户登记。

司法审判中，上述三种类型普遍存在且形式上具有很大的相似性，皆是建立在借贷基础上的房屋买卖，然而买卖的意思表示却并非一致，最终的处理结论亦不相同。

就案例1和2而言，双方确实签订了房屋买卖合同，然而从行为分析，买卖房屋却并非双方真实意思表示。甲、丙将该房屋出售于乙、丁的目的系为其借款提供担保。因此当乙或者丁依据买卖合同要求确认该房屋归其所有或者要求对方履行买卖合同时，法官就不该支持其诉讼请求。

需要提及的是，上述两种情况虽然都是让与担保的意思表示，但是鉴于行为模式不同，因此处理结果又有所差异。案例1中，甲通过将房屋过户登记的行为，将担保标的物的财产权转移至乙名下。因此，法官虽不支持其要求取得系争房屋所有权的诉求，但可在释明基础上，认定乙的让与担保符合《最高人民法院关于适用〈中华人民共和国民法典〉有关担保制度的解释》（以下简称《民法典担保制度解释》）第68条的规定故而合法有效，可以就该房屋的拍卖、变卖价款优先受偿。案例2中，双方签订的买卖合同虽具有担保合意，但由于未进行财产权的让与登记，因此丁无法就该房屋的拍卖、变卖价款优先受偿，只能要求丙根据借款合同履行付款义务。

案例3则与案例1、2又不同，在戊无法归还己欠款基础上，双方签订房屋买卖合同，属于以物抵债行为，通过房屋抵债的意思表示真实有效。因此，如果戊不愿履行该合同，则己可以要求戊履行。法院亦可以据此判决戊履行房屋买卖合同，将房屋过户至己名下。

由此可见，当事人的行为不同，适用的法律规则亦会有所差别。法官需在体系上把握好不同交易模式下当事人意思表示认定的标准，这样才能掌控庭审节奏、恰当分配举证责任、正确归纳争议焦点，切实实现定分止争的目标。

三、体系化思维的扩展：对法律规则历史演进的了然

“法律秩序应该是由协调的并且规范的价值标准所组成的规范结构。内部存在矛盾的法律秩序将损害对一切公民的、统一的法律标准要求。通常只有了解法律规范在规范群、法典、部分领域（劳动法、社会法、税法）或整个法秩序中的地位，才能对规范内容进行切合实际的理解。”④ 因此，体系思维不仅要解决法律规范之间的逻辑一致性，还需要解决法律制度及其运行机制之间的融贯性问题。⑤ 从实践来看，就相同或者相似问题，不同时期的法律规则对此会进行规定，这些规则之间有时不尽相同，法官需对此进行体系化解读。同时，法律是社会生活的反映，往往具有一定的滞后性，因此，法官在适用相应规则裁判案件时，对其历史演进必须予以深刻了解，明晰其变迁过程。

多人担保情形下担保人之间是否享有追偿权就是明显的例子。如甲向乙出借款，由丙、丁对乙的该项债务提供担保，当乙无法偿还甲的债务，担保人丙替乙偿还后，其可以向乙追偿不言自明。关键是丙是否可向丁追偿，要求丁分担相应的责任，这在民商事审判实践中是一个较有争议的问题。

从概念上区分，多人担保分为混合担保和共同担保，所谓混合担保是指数个担保人之间承担不同的担保，比如上述案例中，丙承担保证、丁承担抵押。共同担保是指数个担保人之间承担相同的担保。比如上述案例中，丙与丁都承担保证或者都承担抵押。然而，就这两种不同的担保模式而言，相应法律规则却有所不同。

④ ［德］伯恩·魏德士：《法理学》，丁小春、吴越译，法律出版社 2003 年版，第 329 页。
⑤ 陈金钊：《体系思维的姿态及体系解释方法的运用》，载《山东大学学报》2018 年第 2 期。

就混合担保而言，2000年施行的原《最高人民法院关于适用〈中华人民共和国担保法〉若干问题的解释》（以下简称《担保法司法解释》）第38条规定："同一债权既有保证又有第三人提供物的担保的……承担了担保责任的担保人，可以向债务人追偿，也可以要求其他担保人清偿其应当分担的份额。"然而，2007年施行的原《物权法》第178条却对此进行了修正，其仅规定，"被担保的债权既有物的担保又有人的担保的……提供担保的第三人承担担保责任后，有权向债务人追偿"。显然，该规则并未约定承担责任的担保人可以向其他担保人进行追偿。有鉴于此，2019年《民商事审判工作会议纪要》第56条明确，就混合担保而言，承担担保责任的担保人向其他担保人追偿的，人民法院不予支持，但担保人在担保合同约定可以相互追偿的除外。由此可知，除非当事人另有约定，否则混合担保情形下，担保人之间无追偿权。

然而，共同担保的法律规则却与此不同。1995年施行的原《担保法》第12条规定："同一债务有两个以上保证人的……已经承担保证责任的保证人，有权向债务人追偿，或者要求承担连带责任的其他保证人清偿其应当承担的份额。"原《担保法司法解释》第75条第3款规定："抵押人承担担保责任后，可以向债务人追偿，也可以要求其他抵押人清偿其应当承担的份额。"显然，就共同担保而言，担保人之间享有追偿权。

由此可见，就担保追偿权问题，我国的法律规则众多且不协调，而且延续较长的时间跨度。法官就此应明晰《民法典》第699条的立法精神，以及《民法典担保制度解释》第13条、第14条、第18条与《民法典》第524条、第547条、第700条之间的内在关系，这样才能对担保制度历史演进有个清晰的图谱，也才可以充分理解国家对担保追偿权问题进行统一的立法努力，也才能深刻掌握目前无论是混合担保还是共同担保，除非担保人之间约定相互追偿或者约定承担连带担保责任，以及各担保人在同一份合同书上签字、盖章或者按指印，否则各担保人之间无追偿权的立法来源和制度本旨。

事实上，类似的情况在民商事审判中比比皆是，大量的法律规则需要进行体系化的解读，大量的裁判依据需要结合当时立法的情况予以了解。法官就此才可以更好地掌握该规则是否还适用于目前的案件，如果无法适用时有无替代性的法律规则可以凭借，其他的相关规则是否已经对其进行了修正等，并可就规则的进一步完善提出合理化的建议。

四、体系化思维的落脚：通过精细化审判树立良好价值导向

体系化思维最终落脚在司法裁判对于国家治理、社会治理的引领与价值引导。有些民商事案件，表面上来看可适用的法律规则非常清楚，从法律分析角度亦似乎很有道理。然而，如果据此作出裁判，则相应的社会效果却很差。正如德国法学家魏德士指出："纯粹的法律技术对法律和社会是危险的。只有那些对法的基础和作用方式以及对可能引起法适用的原因和适用方法后果有所了解并对其思考的人，才能在法律职业的领域内尽到职责的要求。"⑥因此，法官需树立精细化审判的理念，在裁判中贯彻为社会树立良好价值导向的目标。

（一）在认定违约方承担违约时体现司法价值引领功能

在违约方违约时，如何认定其违约责任、合同约定的巨额违约金是否需要调整以及如何调整，是司法审判中非常重要的问题，法官需根据案件类型仔细甄别。如受当前国际、国内经济形势影响，一些外贸企业在订立合同后无法履约。如若法院判决其承担过高违约金，则该企业无法继续存活，聘用的员工亦将失业。当然，如果金额过低，则守约方的利益亦将受损。此时，法官在行使自由裁量权时就需充分平衡各方当事人之间的关系、违约方的违约程度以及是否采取了补救措施等各种细节，实现各方利益的精细平衡，以维护社会经济发展、劳动者稳定就业的大局。又如在前几年上海房地产市场涨幅较大，出现了很多"一房二卖"的情形，即出卖人在将房屋出售于张三后收取定金，然后发现如果再次将该房屋出售于李四，则获取的利益比法院判决其因违约向张三承担双倍返还定金的数额要高，于是选择违约。司法实践中，由此引发的较多诉讼亦值得法官思考。法官如果仅判定违约方承担双倍返还定金的责任，不但无法弥补守约方的损失，还会助长这种违约的风气。此时法官就需发挥司法裁判的社会价值引领作用，充分考虑房价上涨、各方合同约定、违约方的违约情节等因素，在判决违约方双倍返还定金基础上再

⑥ ［德］伯恩·魏德士：《法理学》，德文版前言第1页。转引自陈金钊：《体系思维的姿态及体系解释方法的运用》，载《山东大学学报》2018年第2期。

酌情确定相应的赔偿额，让其无法从违约行为中获益，给其他行为人明确的行为预测和指引。

（二）在维护房屋所有权人利益时彰显社会良好风尚

目前家庭成员之间要求确认房屋所有权归属、请求居住人迁让的案件较多。如甲系乙女儿，系某房屋的所有权人，该房屋长期由甲一家三口与乙共同居住。乙已逾 80 岁，在他处有私房一套，该房屋目前由乙的儿子一家三口居住。因甲与乙发生争议，甲起诉请求乙迁让搬离。从法律条文来看，该房屋属于甲所有，所有权人享有占有、使用、收益、处分的权能。因此，甲作为所有权人要求乙搬离符合法律规定，而且乙在他处有房，虽然该房屋目前由儿子一家三口居住，但其作为所有权人当然有权搬入。因此，有判决认定乙应从甲的房屋内搬离。然而，这样的处理却未实现法律效果与社会效果的统一。在处理该类案件时，需要法院综合评判如下因素：双方作为母女之间的矛盾是否无法调和，乙是否愿意与儿子一家生活，儿子是否同意乙搬进去，如果从甲的房屋搬离又无法入住自己所有的房屋则如何实现居住的目的，等等。法官只有将这些因素全部考虑到位，才能作出恰当的裁断，切忌在家庭成员之间仅根据登记所有权来简单处理案件。

（三）在确定利益归属时实现社会和谐稳定的目标

有些民事法律关系已经形成较长时间，一方或者双方由于关系的好坏、经济水平变动等原因故而对原先已完成的利益分割产生不满，诉至法院要求确认合同无效或者重新进行利益划分，此时法官就不能仅依据表面规则进行简单处理，还需深刻了解诉讼发生的原因以及调整之前已形成的法律关系可能带来的负面效应。一起请求确认公房买卖合同无效纠纷就是较好的例子：甲乙系夫妻，育有女儿丙、儿子丁。2000 年，甲作为承租人与公房管理单位签署公房买卖合同，将该公房购买为私房，房产证登记为丁所有。乙、丁作为同住人在该买卖合同上签字。十几年后，女儿丙以自己未在该合同上签字为由请求确认公房买卖合同无效。从形式上分析，购房合同上确实需要承租人和所有同住人签字确认，然而，法官如果仅因为丙未签字认定该合同不符合生效的要件，进而确认合同无效则显然不妥。一方面，法官需要了解，在长达十几年时间内，作为一起生活的家人，丙是否确实不知情该公房的买卖；另一方面，如果认定该公房买卖合同无效，则已经转变为私有的房屋将再次转变为公房状态，十几年来已经稳定的权利归属将再次被打破，这种处理结果是否符合各方预期以及社会的价值导向，本案是否还有更好的处理方式等。如果法官在处理案件时考虑不周，就会导致案结事不了，程序空转，最终影响稳定的社会环境。因此，法官需要树立综合平衡的审判理念，既要守住案件依法公正审判的底线，亦要衡量裁判对社会的影响以及由此引发的示范效应。

总之，随着社会的不断发展变化，法官亦需与时俱进，不断提升自身素养和能力，培育体系化的思考方式，明晰规则的立法本意、深刻把握当事人的真实意思表示、了然相似法律规则的变迁途径与整合路径，运用精细化的审判方式，这样才能实现法律效果和社会效果的统一，给社会树立良好的价值导向，不断提升司法权威。

（责任编辑：张　俊）

预约合同违约责任的体系构建与路径探究
——以S市三年民事判决书为样本

孙鼎铭*

商业交易模式的高速发展变化使得缔约过程也日趋复杂，从开始谈判到最终签订合同，当事人之间可能会达成如意向书、认购书、备忘录等多种形式的初步协议，在巩固阶段性谈判结果的同时，还能在达成最终交易前给予时间缓冲和决策上的观望。① 此种约定在将来一定期限内订立本约的合同，即预约合同。《最高人民法院关于适用〈中华人民共和国民法典〉合同编通则若干问题的解释》(以下简称《合同通则解释》) 进一步细化了预约合同及相应违约损害赔偿的认定规则。本文在实证分析论证的基础上，尝试统一违约损害赔偿金额的计算方式，主张以交易合意的确定性为标准，综合考虑合同内容完备性、实际履行情况、过错程度等要素，提出完善建议。

一、问题检视：预约合同违约责任司法认定现状

(一) 预约合同违约责任问题裁判观点存在差异

司法实践中对于预约合同违约责任问题存在较大争议。从中国裁判文书网中检索2021年至2024年S市法院涉及预约合同的民事判决书，筛选出法院明确认定为预约合同的案件并进行去重处理，获得有效样本323件，从中梳理预约合同违约责任裁判的总体情况，发现就以下问题存在不同的裁判观点。

---

* 孙鼎铭，法律硕士，上海市虹口区人民法院立案庭法官助理。

① 参见张华:《预约合同的违约救济》，载《法律适用(司法案例)》2019年第2期。

1. 能否判决继续履行合同问题

在323件有效样本中，提及“继续履行”的有211件，判决主文中含“继续履行”字样的案件为4件，均表述为“驳回原告要求继续履行预约并签订本约的诉讼请求”，即未搜索到实际判决继续履行的案件。据此，可以推定普遍裁判观点认为不应判决继续履行，主张预约与本约在效力上的最大区别在于，基于合同自由原则，一方违反约定拒绝订立本约的，相对方不能强制违约方订立本约，只能要求对方承担其他违约责任。

全国范围来看，检索此三年来涉及“预约合同”的民事判决书，全文含“继续履行”字样的案例共有12435件，其中判决主文中含“解除”字样的案例为7760件，判决主文中含“继续履行”字样的案例为532件。尽管未能逐一阅读全部案例以得到更精确数据，但可大致得出实践中偏向于解除合同而非继续履行的结论。其中支持继续履行的主要理由为如果预约合同的权利义务明确，有履行条件，且不具备法律规定不能履行或不能强制履行的情形，则依法可以强制履行。

2. 与本约缔约过失责任的关系问题

在323件有效样本中，提及“缔约过失责任”的仅有14件，占比4.33%，而含“违约责任”字样的案例有245件。也就是说，虽有观点认为违反预约合同的赔偿损失范围总体上相当于本约的缔约过失责任范围，可借鉴缔约过失责任的损害赔偿计算方法来计算预约的损失，② 但实践中仍偏向于将达成预约而未能缔结本约的责任归结为违约责任。

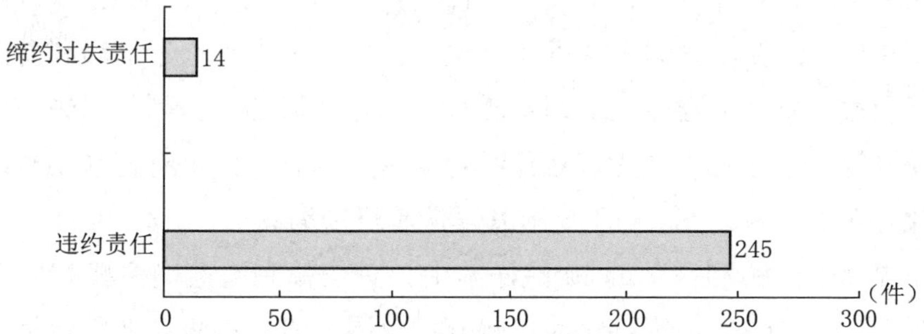

图1

② 陈峻阳:《论预约合同的违约责任》，载《河南大学学报（社会科学版）》2021年第61期。

在仅有“缔约过失责任”的14件样本中，关于预约的违约责任与本约的缔约过失责任之间的关系问题，存在以下四种裁判观点：（1）79%的案件认为两者为重合关系，主张预约违约责任相当于本约的缔约过失责任，即认为相对于本约而言，预约实际上处于缔结本约之前的磋商阶段，因此违反预约的行为既是预约的违约行为，也是本约的缔约过失行为；（2）7%的案件认为两者为包容关系，主张预约违约责任相当于本约的缔约过失责任；（3）7%的案件认为两者为交叉关系，即从损害结果来看部分是一样的但也存在区别，主张预约违约责任相当于本约的信赖利益损失，但不同于缔约过失责任之标准；（4）7%的案件认为两者为并列关系，主张预约违约责任不同于本约的缔约过失责任。总体来说，认可预约违约责任相当于本约的缔约过失责任的比重较大，少数观点认为两者在性质和赔偿范围上存在一定区别。

表1

关　系	内　　　容	占　比
重合关系	相当于本约的缔约过失责任	79%
包容关系	相当于本约的缔约过失责任，但不排除损害赔偿、违约金及定金罚则的使用	7%
交叉关系	相当于本约的信赖利益损失，但不同于缔约过失责任之标准	7%
并列关系	不同于本约的缔约过失责任	7%

3. 损害赔偿责任范围问题

在323件有效样本中，提及“信赖利益”的有12件，提及“履行利益”的有9件。上述样本倾向于认可违反预约合同的损失仅限于信赖利益而不包括履行利益，所谓的履行利益即指履行本约合同后的可得利益损失，如房屋差价损失等。主流观点认为订立预约合同后，当事人仅负有将来按预约规定的条件订立本约的义务，而不要求其直接履行本约。

在提及“信赖利益”的12件样本中，对信赖利益范围主要有以下三种裁判观点：（1）67%的案件认为信赖利益仅限于直接损失，通常包括缔约费用、准备履行所需费用、已给付金钱的利息等。（2）25%的案件认为信赖利益包括直接损失和间接损失，其中间接损失是指机会利益损失，即一方基于信赖所丧失的与他人缔约的机会。（3）8%的案件认为信赖利益包括所受损失与所失利益，前者是指因信赖该缔结本约之约定而造成的具有积极性质的损失，如劳动和金钱支出；后者是指因信赖该缔结本约之约定而错过的收益之机会，相当于期待利益中的可得利益损失。总体来说，认可信赖利益限于直接损失的占比较大，部分案件认为间接损失、可得利益损失也属于信赖利益并可纳入计算范围。

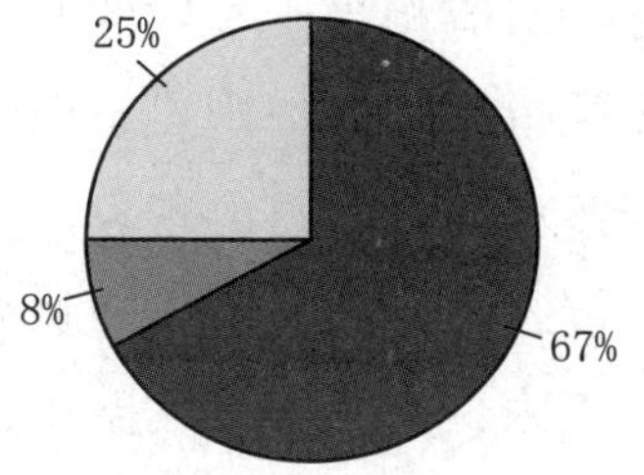

图 2

（二）预约合同违约责任认定困境

上述裁判观点分歧，正说明了预约合同违约责任认定的困境问题。

1．继续履行问题理论与实践相背离

在当事人明确表示不继续履行预约合同时能否强制缔约这一问题上存在不同观点。有观点认为可以要求强制履行，理由在于当事人达成预约即表明接受预约的约束而希望能缔结本约，故在发生违约事项后，基于诚实信用原则，可以强制要求违约方继续与守约方磋商。③ 但从前述样本可以看出，主流裁判观点认为如果要求当事人强制磋商将有悖于意思自治原则与缔约自由原则，且强制表意不利于纠纷一次性解决，也不适宜强制履行。

2．与本约缔约过失责任界限不明晰

“违反预约的行为既是预约违约行为，也可以视为本约的缔约过失行为。”④ 然而，预约的违约责任与本约的缔约过失责任的利益保护范围并不相

③ 前引②，陈峻阳文。

④ 参见最高人民法院民事审判第二庭主编:《最高人民法院关于买卖合同司法解释理解与适用》，人民法院出版社 2012 年版，第 52 页。

同，前者规范的是不履行预约合同约定订约义务的行为，后者着眼于订立合同过程中因违反诚信原则而造成对方损失，进而体现为赔偿损失的范围也存在差异。⑤此外，由于订约失败所引发的预约合同违约责任和本约缔约过失责任分属于不同的法律关系，法律效果也存在区别。

3. 信赖利益与履行利益的范围混同

主流观点认为预约的损害赔偿应相当于本约的信赖利益赔偿，同时以不超过履行利益为限。大部分案件也采用这一观点，但纵观相关案件的具体计算方式，发现存在混同信赖利益和履行利益的现象。究其原因，信赖利益和履行利益的认定与范围存在争议，在尚未厘清上述概念的基础上，将预约合同违约责任限定于信赖利益范围内，必然导致实践中发生混同。还有学者对将损害赔偿范围限于信赖利益提出疑问，认为应以预约合同类型为依据进行划分。⑥

回溯探究现有法律规定，《中华人民共和国民法典》(以下简称《民法典》)第495条规定了预约合同的适用规则，对于违反预约合同的后果规定了承担预约合同的违约责任。《合同通则解释》第6条至第8条细化了预约合同的认定、违约情形的判断以及责任承担。对于违约责任如何承担的问题，《合同通则解释》明确了损害赔偿的救济路径，并在损害赔偿的数额认定上采用较为灵活的酌定式标准，预约合同的责任承担内容从具体要素的抽象化思维逐渐演变为动态评价的思维。但仍存在考量因素较为单一、内部层次不够清晰等问题。如何在预约合同中最大限度尊重当事人意思自治与理性行使自由裁量权尚需要进一步探索。

二、进路探寻：预约合同违约责任相关理论剖析

预约合同违约责任主要问题在于订约义务是否可以以判决代替强制履行或仅引起损害赔偿责任，以及若产生损害赔偿责任，赔偿的利益为履行利益还是信赖利益。对此，理论界已有多番谈论。

⑤ 尚晓茜、刘衍：《〈民法典〉中订约失败责任的二元体系——预约合同违约责任与缔约过失责任之竞合》，载《上海政法学院学报（法治论丛）》2020年第35期。

⑥ 前引②，陈峻阳文。

（一）以是否实际履行为标准，预约合同无需判决强制履行

关于预约合同能否判决强制履行，支持理由主要有：一是判决强制履行不构成强制表意，反而是尊重双方当事人合意之结果，系对意思自治的尊重。二是强制履行更有利于保护守约方合理信赖，当事人订立预约即意味着其同意受此约束，故而产生受法律保护的合理信赖，如果没有强制履行这一责任形式，可能导致违约方仅需支付部分违约金就能获取更高收益，出现鼓励当事人违约之不利影响。三是强制履行的制度功能具有不可替代性，并非所有履行利益均能以金钱进行衡量和补偿，如涉及人身关系的劳动预约合同。⑦

关于预约合同能否判决强制履行，反对理由主要有：一是强制履行预约合同实属强制表意，有违意思自治原则与缔约自由原则；二是预约已不具备继续履行的基础，此时合同双方当事人已丧失信任，难以继续进行诚信、公平的磋商；三是根据《民法典》第 580 条规定的不能和不适于强制履行的情形，预约合同的标的为将来缔结正式合同的行为，无法强制履行；四是预约合同规范的磋商义务极易履行，只要存在磋商行为均视为预约合同的履行，因而实质上没有任何拘束力。⑧

在就这一问题的探讨过程中，又形成了内容确定性区分下的强制履行说、未决内容的主客观区分下的强制履行说等观点，其实质是预约合同内容越接近于本约，则所蕴含的信赖利益就应越受保护，故而违反预约合同后适用强制履行规则的条件是预约内容达到抑或通过解释达到本约的确定性程度。⑨

在此类学说下，判断预约内容是否达到本约确定性程度也是一大难题。即便是内容无限接近于本约的预约合同，法律性质上与本约仍存在实质性差异，仅以内容完备性是否达到本约程度来判断可否强制履行实践中难以明辨，且合同内容不完备通常也可依据合同解释规则予以规范。

⑦ 参见王利明:《预约若干问题研究——我国司法解释相关规定述评》，载《法商研究》2014 年第 1 期；黄绍坤:《论强制履行作为预约违约的责任形式》，载《甘肃政法学院学报》2019 年第 6 期。

⑧ 参见前引⑦，黄绍坤文；王瑞玲:《预约、本约区分和衔接的主观解释论——兼对客观解释论商榷》，载《政治与法律》2016 年第 10 期。

⑨ 参见陆青:《〈买卖合同司法解释〉第 2 条评析》，载《法学家》2013 年第 3 期；刘承韪:《预约合同层次论》，载《法学论坛》2013 年第 6 期。

综合来看，预约合同违约责任可以不包括继续履行。

其一，从民法典体系来看，《民法典》第495条规定违反预约合同的应承担“预约合同的违约责任”，而其他提及违约责任的条款并未在前面赋予类似的限定，也就是说《民法典》将“预约合同的违约责任”与普通合同的“违约责任”相区分留下了一定的空间，因此预约合同违约时能否参照《民法典》第577条规定要求继续履行仍可待商榷。

其二，从行为后果来看，当事人选择强制缔约或损害赔偿均是基于利益考量，如果主张损害赔偿所得利益大于或等于主张强制缔约的结果，则守约方必然不会坚持要求强制缔约，而无需担心会出现鼓励当事人违约之情形，《民法典》也允许违约方在某些情形下行使合同解除权。现行司法实践已实质上将强制履行排除在外，并未对交易市场和商业环境造成较大的负面影响。

其三，从域外经验来看，我国民法在界定预约和本约时，将内容不符合本约要求的均纳入预约范围，导致预约合同内容翔实程度的要求低于其他国家，并强调尊重当事人意思自治，对于即便内容完备但双方有另行签订合同意愿的也视为预约，与德国法相比扩宽了预约的适用范围，与法国法相比限缩了本约的适用范围。⑩ 因此，不应一味参照域外经验认为预约合同均可强制履行。

其四，从执行效果来看，如果认为法院可以强制要求双方继续磋商而缔结本约，则在执行阶段难以判断双方是否遵守诚实信用原则，一旦双方迟迟无法缔结本约，将使得执行无法推进、难以终结。

事实上，以是否实际履行为标准，预约合同无需赋予强制履行制度。

评价预约合同的信赖利益不应仅根据合同内容完备性这一单一维度，还应考虑实际履行情况等其他因素。而相较于合同的完备性，实际履行行为是更为明确的判断标准，表明预约已实际具备履行条件，不存在履行不能的情形，且当事人为实现本约业已付诸更高的成本，也间接体现出合同内容的完备性。对于尚未实际履行的预约合同而言，当事人付出的成本还未达到需赋予强制履行效果的程度；而对于已实际履行或部分实际履行的预约合同，可

⑩ 德国法认为预约合同发生效力之前提是预约合同之内容应达到本合同所要求的确定性。法国法认为当预约合同确定性达到本合同程度时，应当认定为本合同。

按法律规定依当事人履行合同的事实行为而认定本约成立，并根据本约的违约责任认定规则判断是否可以判决强制履行，无需从预约合同层面讨论强制履行问题。

综上，对于没有实际履行行为的预约合同，不具备需以强制履行制度保障的信赖利益，不应判决强制履行；对于存在实际履行行为的预约合同，可依法认定本约成立，并判决强制履行。

（二）从利益保护范围来看，不限于本约的缔约过失责任

违反预约合同这一事实将导致预约合同违约责任和未能缔结本约的缔约过失责任的竞合，当事人可依据《民法典》第495条或第500条分别产生两个独立的请求权。

预约合同违约责任实为独立的违约责任，不能涵括到缔约过失责任中。首先，参考德国民法理论，预约制度的确立实质是为了弥补缔约过失理论的不足。缔约过失责任要求行为人在主观上对损害事实的发生存在过错，并局限于合同无效或者不成立时无过错的当事人主张信赖利益赔偿的场合。而预约制度的构建基础却是扩张当事人的先合同义务，即缔约过程中赋予当事人诚信磋商以缔结本约的义务。[11] 其次，从法律效果看，缔约过失责任仅限于赔偿损失，而除此之外，预约合同的违约责任还包括支付违约金、定金罚则等形式。最后，以赔偿损失为核心，违约责任和缔约过失责任的利益保护范围不同决定了两者在赔偿损失范围上的差异。[12]

根据利益保护范围，违约责任与缔约过失责任的赔偿损失范围有所不同。关于违约责任的赔偿损失范围，大陆法系认为包含实际损失及可得利益损失，英美法系主张包括返还利益、信赖利益和期待利益。[13] 根据《民法典》第584条的规定，违约责任的赔偿范围相当于实际损失，包含可得利益损失，但不得超过违约方订立合同时预见到或者应当预见到违约可能造成的损失。因预约合同违约或者缔约过失而丧失的与他人订立合同的机会虽然不直接等同于现实损失，但若该等交易机会因时间的推移可转化为现实损失，则应属赔偿

⑪ 前引⑨，陆青文。

⑫ 前引⑤，尚晓茜、刘衍文。

⑬ 参见王泽鉴：《民法学说与判例研究》，北京大学出版社2009年版，第448—459页。

之范围。

而缔约过失责任理论中，所需赔偿的受损利益类型及范围取决于是否违反缔约义务，通常情形为信赖利益受损，包括支出的缔约费用及丧失可能更好的缔约机会。原则上既不超过当事人缔约时应预见的可能损失，也不得超过合同顺利履行时当事人所得到的可能利益。⑭

因此，从两者的赔偿范围来看，因缔约过程中违反义务的不同而使得预约合同的违约责任和本约的缔约过失责任在不同案件中可能呈现出并列、重合、包容、交叉等竞合形态。

表 2

	预约合同违约责任	缔约过失责任
赔偿范围	实际损失	订约合理支出
	与对方的交易机会	与第三人的交易机会

（三）从预约合同的信赖程度来看，履行利益可纳入赔偿范围

我国预约合同认定范围较宽泛，将预约合同违约责任限定于信赖利益，较易引起信赖利益与履行利益的混同问题。如前文所述，预约合同违约行为导致预约的违约责任与本约的缔约过失责任产生竞合，而信赖利益仅能回应其中的缔约过失责任，无法回应违约责任，这为履行利益的适用腾出空间。

信赖利益是指当事人信赖法律行为有效所受的损害，通过将受害人已经消耗掉的订约、履约成本重新返还给他，使其恢复到与允诺作出前一样的处境，通常包括因信赖受挫时合同未能有效成立而落空的费用，也包括因信赖受挫而订立一个不利合同的损失，以及因信赖受挫而丧失其他订约机会的损失。⑮履行利益又称为可期待利益，是指合同有效成立和合同的圆满履行所能带来的利益，履行利益的赔偿最终使合同当事人处于合同履行完毕的状态。⑯而预约合同的履行结果指向订立本约，体现为对交易机会的把握，这

⑭ 孙维飞：《〈合同法〉第 42 条（缔约过失责任）评注》，载《法学家》2018 年第 1 期。

⑮ 参见前引 ⑭，孙维飞文。

⑯ 参见堵文瑜：《论商品房买卖预约合同违约的损害赔偿范围——从司法实践到学理分析》，载《民商法争鸣》2019 年第 1 期。

一履行利益难以评估、难以界定，使得部分案件中将其与本约的履行利益相混淆。这也是理论界认定预约合同违约责任以信赖利益为限的主要理由之一。

履行利益、信赖利益可表述为以下公式：

履行利益＝信赖利益＋可得利益
信赖利益＝所受损失＋所失利益

能否将预约合同的违约责任直接指向本约的履行利益？德国民法理论对预约合同赋予“预约强制执行”和“预约本约内容本质一致”双重条件，认为预约合同中，如果当事人对订立本约有足以刺破丧失订立本约机会的信赖，则可以穿透预约合同限于“丧失订立本约机会”这一履行结果，直接指向本约的履行利益。即以信赖程度为标准，一旦当事人的信赖达到足以以本约的履行利益保护的程度，则可以提出相应的主张。我国对预约合同的认定标准相较德国更为宽泛，存在合同内容严格符合本约要求的完整预约，也存在仅达成缔约意向的简单预约。因此在某些条件下，预约合同的违约责任可以相当于本约的履行利益。⑰

从缔约过程来看，形成意向到签订本约之间的漫长时间段均为预约过程，而签订本约仅为一个时间点，这一时间点指向的行为后果即履行本约。当缔约阶段无限接近于签订本约这一时间点时，预约合同的履行结果将无限接近于履行本约（见图3）。

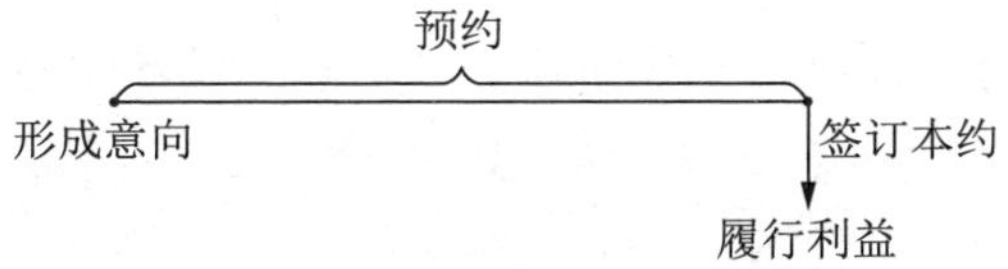

图3

即便缔约阶段仅在形成意向范围内，也可以参照履行利益的范围按照一定比例折算预约合同的违约责任，这是因为信赖程度与违约责任范围呈正比例关系，即信赖程度越高，应承担的违约责任越多，并以履行利益为上限（见图4）。

⑰ 前引⑯，堵文瑜文。

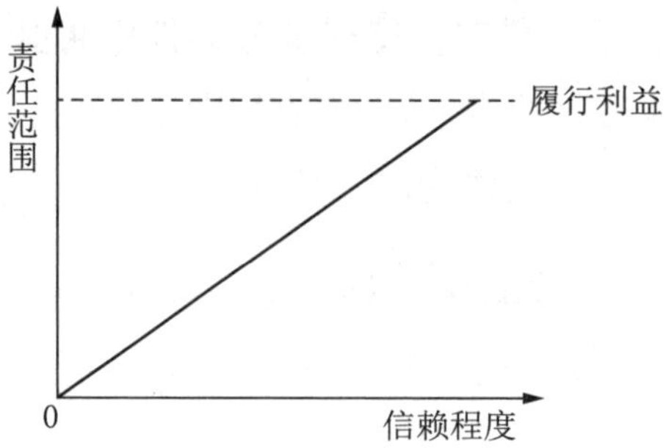

图 4

因此，可以将履行利益和信赖利益均纳入预约合同赔偿范围，根据缔约所处阶段来决定赔偿额大小。在考虑判断缔约所处阶段时，有观点认为应以预约合同的内容为标准，预约内容越接近本约之内容，在赔偿范围上越接近本约的履行利益，反之则越近于本约信赖利益的赔偿范围。

然而合同内容所体现的合意性并非预约合同的唯一特征，合同内容也并非决定预约合同合意性和确定性的唯一标准，仅以合同内容确定性与否来判断违约责任承担范围并不周全。在合同利益的赔偿问题上，应着眼于当事人对合同的期待程度和因期待所造成的损失。合同的期待程度越低，则判予履行利益的可能性越弱。

司法实践中，大部分案件在计算损失时并不局限于对合同内容的考察，而是依据《合同通则解释》的规定，从利益平衡的角度予以酌情认定。即在明确所赔利益的性质或甚至并未明确利益损失的基础上，基于对案涉多项因素（如房屋总价、付款比例、合同的履行情况、双方的过错程度等）进行综合考虑。

三、路径构建：预约合同违约责任损害赔偿金额的计算范式

如前文所述，预约合同违约责任不相当于本约的缔约过失责任，而应以信赖程度为标准，参照履行利益的范围按照一定比例折算损害赔偿金额，当信赖程度足以使得预约达到与本约相似的法律效果时，预约合同的违约结果将直接指向本约的履行利益。根据这一结论，在违约损害赔偿金额计算问题上可以试图统一路径，进而解决司法实践中常见的计算方式分歧引起的裁判结果差异。

（一）交易合意的确定性对违约责任损害赔偿范围的影响

预约合同信赖程度的确定，核心在于探究当事人对最终缔约达成何种程度的合意，这也是预约合同具有约束力的基础。预约合同的成立包括承诺缔约的合意及预约内容的确定两个要件。前者表现为当事人就缔结本约所设立的相关义务，又可称为“约束意思”，决定了当事人订立预约合同时所表达的受约束范围。交易合意的确定性越强，对应的当事人承担缔约义务的约束意思越强，所蕴含的当事人合理信赖就应越受保护，所产生的违约责任也处于更高层次。⑱

虽然预约合同的履行效果指向于缔结本约，但预约中当事人意思表示的模糊性特征使得当事人受约束的合意并非清晰明了。当事人达成预约合意时，往往处在开始进行磋商与达成最终协议的某一阶段，可能靠近开始磋商阶段，可能靠近达成最终协议阶段，抑或是游弋于中间无法界定的阶段，使其确定性难以把控。部分预约中，当事人合意表现为继续磋商，承诺为缔结本约尽最大的努力，但不能确信双方一定能签约；部分预约中，当事人合意表现为合约内容已基本谈成，待条件成就或障碍消除即可订立本约。⑲

交易合意的确定性不能局限于合同内容的完整性，如当事人已经作出某些实质性给付或其他重要行为也会影响交易合意确定性的判断。通过对磋商过程中的当事人行为、书面文本完备程度、条款的重要性、交易的规模和复杂程度以及交易管理等因素进行综合评估，判断双方所达成的合意。且其中任何一个事实因素都不是决定性的，每个事实因素可能还会指向方向不同的结论。⑳

（二）考察交易合意确定性的三维动态坐标

预约合同交易合意确定性的认定，需要最大限度尊重当事人意思自治。然而由于客观条件限制、法律程序限制及当事人自身认知能力限制等因素，

⑱ 前引⑧，王瑞玲文。

⑲ 前引①，张华文。

⑳ 参见耿利航：《预约合同效力和违约救济的实证考察与应然路径》，载《法学研究》2016年第38期。

当事人交易合意难以还原，需要考察以下三个因素，综合预约合同的形成原因及动机、当事人签订初步协议的商业背景、预约合同内容的确定性程度等各因素进行判断。

1．横向坐标X——预约合同及其他缔约过程性文件内容

横向坐标考察的是意思表示。意思表示是法律行为的核心，是当事人意思自治得以实现的前提。合同内容通常将当事人作出意思表示后达成的种种合意固定下来，是意思表示的一种体现，其背后的价值基础在于外观主义，即通过合同内容这一外观判断缔约时当事人的真实意图。㉑法院无法事后确认已经成为过去的当事人签约时的内心真实意思，往往只能借助当事人合同文本中的外在客观表述作为当事人共同意思的判断准据，这是确定交易合意的基本出发点。㉒

2．纵向坐标Y——除预约合同内容外的其他因素

纵向坐标考察的是除预约合同内容外其他可以体现当事人交易合意的内容，包括当事人自身行为及非当事人自身行为。前者包括当事人实际履行行为、当事人违约过错程度等，后者包括市场环境、价格波动等，上述因素均在一定程度上影响交易合意确定性的判断。

3．竖向坐标Z——基于公平原则的自由裁量

竖向坐标考察的是利益平衡，即给法院行使自由裁量权留下一定的空间。预约合同制度给当事人施加诚信磋商义务以促进谈判、保护交易，但任意取消当事人中断谈判的权利也会阻碍合同自由、遏制谈判，故需要在保护缔约自由和维护交易安全、信赖利益之间进行价值平衡。当然这一自由裁量权的行使范围是有限的，如果任由法院自由裁量，会给交易双方施加不可预知的责任，使得当事人一开始就惮于责任而拒绝前期合作谈判，对自由交易产生负面影响。

至此，在履行利益的基础上，每增加一个坐标维度，损害赔偿金额再减少相应的比例，即将X、Y、Z三者数值限定在0—100%的范围内，损害赔

㉑ 陈凤鸣：《预约合同的认定标准研究》，载《华北水利水电大学学报（社会科学版）》2019年第35期。

㉒ 前引⑳，耿利航文。

偿金额最终为履行利益·X·Y·Z。考虑到不同三维坐标的影响程度区别及坐标内正负因素的差异，相应的增减比例应有所区分，最终实现整个坐标系的动态均衡。

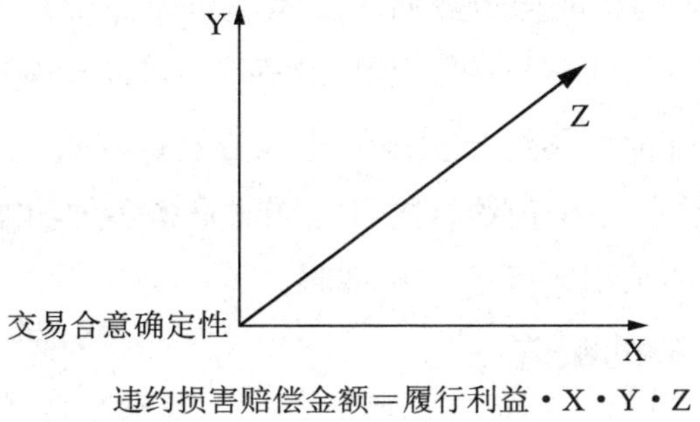

图 5

（三）横、纵向坐标下判断交易合意确定性的正负因素

1．横向坐标 X 的赋值

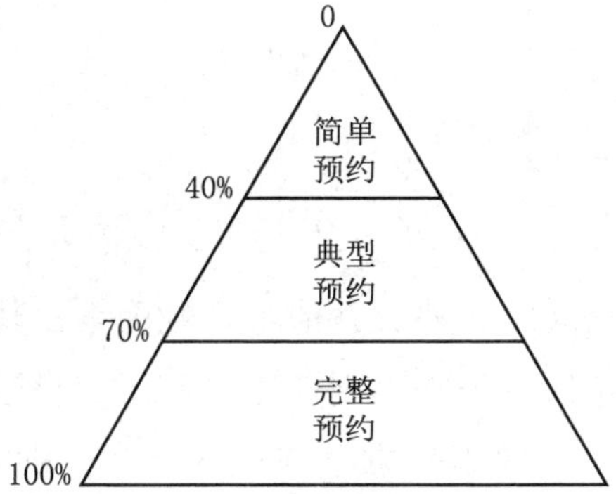

图 6

横向坐标下考察预约合同内容对交易合意确定性的影响，影响范围以预约合同内容的确定性为准。以预约合同所处的层次为标准，将预约合同分为简单预约、典型预约及完整预约。简单预约要求内容最多包含当事人、标的物及数量；典型预约要求内容至少涵盖当事人、标的物、数量及价款；完整预约则要求具备《民法典》第 470 条所列全部内容。[23] 据此，通过对合同能

[23] 张新:《预约合同的法律定位及路径优化》，载《长春理工大学学报（社会科学版）》2019 年第 32 期。

否实际履行有重要影响的核心条款进行划分，界定预约合同所处阶段，进而按比例进行赋值。合同条款越完备，则赋值越接近100%，但由于预约和本约存在本质性差别，赋值不可能等于100%；合同条款越简易，则赋值越接近0，但由于当事人已达成初步意向，赋值不可能等于0。也有观点将预约合同按照功能进行划分，即包括确保接触型预约（缔结优先磋商权合同）、巩固阶段成果型预约、排他型预约（明确约定双方不得与第三方暗中磋商）、保留变更机会型预约，[24]但一个预约合同可能同时具备多种功能，且某些功能如排他性条款对违约责任承担范围的影响有限。

2．纵向坐标Y的赋值

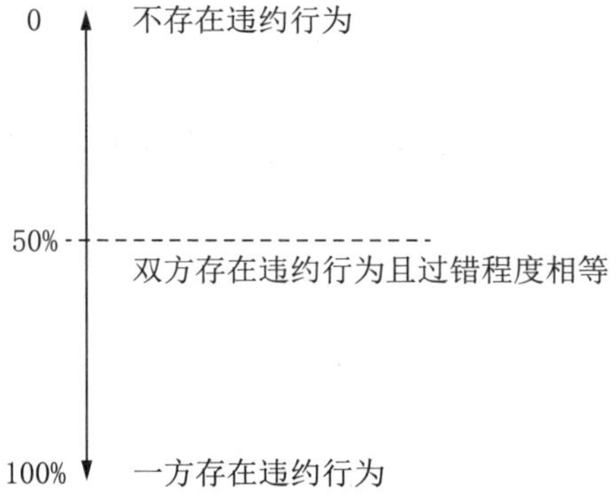

图7

客观赋值考察除合同内容外的其他综合性因素，其中当事人违约行为为重点考察因素之一，违约行为的出现彻底打破了交易合意的确定性。在仅考虑违约行为的前提下，如果仅一方存在违约行为，则赋值100%；如果双方均存在违约行为，则按照过错程度确定赋值；如果均不存在违约行为，则赋值0。

以违约行为的赋值为基础，结合其他影响交易合意确定性的正负因素，通过增加或减少的方式，计算出最终的赋值。比如，如果曾存在实际履行行为，则交易合意确定性在此基础上有所增加，赋值也根据实际履行情况相应增加。

[24] 参见林洹民：《预约学说之解构与重构——兼评〈民法典〉第495条》，载《北方法学》2020年第14期。

表 3

正向因素	增加赋值	如存在实际履行行为，并根据履行情况增加赋值
负向因素	减少赋值	如守约方未采取合理措施避免损失扩大，应根据其扩大损失情况减少赋值

四、结语

在《合同通则解释》对预约合同的法律规定的基础上，本文进一步对预约合同能否判决强制履行进行解释并构建预约合同违约责任损害赔偿金额的计算范式，以期为实务裁判提供更具操作性的适法路径。基于动态评价思维，将预约合同的损害赔偿范围设计以交易合意的确定性为标准，在多重坐标维度下衡量的制度构建，一方面可以推动个案正义在理性利益平衡框架内实现，另一方面也推动思考方式从单一抽象的要素因子累计向动态灵活评价延伸。然，基于本文所设模型尚不完善，例如当事人交易合意考察因素仍或有欠缺，赋值增加或减少的比例尚待进一步精确，如何更精细化和全面化评价预约合同的赔偿责任有待继续研究。

（责任编辑：张　俊）

“名为投资合作，实为民间借贷”争议处理思路分析与再探究

许剑飞　刘　畅*

一、问题提出：由一则案例引起

原告唐某某与被告郑某某合同纠纷一案中，① 原告诉称，其与被告就线上鞋品销售开展合作一年有余，模式为被告确定需采购的鞋品后，双方签订《供货协议》，约定原告向被告采购鞋品，付款后寄存在被告处由其限期销售完毕，被告确保原告合作收益不低于投资本金的 10%，否则应支付投资本金的 30% 作为违约金。合作期间，被告依照实际销售情况与原告结算，并支付销售毛利的 80% 作为收益。后被告未履行部分协议项下付款义务，亦拒绝告知该协议下鞋品销售情况，故原告诉至法院，请求判令被告返还相应投资本金并支付按《供货协议》确定的投资本金 10% 计算的收益以及按投资本金 10% 计算的违约金。被告确认原告所述交易期间及交易模式，但辩称，所谓合作，原告仅提供资金，不关心鞋子价格与销售，无论实际盈亏，均收取 10% 的保底收益，双方实系民间借贷关系。

针对双方法律关系性质，生效判决认为，双方交易初始针对鞋品销售组合、销售周期、利润情况等进行了充分沟通，后续订立的《供货协议》金额以及销售周期随着鞋品组合的变化而有所不同，被告于协议项下向原告发送的结算单显示鞋品的实际购入、销售等情况，其与原告亦依照实际销售毛利

---

* 许剑飞，法学硕士，上海市宝山区人民法院政治部主任。刘畅，法学硕士，上海市黄浦区人民法院商事审判庭法官助理。

① 参见（2022）沪 0101 民初 15025 号民事判决书。

结算，且结算金额在约定的收益比例上下浮动。综合上述，难以认定原、被告间系民间借贷关系，双方关于合作收益不低于10%的约定亦难以看出存在规避包括借贷利率保护标准在内等的强制性规定的意图，其间权利义务应依照《供货协议》确定。经向被告释明相应诉讼风险，其仍拒绝提供协议项下货物实际销售情况，应承担举证不能的不利后果，结合双方实际履行情况，生效判决最终认定依照协议约定履行义务并无明显利益失衡的情况，原告诉请可予支持。

即便是履行已久的合同模式，当事人也会在特定情境下就其间法律关系性质产生争议，为案件审理设置不可回避的“名为……实为……”是否成立的问题。就投资合作与民间借贷来说，两者确有相似之处，投资合作涉及投资金额、投资期限、投资回报、违约责任等，民间借贷则围绕出借金额、出借期限、借款利率、逾期利息等展开，但商事合同与民事合同终究存在差异，交易过程中当事人面临的多元利益冲突、其所追求的安全与效率以及实际交易中涉及的风险因素等均有差别，法律对此采取的规制手段亦有不同。对于民间借贷，出借人仅需承担借款人的“破产风险”，故其可得的利息回报也受到相应管制，② 但对于投资合作等商事交易，在无明显利益失衡的情况下，法律尊重当事人基于多样化的风险因素达成的权利义务安排，而不作过多干涉，这也正是“对于除借款合同外的双务合同……不能以受法律保护的民间借贷利率上限作为判断违约金是否过高的标准”，③ 以及当约定的违约金过分高于造成的损失时，“当事人可以请求人民法院或者仲裁机构予以适当减少”④ 转变为“人民法院或者仲裁机构可以根据当事人的请求予以适当减少”⑤ 的原因所在。故对此类合同性质的探究，不仅是确定当事人间权利义务是否需受借贷利率保护上限规制的过程，更是确保风险与收益匹配、公平原则与诚信原则得以实现的过程。

② 阙梓冰:《论合同定性中的“目的”——以名实不符合同为视角》，载《法学家》2023年第6期。

③ 《全国法院民商事审判工作会议纪要》第50条。

④ 原《中华人民共和国合同法》第114条第2款。

⑤ 《中华人民共和国民法典》第585条第2款。

二、“名为投资合作，实为民间借贷”争议的裁判现状

经于中国裁判文书网检索，⑥目前涉及“名为投资合作，实为民间借贷”的文书共701篇，其中一审程序447篇、二审程序238篇、审判监督程序16篇。以现有裁判为基础，经随机筛选北京市、河北省、辽宁省、上海市、江苏省、浙江省、福建省、江西省、山东省、广东省、陕西省、海南省、广西壮族自治区等地100份生效文书，其中涉及二审程序的共54篇、再审程序共3篇，生效裁判认定名实不符主张成立的共74篇、不成立的共26篇，主张成立的案件中共35篇涉及上诉或再审，其中不同审级所持观点不一的共2篇，不成立的案件中共22篇涉及上诉或再审，其中不同审级所持观点不一的共7篇。

结合具体裁判，主张名实不符的一方，其理由基本系合同存在投资方享有固定收益，或其不承担经营责任与债务，或保本责任等条款，此类约定与合作应具备的共同经营、共享收益、共担风险的特征相悖，故其间非系投资合作而应属民间借贷，相应权利义务应依照民间借贷的规定处理。绝大多数裁判亦认可上述观点的正当性，认为相应约定使得投资方无论项目实际盈亏均无损失，排除其在合作中的风险，⑦当事人间应属民间借贷。至于占比较少的反对观点，有的系认为风险排除与否需结合合同整体约定进行判断，如虽约定固定收益条款，但收益基数为实际营业额，⑧或收益系在扣除成本存在利润的情况下方予分配；⑨又如虽约定保本责任，但双方权利义务安排不止于此，像是投资雕版诗集，除去保本责任，合同另就收益分配、图书署名、推广发行署名、图书及刻板的著作权、所有权等作出约定；⑩又像是投资酒店，虽约定投资方不承担亏损和债务，但投资方通过介绍酒店的房间数消费款额

⑥ 在“民事案件”项下并列检索关键词“民间借贷”“投资合作”“固定收益”“共担风险”，数据截至2024年4月26日。

⑦ 如（2020）沪0118民初5130号民事判决书、（2021）鲁02民终13553号民事判决书、（2023）陕0103民初722号民事判决书、（2023）宁01民终3456号民事判决书等。

⑧ 如（2019）湘0104民初10972号民事判决书。

⑨ 如（2023）粤02民终1111号民事判决书。

⑩ 如（2022）京03民终16427号民事判决书，（2023）京02民终2793号民事判决书。

冲抵了投资款，[11]此时难以认定当事人间无共担风险的意思，合作关系已然成立。有的则系跳出具体风险审查的范畴，认为风险负担属于当事人内部安排，无论合同作何约定，只要是当事人真实意思表示，且不违反法律、行政法规强制性规定，不违背公序良俗，均应按约履行。[12]

如前所述，名实不符情形确需纠正，这是正确适用法律的前提，但此类争议的特殊之处在于投资合作并不属于要件清晰明确的有名合同，其只是实践中发展迅猛、形式多样的一类合作模式的统称，在基础要件尚待考究的背景下，对于行为的分类摆放更需审慎进行。目前多数观点所持的将“共担风险”视为合作成立与否的判断依据，将合同关于固定收益、保本责任、不承担经营亏损等投资方保障条款视为排除风险的有力措施，基于相应条款而认定当事人间无共担风险之行为，进而判定其间非系投资合作而应属民间借贷的做法是否因适用情形较多而天然地具有正当性值得审慎思考。

三、“名为投资合作，实为民间借贷”争议审查思路存在的问题及风险

（一）辨别合同性质的根本目的未能体现

客观来说，此类名实不符争议之所以存在，本质系因一方以资金作为投入的合作形式的确带有一定融资色彩。但对于行为性质的认定不能简单地以其拟实现的经济目的作为判断依据，因为法律允许当事人自行安排私法生活，并赋予其通过不同的权利义务构造实现同样经济效果的自由，只不过所有的选择都需接受法律的监督，选择自由并不等同于预期效果必然实现。[13]具体来说，就民间借贷而言，从激发民间资本活力、服务实体经济发展的角度考虑，法律允许其适当高于正规金融利率，[14]但收益与风险相匹配是民事活动遵

⑪ 如（2019）琼01民终2274号民事判决书。

⑫ 如（2018）民申5639号民事判决书、（2019）京01民终5849号民事判决书、（2021）云25民终1072号民事判决书、（2023）桂02民终2991号民事判决书、（2023）桂13民终561号民事判决书等。

⑬ 于程远：《论法律行为定性中的“名”与“实”》，载《法学》2021年第7期。

⑭ 最高人民法院民事审判第一庭编著：《最高人民法院新民间借贷司法解释理解与适用》，人民法院出版社2021年版，第366页。

循公平原则的基本要求，在出借人承受的风险仅限于借款人“破产”时，其所能够获得的利率回报也需受到司法保护上限的约束。至于商业合作，投资方以资金投入虽然同样带有融资色彩，但基于交易中客观存在的多样化风险，法律允许其设定与之匹配的投资回报，该回报并不以民间借贷利率保护上限为规制标准。故而，若当事人系刻意通过投资合作的形式来逃避借贷利率保护上限的规制，其虽享有合同设定自由，但该设定无法产生预期效果，合同所载的“投资回报”仍需受到相应管制。故对于此类合同性质之争，定性的最终目的实为遏制民间市场上的投机行为，防止纯粹的借贷行为借投资的名义规避利率管制，确保收益与风险相匹配，公平原则得以实现。反之，若当事人关于投资回报的约定并未超出民间借贷利率保护上限，则无论其间法律关系性质如何，均不存在收益与风险不相匹配的情况，在无投机行为时，司法无必要亦无正当理由过度介入当事人意思自治的范畴。就此而言，目前多数裁判的审查仅停留在表面，依照固定收益等条款即否定当事人选择的合同形式，认定其间系属民间借贷，鲜少就当事人有无规避借贷利率保护标准进行审查，如此一来，实践中不可避免地会出现此一情形，即虽然当事人约定的投资回报并未超出借贷利率保护上限，难以解读出其间存在借投资之名规避利率管制之意，但因投资保障条款的客观存在，法院将其归类于民间借贷，但归类完毕后利率保护标准又并无用武之地，因为本身的收益约定即未与公平原则相悖。此种情况下，否定当事人的事先合意并无意义，不仅区别定性拟实现的确保借贷利率保护上限精准适用、遏制投机行为的目的无法实现，过度侵入当事人意思自治范畴，也存在代替当事人创设合同之嫌，不诚信当事人的机会主义行为亦有所增加。

（二）举证及审查的路径与一般逻辑相反

在依照意思表示解释规则对法律行为作出“名为……实为……”的论断时，不仅需要考虑名义上该法律行为指称是否错误，还需要考察实际上该法律行为是否具备另一法律行为的特征，[15] 即当事人主张法律关系性质并非 a 而应是 b 时，从举证责任的角度出发，应由其证明其间交易模式与 b 相符，审

⑮ 前引⑬，于程远文。

查也应围绕b成立与否展开。在“名为投资合作，实为民间借贷”的争议中更应如此，因为投资合作只是商业市场上表现形式多样的合作方式的统称，其本身并不属于法律规定的有名合同之一，无统一明确的标准化要件。且随着经济社会的迅猛发展，交易高效性及创新性下衍生出的各类合作模式更是各具特色且迭代迅速，法律难以为现有的及将有的合作形式预先框定出其共性特征，故而对于行为性质的判断更应围绕要件明确的借贷行为成立与否展开。但事实是，目前多数案件的处理思路完全相反，举证及审查并未就当事人间前期有无就借款金额、借款用途、借款利率、借款期限、逾期利息等进行沟通，实际履行中支付金额、支付周期是否固定或有无相当的规律性，后期有无催款等展开探究，反而将要件不明的合作行为置于审查的核心地位，以合作的不成立去认定借贷的当然成立，处理方式正当性值得商榷。并且，将共担风险作为合作成立与否的考察标准是否恰当亦值得探究，因为共担风险作为明确的合同要件，仅在合伙合同[16]以及合作开发房地产合同[17]中有所规定。但如上述，法律仅可就实践中适用频率较高、发展相对成熟的合作形式加以规范，对于其他合作模式而言，法律允许其在无悖强制性规定以及公序良俗的情况下自由发展，若将共担风险明确为所有合作行为的基本特征，并认为未能充分体现该特征的行为即不属于合作，不仅缺乏法律依据，亦恐会压制市场经济活动中主体的能动性和创造力，不利于商业行为的创新发展。

（三）对于风险的不同解读造成裁判结果差异

即便如目前多数观点所述，将共担风险作为合作的判断标准，对于双方交易中“风险”应作何理解亦有不同观点。总结而言，现有裁判对于风险的审查各有侧重之处，有观点认为风险主要系本金风险，如果协议约定了保本责任或到期返还本金等，则应视为排除投资方风险；[18]有观点认为风险应是投

---

⑯《中华人民共和国民法典》第967条：“合伙合同是两个以上合伙人为了共同的事业目的，订立的共享利益、共担风险的协议。”

⑰《最高人民法院关于审理涉及国有土地使用权合同纠纷案件适用法律问题的解释》第13条：“本解释所称的合作开发房地产合同，是指当事人订立的以提供出让土地使用权、资金等作为共同投资，共享利润、共担风险合作开发房地产为基本内容的合同”。

⑱ 如（2018）苏民再507号民事判决书二审法院认为部分，（2023）京02民终2793号一审法院认为部分。

资可得的回报风险，如果协议约定固定收益，则投资方无风险；⑲ 当然相反观点认为需具体审查固定收益是否受经营影响，如果计算基数不固定，投资方仍存在风险；⑳ 有观点则认为风险应指经营风险，如果协议约定了投资方不承担经营亏损，则双方无共担行为；㉑ 亦有观点认为交易中的风险是多样的，保本条款或固定收益条款抑或是不参与经营等条款正是双方在缔约过程中对投资风险的共同安排，属于风险共担。㉒ 就此而言，对于风险的不同解读极易使得情况类似的案件出现不同的认定结果，例如同样是投资方“年收入依据经营利润和投资，确保年投资回报率最低为20%”，一审认为此系在年20%以上根据经营状况浮动回报，并非固定回报，二审则认为此即意味着无论项目盈亏，投资方均要收回本息或固定利润，并不承担经营风险，两审法院据此对法律关系性质作出不同的认定。㉓ 又如同样是投资方收益依照实际经营情况进行结算，部分观点认为据此难以认定民间借贷关系成立，㉔ 部分观点则认为虽然收益与实际经营相关，可能存在少或无之风险，但上述风险仅为收益多少的风险，并非项目损失承担的约定，双方约定不符合共负盈亏、共担风险的本质特征。㉕ 解读方式的不同不仅使得裁判结果的可预期性难以保障，同时也就裁判结果的正当性引发质疑，因为从事后审查的角度来说，法院难以推知当事人达成合意前针对风险所作的全部考量，且对于新商业玩法背后的商业逻辑、相关产业政策、商业规约等，除去参与交易的当事人本身，其他主体可能较难透过现象看本质，㉖ 部分解读方式是否过于单一片面值得考究。

⑲ 如（2020）民申7050号民事判决书、（2022）京01民终5126号民事判决书二审法院认为部分、（2023）陕0103民初722号、（2023）闽05民终6390号民事判决书一审法院认为部分。

⑳ 如（2017）浙08民终1159号民事判决书二审法院认为部分，（2022）京01民终5126号民事判决书一审法院认为部分。

㉑ 如（2019）苏0582民初3480号民事判决书，（2023）宁01民终3911号民事判决书。

㉒ 如（2018）民申5639号民事判决书、（2020）沪0105民初5479号民事判决书、（2021）浙10民终3187号民事判决书。

㉓ （2022）京01民终5126号民事判决书。

㉔ （2019）湘0104民初10972号民事判决书。

㉕ （2021）桂民终1354号民事判决书。

㉖ 崔建远：《民事合同与商事合同之辩》，载《政法论坛》2022年第1期。

（四）非此即彼的认定方式扩大民间借贷范畴

现有裁判大多仍是依照当事人的主张，在投资合作与民间借贷中作“二选一”的抉择。但问题在于，一来如上述，多数案件的举证及审查存在逻辑问题，未能遵循举证责任的一般规则，围绕民间借贷成立与否展开探究，反而是将审查重点置于投资合作成立与否上，认定借贷行为成立缺乏正当性。二来同样如前述，有名合同只是立法者通过总结归纳的方法将常见的合同类型固定于实体法的产物，并非全面无遗的穷尽式列举，合同性质认定的行为不能与将合同归类于既有典型合同的行为画等号，[27] 因为客观实践中确有多种多样的交易模式难以纳入有名合同的框架内，或即便合同的部分约定可与特定有名合同相匹配，但合同中另有其他权利义务安排，简单地将其归入该有名合同并不妥当。例如合同虽约定投资方按照固定年均收益率获得回报，但同时也就其分红、股权转让、经营管理等权利以及提供咨询顾问等义务作出约定，双方间系复合了投资和咨询服务的法律关系的无名合同，[28] 此时若忽视此类无名合同的客观存在，对法律关系作简单认定，实则存在削足适履，将复杂问题简单化之嫌。故目前多数裁判非此即彼的认定方式实则不当扩大了借贷法律关系的范畴，所有存在争议的合作形式最终均有可能因不合理的审查逻辑以及对风险的片面理解而被认定为借款合同，如此一来不仅当事人间创新商事活动的积极性受到打击，民间借贷法律规定的适用边界也将逐渐模糊。

四、“名为投资合作，实为民间借贷”的处理思路再思考

（一）依照举证责任分配规则展开性质审查

所有法律争议的处理均需建立在已就当事人提供的证据作详尽审查，就证据所反映的客观事实作细致认定的基础之上，名实不符纠纷同样如此，无论当事人如何各执一词，能够决定裁判结果的只有证据所反映的客观事实。

㉗ 李建伟：《融资性贸易合同的定性及效力规制研究》，载《法学评论（双月刊）》2023 年第 3 期。

㉘ （2022）京 03 民终 16427 号民事判决书。

根据《最高人民法院关于适用〈中华人民共和国民事诉讼法〉的解释》第90条以及第91条规定，㉙争议的处理应遵循“谁主张，谁举证”的一般原则，就此而言，提出名实不符主张的一方否认合作关系之名的依据就在于其认为双方成立借贷关系之实，其应就产生借贷法律关系的基本事实承担证明责任，仅仅举证双方间无合作关系无法当然地证成借贷关系成立。故，若主张一方提供的证据能够显示双方前期就款项用途、金额、借期、利率、逾期利息等进行磋商，投资合作协议中关于投资期间、投资回报、违约责任等约定可与磋商内容相互印证，实际履行中的款项往来亦可与本金、利息等相互印证，除去签订名为投资合作的协议，无证据显示双方间针对协议所涉项目有所往来，则可认定双方成立借贷关系，合作协议仅是借贷行为依托的外壳，若此时协议所载的投资回报高于民间借贷利率保护上限，则需予调整。反之，若主张一方提供的证据难以反映双方交易往来与民间借贷相关，或虽可反映双方曾就资金融通进行沟通，但其间达成的权利义务安排以及实际履行情况远不限于资金流通，关于投资回报的约定亦难以看出系刻意规避借贷利率保护上限所为，此时若对法律关系性质作简单地“一刀切”处理，将其当然地归入民间借贷范畴缺乏正当性。

（二）并非所有行为均需作明确的性质界定

“名为投资合作，实为民间借贷”只是当事人主张权利的框架，法院对于法律关系性质的认定并不必然局限于此，若经审查，当事人间虽未成立借贷关系，但其间交易模式可与其他有名合同相匹配，则法院可以依照实际情况认定其间系属其他合同关系，当然在此过程中需做好释明工作。但若经审查，其间权利义务关系无法与现有的有名合同相匹配，则也无需执着于必须要将

㉙《最高人民法院关于适用〈中华人民共和国民事诉讼法〉的解释》第90条：“当事人对自己提出的诉讼请求所依据的事实或者反驳对方诉讼请求所依据的事实，应当提供证据加以证明，但法律另有规定的除外。在作出判决前，当事人未能提供证据或者证据不足以证明其事实主张的，由负有举证证明责任的当事人承担不利的后果。”第91条：“人民法院应当依照下列原则确定举证证明责任的承担，但法律另有规定的除外：（一）主张法律关系存在的当事人，应当对产生该法律关系的基本事实承担举证证明责任；（二）主张法律关系变更、消灭或者权利受到妨害的当事人，应当对该法律关系变更、消灭或者权利受到妨害的基本事实承担举证证明责任。”

行为框以“×× 合同”之名，毕竟法律的安定性也意味着一定程度上的滞后性，有名合同只是对部分典型且成熟的交易模式的总结，无法涵盖客观实践中持续涌现的且随着经济市场变化而不断发展创新的所有交易行为。硬将行为分类摆放至现有的典型合同中，反而会阻碍合同内容的多元构造，对私法生活的自由形成不当压制，使得当事人只能老老实实按照法律明文规定的典型行为所设定的“手段 / 目的”关系安排自己的私法生活，而无法在经济形式上作出有意义的创新。[30] 故而，对于此类名实不符纠纷的处理，并非就行为性质作一个非此即彼的认定过程，因为无名合同客观存在，且法律允许其在不损害社会公共利益、不损害第三方利益甚至有利于社会总体效用提升的情况下蓬勃发展，[31] 一味地对行为作简单的分类处理不仅会造成现有的有名合同适用范围不明，也极易造成充满活力的商业实践与保守僵硬的司法保障之间的鸿沟。[32]

（三）尊重意思自治是处理争议的基本原则

区别行为性质的最终目的在于正确适用法律，确保纠纷得以公平处理，故若经审查，可以确定当事人间成立特定有名合同，则其间权利义务安排依照相应法律规定处理即可；但若其间系属无名合同，也并不意味着争议处理无据可依，毕竟所有民事活动的开展均应遵循自愿原则，立足于当事人意思表示，尊重当事人意思自治仍是妥善处理争议的有效手段。就此而言，对于此类名实不符纠纷，法院应是在客观证据的基础上解释当事人的意思表示，而非代替当事人创设意思表示，毕竟合同背后风险与利益的交锋只有当事方最为清楚，法院从事后的、外部的角度出发难以推知全貌，随意介入其中反而可能影响原本安排合理的权利义务配置，且尊重合同约定也可有效遏制当事人依照事后履行情况去逃避本应承担的合同风险的投机行为，确保公平原则得以实现。故，若当事人间成立无名合同，在无意思表示瑕疵的情况下，其所选择的合同名称、所采取的合同用词、所作的权利义务分配应为其真实意思，若相应约定未与法律、行政法规的强制性规定相悖，未与公序良俗相

---

[30] 前引⑬，于程远文。
[31] 前引㉗，李建伟文。
[32] 前引㉖，崔建远文。

悖，依照合同履行亦无明显利益失衡的情况，则此时其间权利义务应当依照合同约定进行处理，法院不应也无需过度干涉，毕竟合同定性是意思表示解释的产物，不得超出意思表示内容的范畴，司法在此过程中应保持充分的中立与谦抑。

五、结论

目前对于“名为投资合作，实为民间借贷”的处理路径尚有值得完善之处，对于此类名实不符纠纷，应遵循“谁主张，谁举证”的一般原则，由主张一方就产生借贷法律关系的客观事实进行举证，法院审查亦应据此展开。对于双方确为借贷关系的，应依照借贷相关法律规定处理其间权利义务；对于其间系属无名合同的，考虑到无论是对实践中多样化的合作形式的了解，还是对具体合作中隐含的各类风险的判断，法院从外部的、事后的角度难以作全面掌握，在合同意思表示真实且合法有效，且相应约定难以看出当事人存在刻意规避借贷利率保护上限之意图，依约履行亦不存在明显利益失衡的情况下，法院应尊重当事人意思自治，无需为其框以“×× 合同”之名，对于权利义务的处理依照合同约定进行即可。

（责任编辑：徐　川）

知识产权案件诉前行为保全的审查路径

许 静*

作为知识产权司法保护体系的第一道防线，诉前行为保全的优势在于能够以最快的速度防止损害扩大，最大程度保障申请人的权益。《最高人民法院关于审查知识产权纠纷行为保全案件适用法律若干问题的规定》(以下简称《知产纠纷行为保全规定》)明确了人民法院审查知产纠纷行为保全申请的四要素，①逻辑清晰，贴近实际，可操作性较强。

但《知产纠纷行为保全规定》施行后，司法实践也显现出了一些问题，具体包括：其一，重实体轻程序，法官并未将当事人的申请权视为诉权保障不可分割的一部分，而是以实体权利和实体法律关系框定了诉权保障的外延，②将审查要素异化成申请标准和审判标准，提升了申请门槛和审查难度，导致当事人申请难和法官裁定难的困境，且听证制度、反担保制度和调解制度也需为实质审查让步；其二，重公正轻效率，申请和审查周期长，对于何为"情况紧急"，法院有极大的自由裁量权，即使案情可以认定为"情况不紧急"，也没有法律条文明确规定保全的审查期限；其三，重结果轻效果，一些法官将注意力集中于现有事实基础能否作出支持申请的裁定，而忽略了对申请内容执行效果的考虑，从而产生申请内容具有不可执行性或不当扩大执行范围等问题。

实践中为何会产生认知和应用偏差，如何定位知产案件诉前行为保全，

---

* 许静，法学硕士，上海市浦东新区人民法院知识产权审判庭法官助理。

① 即"事实基础和法律依据""难以弥补的损害""当事人双方利益平衡"以及"不损害公共利益"。

② 任重:《我国诉前行为保全申请的实践难题：成因与出路》，载《环球法律评论》2016 年第 4 期。

如何优化诉前行为保全的审查路径，有必要对这些问题进行深入探讨和分析。

一、知识产权纠纷诉前行为保全制度的性质认定

（一）该制度是程序性救济

诉前行为保全，大陆法系往往认定为民事诉讼行为保全制度中的“假处分”（Einstweligeverfugung），英美法系国家多称为“临时性禁令”（Preliminary Injunction），《与贸易有关的知识产权协议》（TRIPS）第50条称为“临时措施”（Provisional Measures）。③ 在英美法系，“中间禁令”是一种基于衡平法而发展出来的法院自由裁量之下的非终局性救济制度，目的是保证最终判决出来之前维持现有状况。在大陆法系，“假处分”是一种法院对行为人的行为或法律关系确定一个暂时性的状态。

我国参考上述三者建立了诉前行为保全制度，在名称上采用了大陆法系的“行为保全”概念，在制度设计及审查要素上却参考了英美法系的“中间禁令”制度。从法律渊源来看，我国知识产权诉前行为保全应认定为程序救济手段。申请人具有法律救济的请求权，并不能启动实体诉讼程序，不应以实体法的证明标准和方法对其请求权进行衡量，即使明文规定了该程序性救济制度的证明标准，也与实体法中的证明标准无关。④ 同时，即便申请人就同一事实提起了实体诉讼，行为保全裁定的结果与该实体诉讼的裁判结果也并非一定要呈现相同的认定结果。

（二）该制度是一项临时性禁令

所谓临时性禁令是相对于永久性禁令而言的，将判决主文理解为一种永久性禁令，临时性禁令就是将行为进行暂时性的固定，避免产生“迟来的

③ TRIPS 第 50 条规定：（1）司法部门应有权采取及时和有效的临时性措施，以便（a）防止发生对任何知识产权的侵权行为，特别是防止侵权商品进入它们管辖之下的商业渠道，包括刚刚获得海关批准的进口商品；（b）保存有关被指控侵权行为的证据。（2）在适当的情况下，司法部门应有权依单方要求采取临时性措施，特别是当任何迟延有可能对权利所有者造成无法弥补的损害，或者存在证据被销毁的明显危险性时。

④ 任重：《我国诉前行为保全申请的实践难题：成因与出路》，载《环球法律评论》2016 年第 4 期。

正义非正义”这一裁判效果。对此应细化裁定标准，避免追求保全制度上的“案结事了”。一方面，要控制禁令波及的范围和深度，对“是否损害公共利益”和“是否造成难以弥补的损害”的审查标准应更加周全和明确。另一方面，在制度理解和法律适用中不应该赋予过高的申请标准和审查标准。临时禁令具有中断性而非终局性，应实行相对于立案申请标准更宽松的申请标准，让更多的诉前行为保全申请进入审判庭法官的视野之下。临时禁令具有时效性，申请人没有足够的时间进行充分的证据准备，过高的审查标准将会导致申请人失去申请临时禁令的最佳时期。此外，在裁定书主文中应明确禁令的截止日期。一般情况下，临时禁令的截止日期为所涉争议的判决生效之日，尤其是针对禁止作为的诉前行为保全。应明确申请人在采取保全措施后三十日内不依法提起诉讼或者申请仲裁的，法院将依法解除保全，否则一旦申请人未提起诉讼或仲裁，保全的解除将缺乏裁定作为依据，《民事诉讼法》第104条第3款将无法得到确切落实。⑤

二、建立五原则三制度的审查路径

在审查诉前行为保全申请时，应树立效率优先原则。效率即以最小的成本获取同样多甚至更多的成果。作为一种时效短、稳定性差的临时禁令，诉前行为保全不仅无法追求极致的正义，其本身与程序正义的基本要求存在一定的内在冲突。⑥诉前行为保全是相对于事后救济程序的事前救济程序，事后救济程序在损害业已发生的情况下，更注重追求结果的公正，而相对来说因为事前救济的紧急性，公正不得不为效率作出一定让步。否则，当权利人历经漫长的诉讼最终胜诉时，知识产权保护的期限可能已经届满。即使该权利仍在法律保护期限内，但在科技日新月异的今天，判决生效时，权利人的专利技术或其他知识产权可能也已经被更先进的技术所取代。⑦

---

⑤ 《民事诉讼法》第104条第3款规定，申请人在人民法院采取保全措施后三十日内不依法提起诉讼或者申请仲裁的，人民法院应当解除保全。

⑥ 刘晴辉：《正当程序视野下的诉前禁令制度》，载《清华法学》2008年第4期。

⑦ 田路平：《浅论知识产权司法保护中的诉前禁令制度》，载http://china.findlaw.cn/lawyers/article/d464240.html，2024年6月9日访问。

将效率放在第一位并非轻视公正。如何在确保司法公正的前提下，更快提高司法效率、提升司法效益更是今天司法程序正当性和立足点所在。⑧所谓效率优先，是指法官在审查诉前行为保全申请时，在确保基本公正的前提下，以尽量小的时间成本去作出正确的裁定。

三、五原则贯穿审查全过程，树立整体审查方向

相对于其他民事法律制度，诉前行为保全未经实体认定就要作出具有实体效果的裁定，且要衡量对公共利益是否损害，因而，在诉前行为保全申请的审查中，对利益的衡量是必经过程，包括对申请人和被申请人之间的利益衡量、对公共利益和私人利益之间的衡量、对利益流失是否无法弥补的衡量。对于知识产权诉前禁令，一旦侵权行为得到实施或者继续实施，可能会给权利人造成重大损害甚至是难以弥补的损害，故诉前禁令本质上更近似于行政权而不是司法权。⑨故有必要借鉴行政法领域的比例原则对申请内容进行审查。广义的比例原则包括适当性原则、必要性原则和狭义的比例原则。

（一）适当性原则和灵活性原则：胜诉可能性

在《知产纠纷行为保全规定》的行为保全审查四要素中，“申请人的请求是否具有事实基础和法律依据”无疑是最重要的，通常也被叫做胜诉可能性。《民事诉讼法》规定行为保全的适用“可能因当事人一方的行为或者其他原因”，亦说明作出保全时只要判断是否有侵权行为的可能性。在有事实证明存在胜诉可能性的基础上，才能判断不阻止被申请人的行为是否会使申请人的权益受到难以弥补的损害，阻止被申请人的行为是否会对被申请人的权益造成难以弥补的损害。即从逻辑上看，后续要素的认定以胜诉可能性为前提。

我国现行法律法规并未明文规定“胜诉可能性”，但即便非法律从业人员也可理解，即依据现有的证据，行为人是否大概率实施了法律认为应当规制

⑧ 樊崇义：《“把握司法规律推进司法改革”系列之司法要追求司法公正与司法效率的统一》，载《人民法治》2016年第10期。
⑨ 刘晓军：《知识产权诉前禁令制度的变革与重构》，载《知识产权》2016年第12期。

的行为。《最高人民法院关于适用〈中华人民共和国民事诉讼法〉的解释》第108条规定，原告的举证证明达到高度可能性，即高度盖然性时，人民法院才能认定事实存在。若以此为标准，对诉前保全申请证据的审查标准应等同于正式诉讼的审查标准。但正如前文所说，诉前行为保全存在效率优先、预防性临时禁令的特点，过高的审查标准有违该制度的设立初衷。一方面，诉前行为保全是一项临时禁令，是一项诉讼前置制度，对案件事实和法律依据的审查标准不应等同于诉讼。若通过对事实的审查认定构成侵权，难免有未审先判的嫌疑。⑩ 另一方面，诉前行为保全申请时效性强，申请人的诉求比较迫切。如不断询问申请人细节或要求提交新的证据而造成时间拖延，可能会影响保全效果的实现。故可参考比例原则中的适当性原则对胜诉可能性进行考量。适当性原则即法院对申请人的请求所依据的事实基础和所举证据应作适当性审查，而非穷尽所有审查方法。

胜诉可能性主要表现为侵权可能性。对侵权可能性的审查应当介于形式审查和绝对实质审查之间，即相对实质审查，对侵权事实的存在与否没有左右摇摆，基本偏向于存在侵权行为。那么相对实质性审查“相对”于什么？笔者认为应当是相对于申请人和被申请人双方所遭受的损害。在此可以借鉴英美法系的“滑动比例公式”，即灵活性原则“$p\times Hp>(1-p)\times Hd$”（p是指申请人胜诉可能性，Hp指不发布禁令时申请人所受的损害，Hd指发布禁令时被申请人所受的损害）。⑪ 在其他因素不变时，申请人所遭受的损失越大，其所需达到的胜诉可能性标准就越低；相反，在其他因素不变时，被申请人所遭受的损失越大，申请人所需达到的胜诉可能性标准就越高。因此，胜诉可能性与申请人所受损害呈反相关，而与被申请人所受损害呈正相关。⑫ 如在（2020）浙0110行保1号中，法官从“涉案店铺销售的商品具有时令性；销售链接被删除导致的损失不可逆；侵权处罚影响全店销量”这三方面对申

⑩ 伍敏欢、王岩：《知识产权侵权诉前禁令的审查标准探析——兼议〈最高人民法院关于审查知识产权与竞争纠纷行为保全案件适用法律若干问题的解释（征求意见稿）〉第七、八条》，载《电子知识产权》2017年第4期。

⑪ See American Hosp. Supply Corp.v. Hospital Products Ltd., 780F. 2d589 .

⑫ 杨静：《“难以弥补的损害”之判断规则及类型化研究以知识产权侵权诉前禁令为视角》，载《电子知识产权》2014年第8期。

请人的损失进行了详细论述，而在胜诉可能性方面简要明确了两个事实，其一申请人享有在先使用的权利；其二被申请人具有恶意抢注与恶意投诉的嫌疑。而被申请人只是无法进行投诉，但这并不影响其起诉要求申请人停止侵权，其未能及时制止侵权导致的损失也可以通过侵权商品链接在此期间的销量被具体量化。在充分论述申请人会因被申请人的行为产生难以弥补的损害、被申请人所受损害则较小的前提下，对商标权的归属并未详细论证，仍然达到了准许行为保全的审查标准。

从实践层面看，灵活性原则具有可操作性。该规则未擅自揣测并改变立法者的初衷，而是对《知产纠纷行为保全规定》审查四要素留白之处，即四要素之间的逻辑关系进行了认定，减轻了当事人的举证压力，且对于申请人证据的证明力度无论是要求达到高度盖然性，还是要求达到优势证据，都可以结合第二、三个因素动态调整去实现利益平衡，为法官自由心证提供可靠且有迹可循的论证思路，释放了法官的心理压力。

从价值层面看，灵活性原则兼顾了公正和效率。一方面，通过明确易懂的公式，可以迅速对事实进行直观分解和消化，避免不断地要求补充事实，或者即使需要补充事实，也能够把握适当性原则，对证据确定恰当的证明力度。另一方面，对《知产纠纷行为保全规定》规定的行为保全申请四要素进行审查，不再只是对证明力度总量的考量，即简单地认为证明力度要达到高度盖然性，必须所有的要素都提高证明力，而是此消彼长，避免过度提高审查标准，造成迟到的非正义。

（二）必要性原则：难以弥补的损害和利益平衡

必要性原则是指在有多种方式可以实现保全目的的情况下，法院应当选择对被申请人权益侵害最小的方式。这要求法官在行使裁量权时，避免支持申请人过度的、不必要的诉求。这一原则体现在诉前行为保全审查中，其一要考量不采取某保全措施是否导致损害难以弥补，即难以挽回、难以控制；其二，要考量不采取行为保全措施对申请人造成的损害是否超过采取行为保全措施对被申请人造成的损害。

“难以弥补的损害”是否具有客观性？它是不是相对于特定的受害人或侵权人而言的？“难以弥补的损害”是一时的难以弥补还是永久的难以弥补？笔

者认为不能一概而论，难以弥补的损害包括三种：时效性损害，无法用金钱弥补的损害和需要用大量金钱弥补的损害。时效性损害是指当前时期是申请人通过行使知识产权获利的最佳时期，包括但不限于：（1）侵犯的是申请人转播大型赛事的权利，而目前正处于该大型赛事期间；（2）涉案商品为季节性产品，且目前处于销售旺季；（3）电视剧、动漫、电影等作品处于热播期间。无法用金钱弥补的损害可分为商誉损害、预期性损害。商誉损害包括商业机会流失、竞争优势被削弱等。预期性损害主要为已实施的侵权预备行为、随时可以实施的侵权行为，如抢注商标。需要用大量金钱弥补的损害则是一般认知的损害。

对于利益衡量，可以结合申请人已经遭受难以弥补的损害，并从以下几个角度论述：被申请人未付出较大成本、不影响被申请人正常经营、被申请人实行保全内容相对于被申请人的损害来说无需付出较大成本、被申请人可通过其他途径实现自己的目的。一些保全内容不当扩大了保全范围。如在（2022）津0319行保1号中，要求若被申请人不停止侵权行为，相关网络服务主体就要在特定时间范围内停止为涉案App提供网络服务，这是不是避免申请人损失扩大的有效途径，是否引发当事人间的利益失衡，对被申请人造成的损害是否超过必要限度？对此应当进行以下两点考量：（1）是否为专门用于实施涉案侵权行为的软件；（2）申请人是否曾就涉案侵权行为通知网络服务提供者。若符合其一，可以作出此类保全措施。

对于“已经投诉的，立即撤回”的行为保全请求，[13]诉前行为保全制度的目的在于防止出现使判决难以执行的情形或者造成当事人所遭受损害的不合理扩大，若申请人“应为某事”的申请内容，所指向的是已发生事实，以上事实所产生的相应行为结果已经产生，并且对申请人产生了一定程度的限制和损失，但争讼事实尚需经过人民法院全面实体审理，已经明显超出诉前行为禁令阻却申请人所面临正在遭受不合理损害扩大的制度设计目的，申请人要求实现的是恢复既成被侵害状态和填平先前侵害行为后果的目的，而非紧迫地制止不合理损害进一步扩大的目的，应予以驳回。

⑬ 参见（2019）陕01行保1号西安市中级人民法院民事裁定书。

（三）比例性原则：对公共利益的损害小于其所带来的社会效益

《知产纠纷行为保全规定》规定审查行为保全申请，应考量采取行为保全措施是否损害社会公共利益。可从以下角度考量：（1）作出保全不仅不会对社会公共利益产生负面影响，甚至会产生正面作用；（2）不涉及社会公共利益，比如认定被申请人产品是市场化的产品。如若不会损害社会公共利益，应予支持。然而，若采用行为保全措施确实会产生对公共权益的侵害，但未超过实现该保全目的所带来的社会效益，在其他要素均通过审查的情况下，仍可考虑支持申请内容。

（四）可执行性原则：现实紧迫性和实现可能性

对申请内容的审查还应当遵循可执行性原则，可执行性可以拆解为：具有现实性和紧迫性；具有实现可能性。

对于现实性和紧迫性，诉前行为保全制度所要阻却的是申请人正在遭受的不合理损失，若申请人所提供证据材料无法说明被申请人存在侵权行为，那么也没有禁止其侵权的现实性和紧迫性。

对于实现可能性，应考量以下几点：其一，申请人有证据证明被申请人存在侵权行为，但基于现有技术无法实现申请人的目的，则不具有实现可能性，包括现有技术无法查找定位所有侵权链接、现有技术无法阻止侵权行为持续等。其二，法院在其职责范围内无法制止侵权行为或有赖第三人的帮助。如责令被申请人向第三人召回涉案商品。其三，申请人的申请模糊，或有歧义或限于语言局限性，无法达到申请人目的。

四、三制度起兜底作用，保障程序正当性

在构建和完善诉前禁令制度中，设置和完善听证程序、担保制度、调解制度等配套制度来平衡保护申请人与被申请人的利益也是必要之举。与诉中行为保全相比，诉前行为保全注重于救济的单向性和效率性，从而忽略程序正当性。但毋庸置疑，任何一个法律制度都应当充分保障当事人的平等性和信息的对称性。在此基础上，即便诉前行为保全有其紧急性，也应当设计必要且高效的程序，包括赋予双方当事人平等知情权和举证质证权利的听证制

度、以行为保全为依托的诉前调解制度和体现填平原则的担保制度。

（一）听证制度

当事人之间以及当事人和法院之间的沟通与信息传达是程序保障的重要构成要素。⑭ 有学者认为，询问制度足以保障被申请人的答辩权，面对48小时的审查期限，要求进行听证是过于紧张的。⑮ 尽管我国《民事诉讼法》没有明文规定听证程序，多数法院仍开展了听证程序。《知产纠纷行为保全规定》规定了询问制度，虽然方便快捷，却限制了被申请人举证质证的权利。实务中对于是否应设立听证程序存在争议，顾虑是否会打草惊蛇，这是混淆了行为保全与财产保全的效果。行为保全的对象是被申请人的行为，行为是否仍然处于发生状态可以锁定，故可以积极使用听证制度。⑯

（二）调解制度

《最高人民法院关于规范和加强办理诉前保全案件工作的意见》明确指出在办理诉前保全案件中贯彻自愿调解、先行调解原则，力争"以保促调""以保促执"，全面提升实质性化解纠纷能力，为诉前保全调解工作指明了方向。不论从当事人出发还是从办案出发，积极适用调解制度，既能节省诉讼成本，又能体现效率为先的保全原则，更能实现"案结事了"的司法价值。

诉前行为保全过程中，若被申请人作出了承诺，或者实现了申请内容，或者有申请人可以接受的可替代方案，即构成足以消除本案行为保全紧迫性的可信理由。但可替代方案必须满足以下条件：被申请人有实现的能力；在短期内具有实现可能性；被申请人承诺的理由，具有较强可信性；取得申请人的认可。

诉前行为保全裁定后，被申请人会降低对胜诉的期待，倒逼其提升解决纠纷的主动性；同时申请人因损失的扩大得到抑制，也会产生和平解决纠纷

⑭ ［日］谷口安平：《程序的正义与诉讼》，王亚新、刘荣军译，中国政法大学出版社2002年版，第339页。

⑮ 陈文文：《知识产权临时禁令制度的困境与突破——以北京法院典型案例为视角》，载《西部法学评论》2016年第1期。

⑯ 曲三强：《论禁令制度与知识产权》，载《知识产权与市场竞争研究》2022年第1期。

的需求。此时，法院应充分发挥诉前调解快捷灵活的优势，发扬新时代“枫桥经验”，将矛盾化解在诉前，做到以最小的成本定分止争。

（三）担保制度

根据《知产纠纷行为保全规定》第11条的规定，申请人申请行为保全的，应当依法提供担保。这表明最终诉前行为保全不当的风险应由申请人承担。申请人也可以不提供担保，但必须在申请书中说明理由，且应当经过法院的审查。实践中，无需提供担保的情况有两种：（1）申请的内容几乎不会对被申请人造成损失，如要求被申请人停止投诉。（2）申请的内容已经得到实现或当事人双方达成和解。

虽然我国法律法规明文规定了担保制度，但对一些细节未予以细化，法院在审查过程中可以进一步细化：其一，担保数额可明确告知被申请人，若被申请人对此有异议，应当举行听证。其二，若申请人是弱势的中小型企业或自然人，可不要求其提供现金担保，而以诉讼责任保险制度替代。其三，若被申请人因执行行为保全措施所遭受的损失无法确定，法院应当行使自由裁量权，合理确定担保数额。

（责任编辑：王　静）

银团贷款业务中安排费的司法审查路径研究

顾恺超　徐振经*

银团贷款是支持实体经济发展的重要形式，也是金融机构管控授信业务风险的重要手段。近年来，我国在信贷市场中对民营企业的倾向性扶持，银团贷款这一融资方式被更为广泛地适用。依据《国务院关于进一步支持小型微型企业健康发展的意见》(国发〔2012〕14号）的规定，除银团贷款外，禁止金融机构向小型微型企业贷款收取承诺费、资金管理费；严格限制金融机构向小型微型企业收取财务顾问费、咨询费等费用。根据《银团贷款业务指引》(以下简称《指引》）及《银团贷款中间业务收费行为自律公约》(以下简称《自律公约》）的规定，安排费为银团贷款收费中，牵头行为借款人提供发起组织银团、承担包销或部分包销责任、分销银团贷款份额、提供银团贷款的组织安排等服务时可收取的费用。因此，在具有多边性质的银团贷款中收取安排费是牵头行的权利。

审判实践中，借款人常会对安排费协议的效力、收费质价不符等方面要求扣减相应费用。目前金融市场中，银团贷款适用的多为部门规章或规范性文件，如上文提到的《指引》《自律公约》及国家发展改革委办公厅印发的《商业银行收费行为执法指南》(以下简称《执法指南》）等。2024年3月22日，为进一步优化完善银团贷款业务管理和监管，推动银团贷款业务规范健康发展，国家金融监督管理总局对《指引》进行修订，对外发布《银团贷款业务管理办法（征求意见稿）》(以下简称《征求意见稿》)，其中对银团费用禁收情形、牵头行的职责、收费原则等规定进行了完善。在司法层面上，对

* 顾恺超，法学硕士，上海市松江区人民法院商事审判庭审判员。徐振经，法学硕士，上海市松江区人民法院商事审判庭审判员。

商业银行变相收费规制的多适用2019年《全国法院民商事审判工作会议纪要》(以下简称《九民纪要》)。上述规定的法律效力层级较低，因此关于牵头行收取的安排费是否合理合规，仍需人民法院运用法律解释填补空白。本文旨在通过对中国裁判文书网中涉及“银团”“安排费”“商业银行”“质价不符”等关键词的文书进行分析，提出银团贷款业务中安排费的司法审查路径。

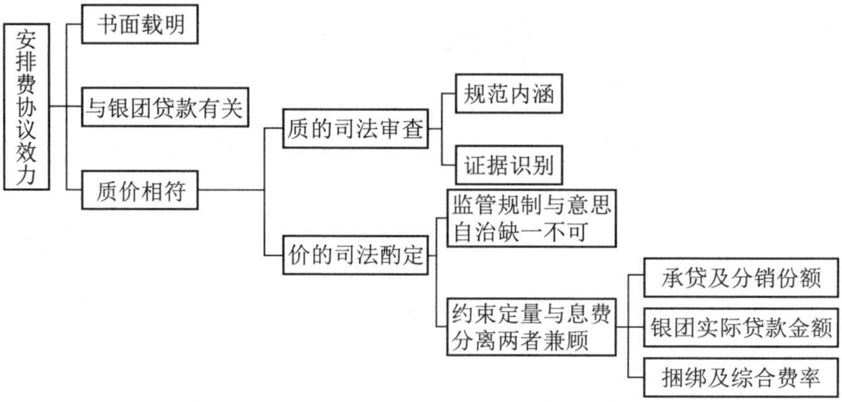

图1

一、安排费协议效力的认定

之所以就银团贷款中的费用作出例外规定，一方面是因为银团贷款是舶来品，在国际银团贷款中，按照市场惯例，借款人除了支付贷款利息外，还需要承担一些银团费用。另一方面系因银团贷款常用于公共服务、基础设施建设等大型融资项目，区别于传统的“双边贷款”，具有筹组金额大、贷款期限长、风险收益高等特点，而借款人只需要寻找到合适的牵头行，并且委托牵头行负责筹建银团、筹组资金即可，其无需与全部的贷款行接洽。此时，若对牵头行缺乏激励机制，不允许其收取费用，则必然导致其缺乏履行职责的动力，不利于银团贷款的筹组。

既然银团安排费存在明确的规范依据，那是否意味着当事人只要存在安排费的约定，人民法院即可一概认可协议的效力？对此，可透过三个层次予以考量。

层次一：书面载明。根据《银团贷款业务指引》的规定，安排费需要在银团贷款合同或费用函中予以载明，因此安排费协议系要式合同。若在无书面约定的情况下，借款人在放款时或放款后要求借款人支付安排费，则无相应依据。

层次二：与银团贷款相关。在印发《执法指南》的通知发布的一起典型案例中，A 银行牵头组成间接银团和 B 企业签署了银团贷款合同，约定 A 银行作为牵头行。A 银行委托下属某支行向借款人收取安排费 400 万元。监管部门认为只有在该行转让并由其他银行提供贷款的情况下，才组成银团并按照银团贷款收取相关费用，A 银行并未对贷款额度进行转让，且单家向借款人发放全额贷款，故不能收取安排费。这充分说明，假借银团贷款之名但未提供实质性银团服务，为监管部门所禁止。值得一提的是，《征求意见稿》第 43 条首次对银团费用禁收情形作出了明确规定，其中就有提到若一家法人银行的不同分支机构共同向企业发放贷款，或假借银团贷款名义但未实质提供银团服务的，未按约履行银团筹组或代理职责的，不得向借款人收取银团服务费用。

层次三：实质性审查。以“商业银行”“质价不符”或“质价相符”为关键词检索中国裁判文书网，筛选出与本文有关的 19 份生效裁判文书（均系终审），经统计如表 1 所示。

表 1

直接认定系双方真实意思表示，进而有效	（2017）川 18 民终 1287 号
	（2018）最高法民终 422 号
	（2021）甘民终 237 号
	（2021）甘民终 238 号
实质性认定是否有效	（2017）鄂民终 3074 号（欠缺真实意思表示要件无效）
	（2018）吉 06 民终 2681 号（欠缺真实意思表示要件无效）
	（2019）鄂 11 民初 222 号
	（2019）最高法民终 78 号
	（2021）京民终 251 号
	（2021）最高法民再 296 号
	（2021）最高法民终 691 号
	（2021）最高法民终 1057 号

续表

实质性认定是否有效	（2021）吉 06 民终 452 号
	（2021）闽 0803 民初 1561 号
	（2022）浙 0902 民初 1518 号
	（2022）沪 74 民终 1255 号
	（2022）湘 1302 民初 4203 号
	（2023）鄂 28 民终 3479 号
	（2023）辽 03 民终 1668 号

第一种观点认为，双方已有协议约定，借款人也通过支付费用的行为履行了协议，若不存在法律规定的其他无效情形，即应支持金融机构收取费用。如（2018）最高法民终 422 号案件中，最高人民法院（以下简称最高院）认为建行南阳分行向宛达昕公司收取银团费用不违反行业规范，亦有合同依据，故未支持被告要求将银团费用冲抵贷款本金的主张。但也有一种观点认为，需对金融机构各类费用的服务协议是否提供了实质性服务进一步审查，若金融机构未提供相应的服务，则应对其收取的费用扣减。2019 年《九民纪要》出台，其中对金融借款合同纠纷中金融机构变相收息的情形进行了规范，若借款人认为金融机构以服务费、咨询费、顾问费、管理费等为名变相收取利息，金融机构或其指定的人收取的相关费用不合理的，人民法院可以根据提供的实际情况确定借款人应否支付或者酌减相关费用。2021 年 9 月，最高院发布的第 9 期 2 号公报案例中，[①] 最高院认为银行利用其优势地位捆绑贷款强制变相收取利息或提供中间业务，背离了民法平等、自愿、公平原则，增加了实体企业负担，因此为了促进金融和实体经济实现良性循环，有效降低企业用资成本，对金融机构收取的变相利息和不合规费用必须加以严格审查。上述规定以及公报案例均表明了最高院采纳第二种观点，这也为审判实践提供了一个统一的裁判标准。经检索中国裁判文书网中含有“银团”“安排费”“银团费用”等关键词的裁判文书，也能反映出裁判标准从第一种观点至第二种观点的转变。如在（2021）最高法民终 691 号、1057 号案件中，一审

① （2019）民终 78 号民事判决书。

法院对借款人提出要求扣减牵头费、代理费、参加费等不合理费用的抗辩意见，以前述第一种观点予以驳回。但二审法院认为银行举示的证据不足以证明其已向借款人提供了独立于银团贷款外且具备实质性内容的服务，其与借款人之间的真实意思表示也非成立代理、咨询等服务合同关系，而是银行利用贷款优势收取不合理费用等，最终对银行收取的牵头费、代理费、参加费等不予支持。

二、质价相符中牵头行“质”的司法审查

可以看出，不管是金融监管部门的规范性文件还是现行的审判实践，均从原先通过判定合同是否符合成立的要件到进一步审查商业银行服务是否实际履行，这说明质价相符已成为司法领域判断此类合同的一个重要标准。根据《执法指南》第 9 条规定，质价相符是指商业银行应当根据客户的实际需要，提供价格合理的服务。顾问与咨询类、资金监管类、资产托管类、融资安排费类的义务，特别应当体现实质性服务的要求。具体到银团贷款中，即要求银团贷款中各银行角色提供的服务应当与其收费相匹配，因此安排费的对价即为牵头行提供的服务。

（一）实质性服务的规范内涵

根据《指引》第 8 条[②]以及《征求意见稿》第 9 条[③]的规定，牵头行的服务内容主要有以下三点：

② 《指引》第 8 条第 2 款：“牵头行主要履行以下职责：（一）发起和筹组银团贷款，分销银团贷款份额；（二）对借款人进行贷前尽职调查，草拟银团贷款信息备忘录，并向潜在的参加行推荐；（三）代表银团与借款人谈判确定银团贷款条件；（四）代表银团聘请相关中介机构起草银团贷款法律文本；（五）组织银团成员与借款人签订书面银团贷款合同；（六）银团贷款合同确定的其他职责。”

③ 《征求意见稿》第 9 条第 1 款：“银团贷款牵头行是指经借款人同意，负责发起组织银团、分销银团贷款份额的银行。主要履行以下职责：（一）设计银团融资机构，制定分销方案，发起和筹组银团贷款，分销银团贷款份额；（二）对借款人进行贷前尽职调查，草拟银团贷款信息备忘录，向潜在的参加行推荐，及时跟进分销进度并告知借款人；（三）代表银团与借款人谈判确定银团贷款条件；（四）代表银团聘请相关中介机构起草银团贷款法律文本；（五）组织银团成员与借款人签订书面银团贷款合同；（六）银团贷款合同确定的其他职责。”

第一，筹组阶段勤勉尽责，减轻借款人与成员行信息不对称的影响。一方面牵头行要对借款人的真实信息负责。在信贷合同中，借款人的资信情况等是银行评估信贷风险最重要的依据，因此在发起银团贷款前，牵头行应对借款人以及借款项目进行贷前尽职调查，确保借款人项目以及资金需求的真实。在充分评估项目市场风险后，根据借款人本身的资金实力、行业声誉、项目前景、成本控制、意向成员行等情况提供专业的金融建议，设计银团融资结构；就贷款的用途、额度、利率、期限、提供条件、还款方式等，在与借款人进行谈判后，据此编制银团贷款信息备忘录，④如实披露借款人的全部真实信息，向潜在参加行推荐。另一方面，牵头行要对成员行的资质信息负责。牵头行在选定潜在参加行并最终确认成员行的过程中，应从贷款规模、贷款种类及期限、流动资金、货币政策等方面重点审查成员行的资质，制定分销方案，及时跟进分销进度并告知借款人。如在某些国际银团贷款中，一些小型银行无法提供足额的外汇贷款，或因本身规模较小、易受政策影响等因素难以承受较低的贷款利率，抑或缺乏结算能力等，导致银团贷款合同无法顺利执行，给借款人造成损失的，则牵头行也应负有相应的法律责任。

第二，兼顾借款人及成员行利益，积极促成银团贷款的签订。在银团中，牵头行是借款人的代理人，对于参加行，牵头行代表着借款人；同时牵头行也是借款人的交易对手，对于借款人而言，牵头行代表着所有银团成员，这种双重关系对牵头行的管理能力是一种考验，在银团参加行和借款人之间需把握一种平衡。因此在银团贷款合同的谈判中，牵头行作为中间人，应充分尊重借款人和成员行的意见，在贷款方案确定、成员行身份安排、分销银团贷款份额等具体条款确定中，应尽量做到公平公正、透明化。在确保借款人利益的情况下，与成员行协商，确定各成员行均能接受的贷款条件，保证贷款发放的一致性，最终签订书面的银团贷款合同。对借款人或各成员行的不

④ 《指引》第18条："银团贷款信息备忘录由牵头行分发给潜在参加行，作为潜在参加行审贷和提出修改建议的重要依据。银团贷款信息备忘录内容主要包括：银团贷款的基本条件、借款人的法律地位及概况、借款人的财务状况、项目概况及市场分析、项目财务现金流量分析、担保人和担保物介绍、风险因素及避险措施、项目的准入审批手续及有资质环保机构出具的环境影响监测评估文件等。"

合理要求，应及时予以修正，提出自己的专业建议，防止因贷款条件苛刻导致银团贷款流产。

第三，协助贷后管理，确保借款人资金需求。虽然《指引》中关于牵头行对贷款最终安排额所承担的责任分为全额包销、部分包销和尽最大努力推销三种类型，但在信贷市场中，借款人为确保银团组建成功，大多要求牵头行承担全额包销责任。因此在这种有偿委托的情况下，判断“质价相符”的重要标准之一为牵头行是否在结果上确保了借款人的资金需求。若发生贷款行未能依约发放分销的份额，资金供应产生缺口时，作为牵头行还应协助贷后管理，帮助借款人协调与对接，如将未到位的贷款额度转让其他成员行或问询其他潜在意向行等，如牵头行拒绝上述行为，浪费相关交易机会，造成借款人损失扩大的，则应承担相应的法律责任。如在（2022）沪74民终1255号案件中，一审法院着重分析了金融机构促成贷款承贷额转让的情形，认为其不存在拒绝协调造成交易机会浪费的情况，二审法院亦对此表示了认同。

（二）实质性服务的证据识别

《九民纪要》中认为，若借款人认为金融机构的变相利息质价不符，要求酌减或者不予支付的，法院应当根据借款人提供的证据进行审查，必要时可依职权进行调查以查清事实。实践中，在借款人提供了初步证据后，因相关材料均在金融机构处保存，借款人存在客观举证不能，因此相应的举证责任应转移到金融机构，由金融机构证明其提供了实质性服务。经检索裁判文书网中的相关案例，发现在被判定扣减商业银行服务收费的案件中，几乎均是因金融机构的举证不足以证明其提供的服务与约定的服务相符或未能举证证明其依约提供了服务。如（2021）最高法民终691号案件中，一审法院认为借款人并未举证在案涉贷款发放后，曾就支付上述费用提出过异议，故无法认定这些费用系强制收取，加之协议中约定的事项并不明确，各方又未举证证明，故无法确认金融机构依约提供相应服务的实际情况，亦无法认定这些费用的支出存在不合理性；二审中认为银行在二审举示的证据不足以证明其已经向借款人提供了独立于银团贷款外且具备实质内容的服务，其与借款人之间的真实意思也非成立代理、咨询等服务合同关系，最终改判，扣除了牵头费、代理费、参加费、咨询费1520万元。

牵头行为证明质价相符，通常会提交其履行职责过程中的一系列文件如尽调报告、银团贷款信息备忘录、银团贷款法律文本、银团贷款合同、与（潜在）参加行的沟通邮件及聊天记录等。结合牵头行的履行职责，应当聚焦证据中的以下内容：第一，牵头行有无捆绑搭售其他金融服务，则即便合同或付款凭证中列明为“安排费”，也仍应就牵头行提供的其他财务顾问服务进行实质性审查，将潜在的服务费从上述费用中剥离。第二，是否存在《银团贷款合同》巧立“安排费”名目，实则需向所有成员行支付的情况。第三，牵头行的服务有无结合借款人的实际需求及自身业务范围，其提供的方案是否为公开渠道可获取的材料，贷前报告是否存在信息不真实、出现大量拼凑及逻辑错误等。第四，与其他潜在参加行信息传递的时间及内容是否及时有效，有无尽最大努力邀请具有资质的银行加入，促成银团贷款的成功。第五，付款凭证中，最终贷款金额是否与合同约定一致。

在规制商业银行违规收费的问题上，银行业监管部门相较司法更为严厉，因此在发生纠纷时，有时借款人还通过向监管部门投诉举报的方式，要求对银行的行为进行查处。那么对于监管机构的查处结果，是否能够在司法上认定为“质价不符”的证据，似有不同声音。在（2020）辽03民终134号案件中，二审法院认为“中国银行业监督管理委员会辽宁监管局与中国银行业监督管理委员会是银行业的监督管理部门，二者均做出了某行履行服务资料内容简单，不完全符合质价相符原则的认定，该意见在全国银行业范围内具有专业性和权威性，具有指导性意义。根据法院查明的某行履行7份合同的情况，结合银监机构对自己系统内部履行协议所做出的评价意见，认定某行服务不完全符合质价相符原则是恰当的”，故维持了一审酌定返还部分服务费的观点。但在后续再审案件的二审（2023）辽03民终1668号判决中，却认为“银监部门是银行业行政监管机构，其回复意见系银监部门行使管理职能的管理行为，对借款双方之间的民事行为并不产生直接的法律约束力。本案中，被上诉人已经履行了服务协议相关约定，因涉案服务协议条款对提供服务标准没有作明确、具体的约定，上诉人也未明确及提供相关证据证明被上诉人在履行合同过程中，存在根本性违约行为，故上诉人该项上诉理由没有事实和法律依据，本院不予支持”，最终驳回了借款人要求扣减服务费的诉请。笔者倾向认为，目前在对商业银行违规收费仅有部门规章及规范性文件的情况下，金融监管机构的意见可在认定质价相符时予以考量，但最终是否能够采纳，仍应结合贷款合同约定及金融机构是否提供实质性服务综合考虑。

三、质价相符中牵头行“价”的司法酌定

银团贷款安排费一般按银团贷款总额的一定比例一次性支付，是银团借款人在贷款利息之外支付的费用。关于费用的高低，系由市场通过反复博弈而形成的真实价格，应当按照自愿协商、公平合理、质价相符的原则由银团成员和借款人协商确定（在《征求意见稿》中又增加了公开透明及息费分离的两项原则）。笔者认为，法院在该类案件中不宜对经市场确认的价格径行调整，但若牵头行在收取安排费的过程中出现违约违规情况，法院则应对安排费金额进行调整。

（一）监管规制与意思自治缺一不可

目前国际金融机构的通行做法，银团收费的单项费率一般在 0.125% 至 0.50% 之间，且各项银团费用的收费标准一般不得高于同期同类中间业务水平。经搜索“银团安排费收费标准”，发现我国大多数银行通过官网等公开渠道对外发布的安排费收费标准为按不低于银团贷款总额 0.25% 的比例一次性收取或按协议价收取，个别银行还进一步出台减费让利措施，将收费标准下调至不低于 0.10%。

鉴于银团费用被纳入商业银行中间业务收费管理，且借款时银行的商业地位显然更为强势，为防止其利用信息优势对交易方进行欺诈，保护借款人的利益，安排费的收费金额应当受到金融监管部门的监管规制，不得超标准收取。另外，因金融交易具有很强的专业性，其中涉及的数理基础颇为深奥，其内部监管规则亦常推陈出新，由此带来的知识壁垒可能为大多数法官难以逾越。为避免司法介入引发金融风险，若法院在审理个案时，难以确定相关金额是否合规，也可通过向金融监管部门发函的方式，为案件的处理参考意见。如在（2022）沪 74 民终 1255 号案件中，法院就对案涉费用收取问题向相关部门发函咨询，其回复意见在综合认定安排费是否质价相符时予以了采纳。

此外，还应诚信磋商，充分尊重当事人的意思自治，不得超约定范围收取。尤其是按照《征求意见稿》的要求，银行还应当充分完善定价机制，明确内部执行标准，在签订协议时，应向借款人充分揭示和披露费用构成、计费标准、计费方式等信息，以确保收费公开透明、公平合理。

（二）约束定量与息费分离两者兼顾

经检索裁判文书网，涉及银团质价不符的案件中，有两起案件在一审时均支持了银团费用，⑤但二审法院认为牵头行未提供实质性服务从而改判，将银行收取的包括安排费等费用全部用于抵扣本金或利息，并未就银团收取的费用按比例进行酌定。此处，需进一步考虑的是若牵头行仅有部分服务质价不符，那么相应的费用又应如何酌定？笔者认为有三个考量因素可供法官在行使自由裁量权时予以参考。

一是牵头行的承贷及分销份额。根据《指引》的规定，单家银行担任牵头行时，其承贷份额原则上不得少于银团融资总金额的20%；分销给其他银团成员的份额原则上不得低于50%。因此前有多家银行因承贷份额比例不合规受到监管处罚，故《征求意见稿》中调整了分销比例，将单家银行担任牵头行承贷份额和分销份额下限从20%、50%调整为15%、30%，还强调进行银团贷款转让交易的也不能突破15%和30%的底线要求。因此，若牵头行承贷及分销的比例未能达到上述底线，则建议根据牵头行的阶段性服务内容，将安排费在谈判筹组阶段进行相应扣减。

二是银团实际贷款金额。某种程度上，牵头行成功筹组并促成银团贷款构成其向借款人收取安排费的一部分对价。若银团最终放款金额未达到合同要求，牵头行仍按照约定金额收取安排费，则有违契约精神及诚实信用原则。在（2021）浙07民初237号案件中，合同约定银团总金额为2.7亿元，但实际只发放了1.8亿元，因此法院将银团安排费285万元酌情按比例下调至190万元（1.8/2.7×285）。在此，可以借鉴该判决的酌定模式，按照实际贷款金额与合同约定金额的比例酌减安排费。

三是息费分离。一方面是有无捆绑搭售其他服务。《征求意见稿》第44

⑤ （2021）民终1057号民事判决书、（2019）民终78号民事判决书。

条规定，牵头行不得向银团成员提出任何不合理条件，不得借筹组银团贷款向银团成员或借款人强制搭售其他金融产品、强制提供其他服务或以其他服务名义收取费用。比如一些合同中并未单列安排费、参加费、代理费等费用的具体金额，而是将其作为笼统地称作如“安排费、参加费、代理费等金融服务费”，则可根据商业银行对外公布的银团安排费的费率进行计算，将安排费与其他费用进行剥离。另一方面是综合费率有无超过同期一年期 LPR 四倍。最高院印发《关于进一步加强金融审判工作的若干意见》的通知（法发〔2017〕22 号）中规定，金融借款合同的借款人以贷款人同时主张的利息、复利、罚息、违约金和其他费用过高，显著背离实际损失为由，请求对总计超过年利率 24% 的部分予以调减的，应予支持，以有效降低实体经济的融资成本。《九民纪要》中对变相利息认定的规定中并未对金融借款用资总成本（各项服务、咨询、顾问、管理费用加上利息的总和）上限作出规定，但认为因金融借款利率比民间借贷利率低，因此金融借款的总成本显然应该低于民间借贷利率的上限。考虑到银团贷款的利率较一般的金融借款合同、融资租赁合同等金融纠纷的利率低，因此，目前法院在审查该类案件可以先从金融借款合同约定的利息、复利以及费用等的综合费率上是否超过同期一年期 LPR 四倍进行判断，若明显超过的，则超过部分可能不被支持或将作扣减。

四、结语

银团贷款中，借款人是否有权要求扣减牵头行收取的安排费，法院应当从安排费的协议效力、牵头行提供的实质性服务及安排费的收费金额三个方面进行综合认定。只有牵头行确已依约提供了质价相符的银团服务，方才有权收取合同约定的安排费。若安排费存在违约违规的情况，法院则应根据牵头行提供的服务内容，参考牵头行的分销份额、银团实际贷款金额、综合费率等对安排费进行调整。

（责任编辑：沙　洵）

抚养权强制执行的争鸣、困境及进路

张　俊*

据统计，2013年至2021年间，全国各级法院共审结一审婚姻家事继承纠纷案件1569.1万件，而离婚案件占比最高，达70%左右。① 从中国裁判文书网公布的大量涉离婚案件的民事判决书中不难发现，众多案件都涉及“子女的抚养权归属”问题，相较于“财产分割”与“抚养费承担”问题，子女的抚养权归属争议最大、矛盾最为激烈。婚姻关系自离婚判决生效便解除，财产分割可向法院申请强制执行，而子女的抚养权归属则面临诸多不确定性，如若其中一方拒不配合将子女交付享有抚养权的另一方时，如何保障该项判决内容得以实现、抚养权能否强制执行，在理论和实践层面都存在诸多争议。目前，除《最高人民法院关于适用〈中华人民共和国民法典〉婚姻家庭编的解释（一）》（以下简称《民法典婚姻家庭编解释一》）第61条规定“对拒不履行或者妨害他人履行生效判决、裁定、调解书中有关子女抚养义务的当事人或者其他人，人民法院可依照民事诉讼法第114条的规定采取强制措施”外，相关法律、司法解释未有关于抚养权强制执行较为系统和详细的规定。本文拟从理论层面的分歧与争点出发，结合执行工作实践，梳理抚养权执行面临的困境和难点，分析并提出可行的意见建议。

*　张俊，法律硕士，上海市静安区人民法院执行局法官助理。

①　参见最高人民法院：《党的十八大以来全国法院家事审判工作情况报告》，载《人民法院报》2022年10月19日第3版。

一、抚养权执行的理论争鸣

（一）判决性质的争议

1．确认判决说

有观点认为，离婚判决中涉及抚养权部分的判项，旨在通过判决明确直接抚养方对子女的抚养义务，应当认定为确认判决。一方面，抚养权作为一项亲权，② 是基于血缘和伦理关系而形成的具有人身属性的权利，③ 并不随着婚姻关系的结束而发生改变，离婚判决中关于抚养权的判项实质上是对落实该项权利的一种明确；另一方面，现有的大量涉及离婚纠纷的民事判决书中，对抚养权的表述大多均体现为“子女某某由原告（或被告）抚养”或是“子女某某随原告（或被告）共同生活”，并未有“指定一方将子女交由另一方抚养”或是“一方向另一方转移子女抚养权”之类的表述。因此，该类判决并不具备给付内容，不具有执行力，人民法院不应当受理执行立案。④

2．给付判决说

有观点认为，尽管判决主文形式上并不存在“交付”“给付”等内容，但从判决实质层面考量，离婚案件中涉及的子女抚养权纠纷的判项，并非在于确认原被告与其子女间存在抚养关系，亦非因为离婚的发生而改变了原本的抚养关系，而是因为双方对子女后续抚养形式的变化从而产生了一种债权债务关系。⑤ 在这一债权债务关系中，无直接抚养权的当事人负有将子女交给有直接抚养权的当事人的义务，给付内容为交出子女的行为。⑥ 给付判决说契合了强制执行立案时要有“给付内容明确”这一核心需要，也在司法实践中被一些法院所采用，有法院在执行裁定书中明确表示：“‘男孩时某随米某生活’这项判决实质上是一种行为，该判决生效后被执行人时某某应当履行

② 参见史尚宽：《亲属法论》，中国政法大学出版社 2000 年版，第 684 页。

③ 参见孙佳欣、徐梓程：《涉抚养权案件强制执行的困境和破解》，载《人民法院报》2022 年 7 月 13 日第 7 版。

④ 参见邱阳：《抚养权纠纷能否申请执行》，载《江苏经济报》2015 年 3 月 11 日第 7 版。

⑤ 参见沈经良：《离婚案件子女抚养判决的执行》，载《法学》1993 年第 4 期。

⑥ 参见张志国：《抚养权执行的困境与破解》，载《人民司法》2019 年第 34 期。

生效法律文书确定的交付子女时某的义务。”⑦

3. 特殊的形成判决说

根据《民法典》及相关司法解释，夫妻双方离婚后存在一方“直接抚养”的概念，而相对应的则应理解为“间接抚养”，即离婚并不改变抚养权的亲权属性，夫妻双方依然需要承担对子女的抚养义务，只是根据抚养形式的差异，从原先的夫妻双方“共同直接抚养”变成“一方直接抚养”与“另一方间接抚养”两种不同模式。离婚时对抚养权的诉求，实质上是要求变更已有的抚养模式，也改变了原先父母与子女间的权利义务关系，应当认定为形成判决。除了抚养形式的变更之外，因离婚成为“间接抚养”的一方，不仅需要承担支付抚养费等义务，也因此获得了后续对子女的“探望权”，这其实也是因抚养权诉讼而发生的权利义务关系变更，同时也是争取子女抚养权的诉讼当事人希望达到的法律效果。形成判决因一经作出便发生了相应的法律效果，⑧故而同样面临“无强制执行之必要”的问题。

笔者认为，从法理学的角度来看，确认判决中所涉及的权利义务关系在判决作出前便已存在，⑨只是借助判决的形式对该权利义务关系进行明确。婚姻关系存续期间，夫妻双方毋庸置疑都对子女享有抚养权；如果将判决抚养权归属认定为确认判决，实际上只能对其中一方的抚养权进行确认，而另一方则因判决而失去了直接抚养子女的权利，这显然与确认判决的理论相悖，也不符合抚养权作为一项亲权的基本理论。给付判决说确实在很大程度上解决了实务层面所需要的“执行依据”问题，但似乎也值得商榷，如果将抚养权的判决认定为给付判决，则相对应地应当由一方当事人提起给付之诉，但无论是“交出子女的作为”，还是“不阻碍、干扰当事人行使抚养权的不作为”，实体法都未赋予相应的请求权。形成判决在法律层面赋予相关法律关系变动的理论支撑，而“无强制执行之必要”与“赋予强制执行的权利”并不是对立冲突的。司法实践中，存在诸多案件因判决导致法律关系变更，但如果不赋予强制执行力，依然无法实现判决目的。如部分离婚案件判决一方当

⑦ 参见（2019）鲁17执复64号执行裁定书。

⑧ 参见李辉：《形成权诉讼与形成之诉关系辨析》，载《法学论坛》2016年第1期。

⑨ 参见张卫平：《民事诉讼法》，法律出版社2023年版，第205页。

事人享有定期探望子女的权利，而当另一方拒不配合的情况下，由人民法院执行介入的情况也时有发生。[10] 因此，将抚养权判决认定为特殊的形成判决，并赋予其强制执行力，更符合司法实践的需要。

（二）执行标的的争议

禁止对人身强制执行不仅是学界的共识，也是法律层面的明确规定，《最高人民法院关于适用〈中华人民共和国民法典〉婚姻家庭编的解释（一）》第68条但书规定："不能对子女的人身、探望行为进行强制执行。"反对强制执行抚养权的观点在于，执行抚养权就意味着将子女强行从一方当事人手中剥离并交付于另一方当事人，该执行行为将直接作用于子女的人身，即以子女的人身作为强制执行的标的，[11] 故而判决中涉及抚养权的部分不得进行强制执行。此外，由于子女身份在抚养权执行中具备不可替代性，如果人民法院立案执行，通过强制手段将子女由一方交付于另一方，这在形式上与强制将某一不可替代的特定物品由一方交付于另一方类似，这样就使得强制执行抚养权存在"物化人身"、侵犯子女人身权益的风险。

笔者认为，从执行实务的角度来看，如果对抚养权判项强制执行，被执行人应当为不再享有直接抚养权的夫妻一方，而被执行人在强制执行中所应当履行的义务则是将子女交付于另一方，由其负责子女后续抚养。当然，从作为与不作为两个角度考虑，此项义务也可以理解为如果由申请人采取相关行为尝试直接取得抚养权的，被执行人负有不阻碍、不干扰的不作为义务。无论如何，强制执行抚养权针对的并非子女人身，而是被执行人的行为。从执行理论的角度来看，所谓执行标的是指执行行为作用的、用于满足债权人实体权利请求的客体，[12] 限于财产和行为。而执行对象则是具体执行措施直接指向的目标。[13] 在抚养权的执行中，如果采取强执措施于被执行人个人，则执行对象为被执行人，而执行标的为被执行人应当作为或不作为的行为。

---

⑩ 参见（2021）沪0101执1262号案。

⑪ 参见陈爱武：《论家事案件之执行》，载《河北法学》2006年第1期。

⑫ 参见谭秋桂：《民事执行法学》，北京大学出版社2015年版，第6页。

⑬ 参见孙佳瑞：《强制执行实务研究》，北京大学出版社1994年版，第84页。

（三）执行措施的争议

根据执行法院是否直接对执行标的采取强制执行行为以物理强制力实现债权，可将执行措施分为直接强制措施和间接强制措施。[14]直接强制措施常见于金钱债权及一般物品的交付上，形式上有查封、扣押、冻结、司法拍卖等；间接强制措施则多见于行为类的执行，无法通过上述直接强制措施达到执行目的，形式上体现为罚款、拘留等方式，主要目的在于迫使被执行人自动履行。[15]部分观点对执行法院采取罚款、拘留等间接强制措施持反对意见，认为涉及抚养权的执行与一般的金钱债权的执行不同，间接强制执行措施可能影响到未成年子女的利益。[16]直接强制措施在抚养权执行中的运用，不可避免将涉及“带离”“转交”“交付”“领交”等行为，引发对未成年人身权益侵犯的争论，目前争议依然很大。如何运用好直接执行、间接执行两种措施，鉴于不同案件中不同家庭因素、个人因素等方面的差异，更需要执行过程中综合考量各方因素后采取最为妥当的执行措施，以完成最终的执行目的。

二、抚养权执行的现实困境

一般而言，夫妻双方通过诉讼离婚并借助法院确定子女抚养权归属的，往往在判决作出前便存在夫妻分居的情况。如果依判决获得抚养权的一方已经与子女处于共同生活的情境中，则无需就抚养权向法院申请强制执行；而往往是获得抚养权的一方在判决作出时未能与子女共同生活，则可能产生需要法院强制执行介入的困境。

（一）转移藏匿子女现象频发，造成执行不能

为争夺子女抚养权，夫妻双方往往在判决作出前便已经采取实质性措施，通过将子女从经常居住地转移或是借助长辈、亲属代为看管的形式，人为制

⑭ 参见孔令章、梁平：《民事间接强制执行制度比较研究》，载《重庆大学学报（社会科学版）》2012年第5期。

⑮ 参见刘颖：《交出未成年子女强制执行的立法论》，载《中国政法大学学报》2023年第2期。

⑯ 参见刘征峰：《我国抚养权执行的困境、成因和出路》，载《江汉论坛》2016年第4期。

造困难。在判决作出后，负有交出子女义务以协助另一方行使抚养权的“败诉方”，因对判决的不满或因夫妻双方间多年的矛盾积累、情绪对立等因素，对判决置之不理。实践中，执行人员上门劝说，甚至采取相关执行措施后，被执行人依然无动于衷，拒不透露子女下落，从而致使案件陷入执行不能的困境。部分案件只能因穷尽执行措施也未能找到子女而不得已终结本次执行程序，抑或是执行法院认为确实存在无法继续执行的现实困难而被迫终结执行。“离婚前争抢子女，离婚时争要子女，离婚后隐匿子女”的现象被有的学者戏称为当前子女抚养权纠纷的“三部曲”。⑰

（二）简单柔性执法手段为主，执行效果不佳

我国民事诉讼法及相关司法解释赋予执行法院采取查封、扣押、划拨、变价等执行措施，也允许在必要情况下对被执行人采取罚款、拘留、纳入失信被执行人名单等惩戒措施。但执行实务中，因抚养权执行并不涉及金钱债务，执行法院可采取的措施相对有限。调解优先原则是人民法院处理离婚纠纷案件的基本准则，而抚养权的强制执行作为离婚纠纷中抚养权争诉的延伸，也使得大多数执行人员在办理抚养权执行案件时优先采取调解，力促双方达成执行和解。相较于金钱债务案件，在抚养权执行案件中企图说服当事人交出子女并放弃对子女的直接抚养权，显然是极为困难的。在子女亲情面前，释法明理的效果难以尽人意。除此之外，一些未成年子女一直由家中老人照看，其法律意识相对更为淡薄，在这种情况下要同时再通过调解做通老人的工作，难度不言而喻。一般而言，在多次调解未果的情况下，执行人员会转而采取罚款、拘留的执行措施。执行程序中，对自然人被执行人拒不履行生效判决的罚款，金额在十万元以下，罚款金额较小难以起到良好的制裁效果。至于司法拘留，一方面执行实践中依旧存在找人难的问题，另一方面在拘留被执行人而其又拒不交代子女下落的情况下，存在如何保障未成年子女正常生活的问题，故而拘留的实际效果也不尽如人意。追究被执行人拒不执行判决、裁定罪是大多数执行案件的“终极杀招”，但在抚养权执行案件里采取这

⑰ 参见季风建、徐文丽：《抚养权执行问题探析》，载夏吟兰、龙翼飞主编：《家事法实务（2018年卷）》，法律出版社2019年版，第288页。

一措施容易落入舆论和道德的风波中，如何准确适用拒不执行判决、裁定罪也暂未有统一的定罪、量刑标准，缺乏普适性。⑱

（三）子女意志影响执行判断，阻碍执行推进

为争夺子女抚养权，与子女长期共同生活的一方，可能会在日常生活中直接或间接向子女灌输父母中的另一方未能尽到抚养义务的观点，久而久之使得子女内心抗拒与获得直接抚养权的父母一方共同生活。实务中，当执行人员找到未成年子女并征询其个人意见时，很难判断子女的意思表示是否真实，是否受到其他外界因素的干扰。与此同时，当子女明确向执行人员表达拒绝与申请执行人共同生活的意见后，执行人员应继续执行还是中止执行？显然，子女的意志在司法实践中是影响执行判断的最重要的考量因素，也会使得案件陷入难以执行的困境。

三、抚养权执行的基本原则

（一）贯彻最有利于未成年子女原则

离婚诉讼必然导致未成年子女将长期与父母中的一方保持共同生活状态，而在一定程度上丧失或减少从父母另一方可获得的持续性照顾、教育与关爱。⑲未成年子女是离婚纠纷中最大的受害者，是典型的弱势群体，也是抚养权判决作出的最核心考量因素。世界各国在处理离婚纠纷时普遍采取未成年人利益最大化原则，⑳我国《民法典》第1084条第3款也明确规定，要按照最有利于未成年子女的原则判决。这不仅是判决作出的基本遵循，也是处理后续抚养权执行问题的落脚点。实践中，审判法官在作出离婚判决时往往已经综合考虑了夫妻双方的经济情况、身体状况、抚养子女的精力和能力、生活环境与教育环境、未成年子女个人意愿等多重因素。有理由相信，判决中对子女抚养权归属作出的认定，已经是最大限度考虑到未成年子

⑱ 参见曹云淞：《抚养权强制执行与拒不执行判决、裁定罪的衔接——以双轨制执行模式为视角》，载《北京政法职业学院学报》2018年第4期。

⑲ 参见刘小鹏：《离婚案件中双胞胎子女的抚养权确定》，载《人民司法》2015年第16期。

⑳ 参见陈爱武：《家事诉讼与儿童权益保护》，载《北方法学》2016年第6期。

女的利益，是最有利于未成年人健康成长的判决。可以说，抚养权判决的不仅仅是确定未成年子女今后与谁共同生活，更重要的是确定未成年子女今后如何在最有利的环境中生活、成长与发展。执行是对审判的延续。对抚养权强制执行，实质上也是将最有利于未成年子女原则从审判程序延续至执行程序。一旦抚养权得不到有效执行，那么此前从立法层面或审判实践层面对未成年子女作出的最优化安排，都很难得到保障，难以实现未成年人利益最大化。

（二）维护判决胜诉效力及司法权威原则

法律的生命力在于实施，而判决的生命力在于执行。[21] 民事强制执行制度的作用在于将当事人的诉讼期待转变为实际权利，使法律效力从应然转为实然。生效法律文书无法得到强制执行，不仅会损害当事人针对某项判决应当获得的合法权益，更是对司法裁判胜诉效力的损害，对法律尊严和国家权威的损害。[22] 当前，各地法院对抚养权可执行性的意见不一，对可采取的执行措施也未有统一性标准，“执行难”在抚养权执行领域的表现较为突出。为此，需要尽快在立法层面就抚养权强制执行构建顶层制度，完善抚养权强制措施实施体系，规范执行实践中的具体执行行为，切实维护好当事人的胜诉权益，保障司法权威。

（三）平衡抚养权与探望权原则

抚养权与探望权并非严格对立，但可以将其视为夫妻双方离婚后各自获得的一项排他权利。离婚判决一经作出，便赋予夫妻一方直接抚养权，也赋予另一方作为间接抚养方对子女的探望权。根据《民法典》第 1086 条，不直接抚养子女的父或母有探望子女的权利，另一方有协助的义务。从彼此权利义务关系的角度来看，间接抚养方有要求直接抚养方协助其行使探望权的权利，同样也应当有协助直接抚养方行使抚养权的义务。抚养权与探望权制度

---

[21] 参见江必新：《真抓实干确保基本解决执行难关键之年取得卓越成效》，载《法律适用》2017 年第 9 期。

[22] 参见邵长茂：《构建与高水平社会主义市场经济体制相适应的民事强制执行制度体系》，载《湖湘法学评论》2022 年第 4 期。

设计的初衷在于，在夫妻双方离婚后依旧能够以不同的形式行使其对子女的亲权，同时也以不同形式履行各自对子女的照顾义务。实践中，如果不对抚养权强制执行，将使得本就不具备探望权的一方既无法得到抚养权的保障，又彻底丧失其作为父母一方对子女抚养、照顾甚至探望的机会。这显然是对抚养权与探望权制度的破坏。司法实践中对探望权的强制执行同样存在一定的争议，可采取的强制执行措施意见不一。从制度平衡的角度来看，抚养权强制执行的认可及具体执行方法的明确，也给了探望权执行一定的参照，更有利于平衡当事人之间的利害。

四、抚养权执行的进路选择

抚养权执行难，难在理论争议，也难在实践痛点，应当立足执行工作实际，多措并举，努力实现法律效果和社会效果的有机统一。

（一）加强审执沟通协作消减信息差异

审执分离的目的在于确保审判权不受干扰，确保执行权专注于执行，提高司法公信力。[23]然而所谓的“分离”更多的是对组织架构、权利、程序等内容的划分，并非意味着审判部门与执行部门绝对的割裂。在确保各自权力独立行使的情况下，审判部门与执行部门应当加强必要的沟通，尤其是针对离婚案件、抚养权纠纷等矛盾尖锐、情况复杂、后续执行难度大的案件，更应该建立必要的协作机制。实践中，审判法官基于夫妻双方实际情况及有利于未成年子女原则作出抚养权归属的裁判，但有可能并未能够考虑到案件后续的执行是否会因个案不同情况产生困难；执行法官面对判决主文，需要重新了解案件审判的前因后果及案件各方当事人的实际情况，从而研判执行的要点与难点。因此，审判部门与执行部门应当就抚养权纠纷案件建立长期、固定的沟通机制及矛盾化解机制；必要情况下，审判部门在作出判决前或者判决后，可以将案件可能涉及的重要情况及执行难点形成书面材料，加强与执行部门的沟通协调，有助于执行部门提前做好执行预案。

㉓ 参见洪冬英:《论审执分离的路径选择》，载《政治与法律》2015 年第 12 期。

（二）健全配套机制合力破解执行难题

强制执行是法律赋予人民法院的司法权力，但强制执行的顺利实现并不能仅依赖于人民法院的“单打独斗”，尤其是涉及未成年子女抚养的执行，需要更多辅助与配套机制，也需要司法机关、行政部门、社会等多方参与。一方面，应当在审判阶段设立家庭教育与风险提醒机制，明确告知夫妻双方应当共同履行好离婚后对未成年子女的照顾责任，彼此配合，不得有拒绝移交抚养或拒绝配合探望的行为，不得有抢夺、隐匿未成年子女的行为，同时告知相关行为可能引发的法律后果。另一方面，应当建立人民法院与外部机构的配合机制，如强化与未成年子女所在学校的沟通与对接，方便执行人员了解子女情况；引入社会公益组织或心理疏导机构介入执行工作，发挥心理疏导与动员工作，缓解当事人之间的对立矛盾；聘请律师、居委工作人员等三方力量，运用专业知识帮助当事人了解执行风险，寻求案件最优解等。[24]

（三）抚养权与探望权制度的联合设计

人民法院在作出子女抚养权判决后，理论上也赋予另一方享有探望权。但司法实践中，部分判决仅简单列明抚养权的归属，并未就探望权进行明确。抚养权与探望权作为父母与子女间的亲权，并不存在高低先后之分，既都是父母对子女享有的权利，也都是应尽的义务。一方面，人民法院在审判阶段应当通过释法明理，缓解双方矛盾，让夫妻双方能够意识到并非在争夺子女，而是寻求最有利于子女成长的裁判，尽可能将案件争议焦点的“抚养权争夺”转变为“抚养权与探望权的合理规划”，在明确抚养权归属的同时，也应在判项中就探望权的行使进行明确。另一方面，在夫妻双方均具备抚养条件及抚养意愿，且双方矛盾并不尖锐的情况下，可以适当探索“交替抚养”的形式，使得双方能够轮流获得抚养和探望的权利，这样既能实现息诉和解的目的，也更有助于未成年子女在父母双方“共同”抚养下成长。

㉔ 参见王道强：《家事调解委员会的性质和功能初探》，载《人民法院报》2016年12月28日第7版。

（四）完善执行强制措施适用顺序

在明确可以采取直接措施和间接措施对抚养权进行强制执行的基础上，如何妥善运用这些措施，显然是执行实务层面需要重点考虑的问题。对此，《日本民事执行法》及《德国家事事件和非讼事件程序法》均规定以间接强制优先，同时规定特殊情况下直接使用直接强制的例外。对此，可以结合我国司法实践，探索出符合我国国情和实际的抚养权强制执行措施适用顺序，以实现执行高效价值和公平正义价值。

一是引入预处罚机制。执行过程中因被执行人拒不履行义务需要对其正式采取强制措施前，可以向其送达预处罚通知书，告知其拒不履行的行为及其法律后果，再次督促其自觉履行，否则将依法予以处罚。这既考虑到抚养权执行的特殊性，也体现人民法院善意文明的执行理念，同时也能起到良好的宣传教育作用。

二是优先采取间接强制措施。间接强制措施将直接作用于被执行人，旨在通过罚款、拘留等惩罚性措施，推动被执行人自觉履行法律文书确定之义务。优先采取间接强制措施能够在最大程度上保护未成年子女的身心健康，使其免受人民法院强制执行的影响。

三是在间接强制措施未能奏效情况下及时采取直接强制措施。通过罚款、拘留等措施迫使被执行人主动履行义务，固然是执行法院最希望看到的结果。但在很多抚养权案件的执行中，罚款、拘留确实没有起到预想的效果，尤其是部分被执行人对抗执行的态度强硬、激烈。为此，在间接强制措施未能奏效情况下，执行法院应当及时采取直接强制措施。从执行实践来看，在人民法院采取一定执行措施，而被执行人“负隅顽抗”后，如果执行法院未能采取进一步措施的，可能会助长被执行人对抗执行的风气。为此，在对被执行人罚款、拘留后被执行人仍拒不履行的，人民法院可以采取强制执行措施。

四是特殊情况下可以径直采取直接强制措施。如果说间接强制前置旨在尽可能遵循强制执行谦抑原则及善意文明执行理念，那么应当允许在符合法定情况下可以跳过间接强制，直接采取直接强制措施，以期保护更大的利益。例如，被执行人所生活的环境极其恶劣，继续允许未成年子女与其共同生活将明显影响子女身心健康发展；再如，被执行人以未成年子女人身安全为由威胁申请执行人等。

五是严重情节下追究刑事责任。拒不执行判决、裁定罪是对被执行人可以采取的最为严厉、最具威慑效力的惩戒手段。追究拒不执行判决、裁定罪时，应当符合被执行人“有能力执行而拒不执行”与拒不执行行为“情节严重”两个必要条件。就拒不执行行为“情节严重”而言，应当严格按照《最高人民法院、最高人民检察院关于办理拒不执行判决、裁定刑事案件适用法律若干问题的解释》第 4 条和第 5 条的规定予以认定并固定相应的证据。

（责任编辑：金殿军）

司法服务和保障临港数字贸易发展的路径探析

万　浩*

2019 年 8 月，中国（上海）自由贸易试验区临港新片区（以下简称临港新片区）正式设立。多年来，临港新片区以国家战略为指引，通过试制度、探新路、测压力，基本建成以“五自由一便利”（投资自由、贸易自由、资金自由、运输自由、人员从业自由、信息快捷联通）为核心的制度型开放体系，在加快建设国家服务贸易创新发展上，建设以数字贸易、金融领域、航运服务、技术贸易为代表的开放型服务贸易体系。在这一发展背景下，2021 年至 2024 年期间，临港新片区热门关键词按频次由高至低分别为自由贸易、科创、人工智能、集成电路、生物医药、新能源汽车、航运、数字经济、保税区、跨境金融等。①

作为临港新片区的重要发展内容，数字贸易，是党的第二十届三中全会“促进实体经济和数字经济深度融合”的关键路径和重要体现。其是指以数据资源为关键要素、数字服务为核心、数字订购或者数字交付为主要特征的对外贸易活动。② 其中，数字交付贸易包括数字技术贸易、数字服务贸易、数字产品贸易和数据贸易等，数字订购贸易包括跨境电子商务活动等。在临港新片区上述建设的重点领域中，数字服务、数字订购或数字交付是重要的交易模式，其与数字贸易存在高度重合，是数字贸易建设发展的鲜活样本。因此，本文以上海市浦东新区人民法院（以下简称浦东法院）2019 年 8 月至 2024 年 12 月涉临港新片区数字贸易商事案件为分析样本，探索司法服务和

* 万浩，法学硕士，上海市浦东新区人民法院自贸区法庭法官助理。

① 《数读上海 | 临港新片区五年磨一剑》，载“人民网上海”微信公众号，2024 年 8 月 20 日发布。

② 参见《杭州市数字贸易促进条例》第 2 条。

保障数字贸易发展的基本情况，并提出相应的优化建议。

一、临港新片区五周年数字贸易商事案件审理情况

2019年8月至2024年12月，浦东法院共受理涉临港新片区数字贸易案件413件，其中平台经济案件138件，智慧物流案件94件，区块链相关案件75件，线上展会案件68件，大数据相关案件38件（见图1）。③

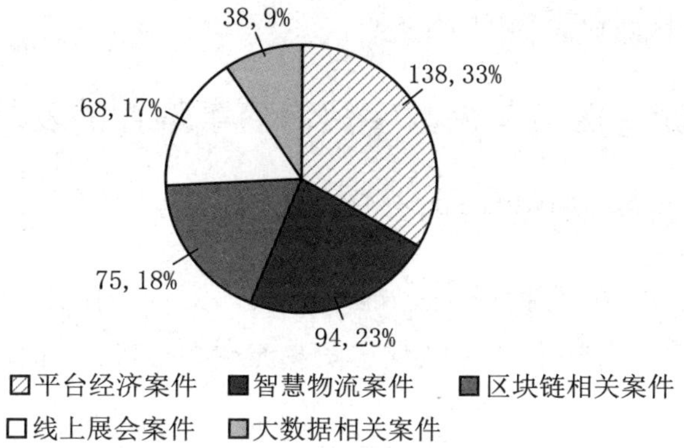

图1　涉临港新片区数字贸易案件类型结构（单位：件）

在这五年期间内，数字贸易案件的数量逐年递增，其中2019年8月至2019年12月31日受理9件，2020年受理29件，2021年受理30件，2022年受理56件，2023年受理117件，2024年受理172件（见图2）。

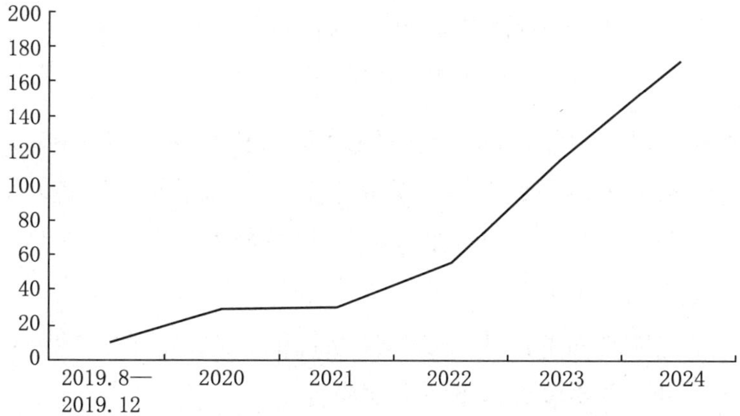

图2　涉临港新片区数字贸易案件历年受理数量（单位：件）

③　参见《上海市浦东新区人民法院涉中国（上海）自由贸易试验区临港新片区商事审判工作白皮书及典型案例（2019—2024年）》。

从上述案件情况可见，涉临港新片区数字贸易案件存在以下特点：一是涉案经营主体国际化凸显，其中涉外、涉港澳台、涉外商投资企业的数字贸易纠纷179件；二是涉案标的额逐年攀升，2019年标的额最高为10万元，2020年为2200万元，2021年为4600万元，2022年陡增至1.65亿元，2023年高达10亿元；三是纠纷争议点类型丰富，包含合同效力争议、知识产权关联争议、数据等权益的认定、归属及行使争议、国际规则的适用争议、涉国家利益与社会公共利益平衡的争议等。

二、临港新片区五年来数字贸易商事案件的发展特点

（一）电子商务商事纠纷内容复杂化

2019年8月至2024年12月，浦东法院共受理涉临港新片区电子商务商事纠纷案件45件，占临港新片区数字贸易案件的11%（见图3）。

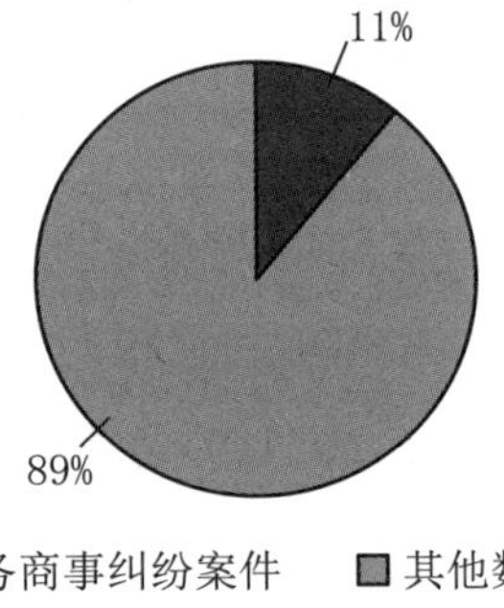

图3　涉临港新片区数字贸易之电商商事案件数量（单位：件 / 占比）

电子商务（以下简称电商）商事纠纷涉案主体多样，特别在跨境电商领域表现尤为突出，主体类型有境外关联企业、电商平台经营者、平台内经营者、跨境物流企业，其中境外关联企业多与平台内经营者存在品牌授权、委托运营网络店铺等法律关系（见图4）。

由于上述主体之间的法律关系呈复杂特征，因此彼此之间产生的纠纷内容较为复杂，纠纷主要包含以下三方面内容。

一是电商平台内经营者与境外关联企业因平台店铺归属权、经营权引发的纠纷。境外企业在我国境内开展电商业务，一般会向境内电商作出品牌授权，并且与境内电商签订委托合同，由境内电商在独立站或者第三方平台开

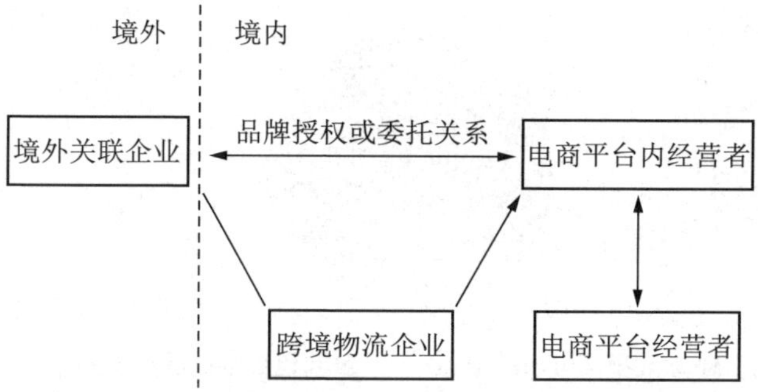

图 4　跨境电商经营主体之间的法律关系示意图

通网络店铺经营境外企业品牌货物。在双方合作过程中，当事人多就该网络店铺的归属产生争议，如品牌授权方一般依据授权书以及委托合同而主张己方为电商平台店铺的所有权人，受托方常依据电商平台规则，认为自己作为店铺注册主体而应当享有店铺所有权。

二是电商平台内经营者与电商平台经营者因违反服务协议、交易规则等引发的纠纷。电商平台与入驻平台的店铺经营者即电商平台内经营者之间一般会签订平台服务协议，约定由电商平台向平台入驻经营者提供平台服务，同时后者的交易活动遵守前者的管理规则。但是双方之间常发生电商平台违反服务协议，不提供相关平台服务，影响平台入驻经营者正常经营活动，或者平台入驻经营者违反交易规则，实施刷单套利、虚假交易等新型网络不正当竞争行为，损害平台利益，扰乱平台经营秩序。

三是跨境物流企业与境内外企业基于货物代理、运输、仓储等不同法律关系引发的纠纷。跨境货物运输多产生货物延误、毁损灭失等问题，多引发当事人之间的赔偿责任纠纷。当事人在仓储费用上多存在争议，由仓储费用问题引发货物转仓困难、货款支付不及时等问题，继而导致货物毁损，产生违约赔偿问题。

（二）涉数据权属、交易纠纷形式多样化

2019 年 8 月至 2024 年 12 月，浦东法院共受理涉临港新片区涉数据商事纠纷案件 41 件，占临港新片区数字贸易案件的 10%（见图 5）。

基于数据主体的多元性和数据利益的复杂性，以及数据自然流动和分享的特质，涉数据商事纠纷呈形式多样化状态。该类案件多是围绕数据资源持

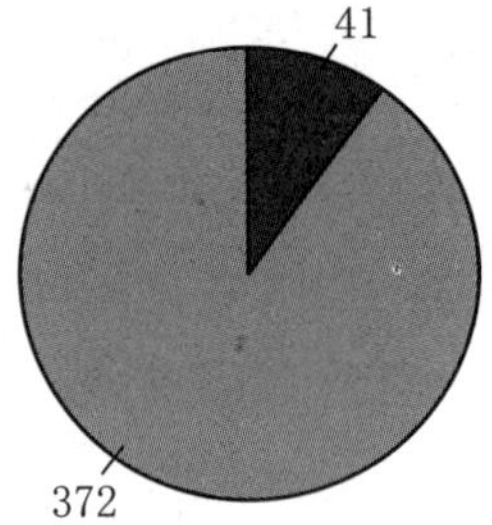

图 5　涉临港新片区数字贸易之涉数据商事案件数量

有权、数据加工使用权、数据产品经营权等财产权益等展开，这当中还涉及合同意思自治与个人隐私、公共利益、国家利益之间的矛盾冲突。上述纠纷主要包含以下形式。

一是由经营数据资源的持有问题所引发的争议。在非平台贸易活动中，经营数据资源一般由经营者自然占有并控制，鲜少产生数据资源持有问题，但是在平台贸易活动中，由于平台经营者与平台内经营者的服务与被服务关系以及管理与被管理关系的复杂性，经营数据的权属常在两者之间发生争议。平台内经营者主张数据生成于己方的日常经营活动，故应当由己方占有并控制，相反，平台经营者则认为数据存在于平台系统内，平台系统由己方所有并经营，因而经营数据应当由己方占有并控制，由此引发数据持有权的争议。④

二是基于数据流通与交易规则所引发的争议。为符合《个人信息保护法》《数据安全法》规定，平台经营者一般会制定有关数据规则，并要求平台内经营者在系统注册时作出同意选择，如未经平台事先书面同意，平台内经营者不得为约定之外的目的使用经营数据，亦不得以任何形式将经营数据提供给他人，但是平台内经营者会因品牌授权、数据利用等市场需求而与第三人订立商业数据披露、转移的合同，这样的合同会与平台规则之间产生冲突，引发纠纷。

三是由数据市场化与公共利益、商业秘密保护等权益的冲突所引发的争

④　笔者在访问美团集团时，美团集团作为平台经营者，即认为入驻的小企业并不关注平台数据价值，反而更关注平台基于消费者给予小企业的评价。但是，随着小微企业的不断发展，相应商业数据的价值在不久的将来，将会成为较有影响的争议点。

议。原始数据以及数据库等数据产品具有一定市场价值，但在其走向市场的过程中，会与公共利益、商业秘密保护等权益发生冲突，例如当事人在有偿转移数据库的占有控制权时，由于该数据库内的数据涉及消费者个人信息、其他经营主体的商业秘密等，故对其他主体的合法权益造成侵害，进而引起纠纷。不过，部分数据产品为规避上述侵权风险，事先采取数据脱敏技术，但是脱敏后的数据产品，因为脱敏标准不清，脱敏程度是否充分，其流通与交易的正当性亦可能因有损公序良俗而受质疑。

（三）涉知识产权争议的关联商事纠纷增长

2019 年 8 月至 2024 年 12 月，浦东法院共受理涉临港新片区涉知识产权商事纠纷案件 99 件，占临港新片区数字贸易案件的 24%（见图 6）。⑤

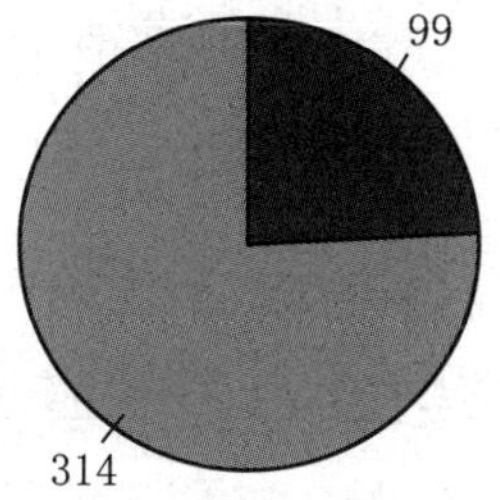

图 6　涉临港新片区数字贸易之涉知识产权商事案件数量（单位：件 / 占比）

鉴于知识产权的客体具有无形性特点，知识产权的权利归属、权利实现方式等问题多在当事人之间产生争议，从而引发关联商事纠纷，主要有以下三种情况：

一是因知识产权存在权利归属争议，当事人之间引发合同违约争议。涉知识产权合同存在一方当事人利用第三人知识产权履行合同义务的情况，如套用第三人的商标、抄袭第三人设计等情况，抑或以第三人作品为基础进行再创作，这种利用行为若未经相关权利人许可，会引发权利归属争议。当第三人就权利受到侵害而提出指控时，往往会影响合同义务的履行，继而导致合同当事人之间权利义务关系不稳定，产生合同违约争议。

⑤　参见《上海市浦东新区人民法院涉中国（上海）自由贸易试验区临港新片区商事审判工作白皮书及典型案例（2019—2024 年）》。

二是因对知识产权的权利实现方式不明，当事人就合同履行与否产生争议。知识产权客体的无形性使当事人对权利实现方式产生不同观点。例如在知识产权许可合同中，知识产权人多主张为被许可方提供了使用渠道并允许被许可方在许可期间内依约运用作品、商标等即完成合同义务，而被许可方则多认为提供使用知识产权的渠道并非合同实际履行，需被许可方实际将知识产权运用在商业经营活动后方构成实际履行。因权利实现与否存在争议，当事人多会就合同对价是否支付产生极大冲突。

三是因未能预期获得知识产权许可，致使以该知识产权为基础的合同产生履约不能的争议。知识产权常成为经营主体合作的基础，即当事人会以知识产权的许可使用为前提订立合同，特别在芯片等高科技领域，实务中常因上游许可方争议或国际不确定性因素发生，导致无法获得知识产权许可，合同当事人无法就已签订的合同开展生产经营活动，在此情况下，法院须研判合同是否遭遇不可抗力、情势变更等问题，基于公平公正原则维护当事人合法权益。

三、临港新片区五年来数字贸易商事案件反映的突出问题

（一）电商运营模式不清，跨境交易损失过高

跨境电商是数字贸易的重要内容，已成为外贸提质增效的重要新抓手。“十四五”以来，浦东新区跨境电商交易规模增长 2.5 倍，从 2021 年的 197.8 亿元增长到 2023 年的 683.3 亿元。⑥ 随着跨境电商交易规模的扩大，跨境电商商事纠纷增多，纠纷数量变化的背后鲜明反映出经营主体对于电商运营模式的认知不清，导致交易不稳，利益受损。

从相关案件的内容看，争议电商主要集中在注册于中国境内的网络店铺，诸如天猫、淘宝、京东平台的店铺。而店铺的运营模式主要有两种：一是境外企业通过品牌授权形式，允许境内企业设立相关品牌的境内网络店铺并进行运营销售；二是境外企业在国内设立外资企业设立并运营品牌的境内网络

⑥ 参见《加快推动跨境电商高质量发展，“十四五”以来浦东跨境电商交易规模增长 2.5 倍》，载“浦东发布”微信公众号，2024 年 8 月 16 日发布。

店铺，同时由具有进口资质的境内企业负责境外产品的入境。

上述两种模式的网络电商运营，均具有较为复杂的合同关系，往往通过框架协议和持续性的买卖合同形式得以实现。也正因法律关系复杂，当事人对电商运营的合作模式多约定不清。具体纠纷多由以下三点导致：一是电商平台内店铺所有权约定不清。例如宏达公司、中通公司、江苏通信服务公司合同纠纷案，[⑦] 当事人签订框架品牌授权协议，约定中通公司注册并运营境内店铺，但店铺实际所有权归属外商投资的宏达公司。基于约定，宏达公司要求中通公司提供店铺经营的客户名单等全部经营信息。但是受电商平台个人隐私保护等政策影响，中通公司拒绝了宏达公司的要求，致使合作破裂，当事人就店铺归属诉至法院。二是跨境物流风险承担约定不清。例如星空公司、AC 公司服务合同案，[⑧] 境内企业星空公司作为 AC 公司红酒的进口商，却因约定不清，承担了本应由品牌方承受的产品滞销风险。三是电商合作解除后结算条款约定不清。例如飞鱼公司、东丽国际公司合同纠纷案，[⑨] 当事人在网络电商合作协议结束后，未能就剩余产品处理、提成结算等内容约定明确，导致纠纷发生诉至法院。

（二）数据流通市场规范性差，不当交易规制缺位

数据作为生产要素，是一种重要的经营资源和社会资源，只有进入数字市场并实施产业化运营，才能充分释放数据自然流动和分享的潜能，赋能数字经济，创造数据的经济社会价值。[⑩] 但是当前数据市场存在流通规则混乱矛盾致使经营主体实施不当数据交易的问题。具体有如下体现：

一是当事人的数据流通约定与法律和数据平台规则存在冲突，数据交易活动受限。正如上述宏达公司、中通公司、江苏通信服务公司合同纠纷案中，宏达公司与中通公司就网络店铺的运营签订委托合同之时，约定宏达公司有权对涉案店铺销售数据进行核查，合作终止后，宏达公司有权要求被告中通

---

⑦ 参见（2023）沪 0115 民初 21431 号。

⑧ 参见（2022）沪 0115 民初 35607 号。

⑨ 参见（2023）沪 0115 民初 76171 号。

⑩ 参见冯晓青：《数字经济时代数据产权结构及其制度构建》，载《比较法研究》2023 年第 6 期。

公司移交店铺管理权，移交所有运营数据。但是，电商平台通过与中通公司签订服务协议要求其遵守平台有关数据的规则，即网络店铺经营数据不得未经平台同意提供给他人。数据无法按照约定进行核查和转移，由此导致争议。二是涉个人信息与商业秘密数据的流通欠缺法律规范制约，不当交易侵害合法权益。例如快萃小茶公司与微问家公司服务合同纠纷案，[11] 快萃小茶公司为拓展推广渠道、辅助搜索店铺，与微问家公司就数据库的使用进行交易，但是该数据库涉及消费者个人信息与经营者商业秘密，包含消费者真实联系电话的数据项，虽然数据处理者对数据进行了一定的脱敏处理，但是依据目前的法律规范仍难以确定脱敏的合理限度，故该交易仍然存在侵害公民个人信息、经营主体商业秘密的风险。三是数据平台运营的不稳定与经营活动的持续性之间存在矛盾，影响数据流通效率。用于收集、存储数据的平台在运营期间因存在技术故障、人员管理不当、企业经营风险等问题而无法稳定向用户提供数据服务，对用户的经营活动造成影响并有一定的持续性。例如一步公司等与跨境通公司服务合同纠纷案，[12] 一步公司与跨境通公司签订服务协议，约定由跨境通公司利用其自主运营的跨境电商平台向一步公司提供供应链管理服务，但是在协议履行过程中，跨境通公司违反约定，关闭仓库、停止平台信息服务，造成一步公司无法正常销售商品、无法取回库存及时止损，由此导致纠纷产生。

（三）经营主体知识产权意识欠缺，交易稳定性弱

伴随数字经济的发展，知识产权产业迈向新发展阶段，但是知识产权侵权现象仍然易发多发。知识产权商事活动的展开对经营主体的知识产权法律意识有很大的依赖，欠缺法律意识的表现主要包括两种：一种是不知法而为；另一种是明知不合法却抱有侥幸心理而为。这些表现都使得知识产权侵权风险大大提升。

经营主体主要有以下问题：一是经营主体的知识产权法律意识薄弱，导致不当的履约行为侵害相对方知识产权。例如蓝雅公司与谷露公司服务合同

[11] 参见（2024）沪0115民初64251号。

[12] 参见（2022）沪0115民初30116号。

案，[13]原告利用被告的软件系统开展经营活动。被告在运营软件期间，未经原告同意擅自访问涉及商业秘密的信息，原告主张被告构成违约，向法院主张解除合同的法律后果。被告则表示，数据访问是为了修复系统故障，该访问并非人为，只是以系统指令的方式测试被告提供的系统是否可以正常使用，并未访问数据库以及盗用数据信息。但是经法院查明，被告事实上接触了涉及商业秘密的数据库，影响原告的数据安全。该案反映出一方当事人欠缺知识产权法律意识的问题会使得合同走向终止。二是经营主体实施侵害他人知识产权的行为，影响合同的正常存续。例如前绣公司与再造个空间公司等服务合同纠纷，[14]原被告约定被告向原告所提供的知识产权不得侵犯第三方的合法权益，如果存在侵犯第三方知识产权的问题，被告应当赔付原告因此遭受的损失。事实上，被告所提供的知识产权侵犯了第三人的知识产权，违反了其与原告的约定，原告就此行使合同解除权。三是经营主体对知识产权行使方式约定不明，影响知识产权交易价值的转化。例如罗克韦尔公司与环益创智公司其他合同纠纷一案，[15]原被告约定由原告许可被告使用自己开发的软件，被告支付许可费。但是被告获取原告许可，享有使用软件的权限后，却主张自己在许可期间没有任何收益，原告也没有损失，而拒绝支付相应许可费。但是许可系实现知识产权价值的重要方式，被告的主张表明其对软件行业的惯常盈利方式的不明确，对知识产权价值认知的不清晰，其违约行为不利于知识产权市场价值的高效实现。

四、司法服务和保障数字贸易发展的分析建议

（一）制度视角：以案促法，推进数据领域立法制度完善

目前数字贸易领域最突出立法需求在于数据基础制度构建。一是对投入市场流通的数据要素范围缺少规范。企业商业秘密和国家安全相关的重要数据若自由流通至市场，对市场经济与国家安全会造成严重影响，但上述数据的流通规制尚存缺漏。二是数据类型的复杂性增加数据产权配置的模糊性。

⑬ 参见（2023）沪0115民初43005号。
⑭ 参见（2023）沪0115民初58506号。
⑮ 参见（2023）沪0115民初100101号。

个人基本信息、企业、政府日常经营所产生的数据、企业和政府的衍生数据存在交叉重叠，致使数据流通牵涉多方利益，数据产权配置困难。三是数字痕迹、脱敏数据等特定数据的产权配置存在争议。数字痕迹指用户使用数字产品与设备时所产生的使用痕迹，当前存在对数字痕迹与个人信息不作区分而处理的问题。对于脱敏数据，一般而言，若脱敏处理后无法追溯到原始数据，那么其产权一般归属于数据处理者，但若脱敏操作有限，经过多数据库结合比对等能够追溯原始数据，那此时脱敏数据的产权又存在较大归属争议。⑯

为此，司法机关可通过案例释法方式，促进数据基础制度完善。首先，应形成人民法院案例库的特色领域库，推进典型案例全流程跟踪培育。数字贸易领域中新技术新业态新应用迅速衍生，数据、算法等与科技创新密切相关的前沿技术以及商业方法、文化创意等知识产权不断迭代，审理过程中常出现新问题新焦点，而这些新问题新焦点未来将会逐渐成为各行业各领域中的典型问题，因此前瞻性地培育案例库显得至关重要。在进行案例研究时，应辨析数字贸易领域矛盾多发处，紧跟前沿技术法律疑难问题，总结裁判规则，提炼案件典型意义，以此提高人民法院案例库所收纳案件的示范功效。⑰其次，应以典型案例为抓手深化研究，推动数字经济新兴领域立法进程。人民法院应当加强数字贸易领域内司法问题研究，加强和立法机关的协同交流，以司法经验反哺立法，总结提炼数字新兴领域规则，充实数据开发利用、保护个人隐私和公共安全、完善数据产权和隐私等司法保护机制，明确平台企业主体责任和义务，依法保护平台从业人员和消费者权益，推动平台经济规范健康发展。⑱

（二）市场视角：专业普法，加强商主体纠纷前端预防

数字贸易的经营主体以中小微企业居多。多数中小微企业市场交易经验不足，对法律风险的评估与规避能力欠缺。⑲一是对新型财产的价值和使用

⑯ 郭雳、尚博文：《数字经济时代的数据要素流通——以产权“结构性分置”为视角的分析》，载《中国政法大学学报》2023 年第 4 期。

⑰ 参见《最高人民法院关于加强新时代人民法院法学理论研究的意见》。

⑱ 参见《最高人民法院关于印发〈2022 年人民法院工作要点〉的通知》。

⑲ 杨连星、张桂琴、林兆威：《上海发展国际数字贸易的难点及对策》，载《科学发展》2023 年第 9 期。

路径不明。在数字贸易过程中，经营主体通过数字渠道替代了实体经济中的传统交易模式。但经营主体往往仅关注传统收益路径，而易忽略数字贸易衍生的数据、商业秘密、知识产权等新类型财产，同时也会疏于对相应财产的保护与经济运用。二是对知识产权侵权风险意识和判断能力不足。数字贸易场景下，合同交易不再局限于传统的买卖或服务合同关系，往往有上游的知识产权合法性要求，如需获得知识产权许可等，但是转向数字交易渠道的经营主体对知识产权认知不足，亦无从判断是否构成知识产权侵权，由此引发较为复杂的违约事实。三是对数字贸易规则的理解和遵守意识不强。该情况在涉及电商平台的数字贸易中表现尤为突出。电商平台入驻经营者多因逐利需求而故意在平台活动规则漏洞中实施如刷单套利等行为，忽视自身经营行为已构成对平台规则的违反，进而承担法律的不利评价。

司法机关也应当做好数字贸易领域的普法工作，以鲜活的案例激发经营主体在数字贸易中的权利意识、风险意识和规则意识。首先，应根据企业专业特色展开针对性法治培训，将纠纷化解在前端。数字贸易企业的经营内容往往非常精细化和高端化。例如临港新片区的企业，经营范围便涉及多个领域，包括跨境电商、新一代信息基础设施建设、集成电路、人工智能等，每一个领域皆有其特殊的法律需求。⑳ 故而法院在对企业展开普法宣传工作时，可对宣传对象按照专业领域进行划分，瞄准企业实际需求，为各个行业内具有普遍性典型性的法律痛点、难点作出分析指导，提升企业的法律意识，促进矛盾纠纷化解在前端，持续优化营商环境。其次，推进行业协会的联动，促进矛盾纠纷多元化解。行业协会是营商环境的重要建设主体，越高水平的营商环境，越需要行业协会高水平的参与，对提升企业发展质量水平、促进行业可持续发展具有重要现实意义。㉑ 司法机关可与行业协会共同推进涉案经营主体的纠纷化解工作，探索企业纠纷化解的最优方式，保障企业高质量发展。同时，行业协会的参与，也能够最大程度发挥其行业监督指导作用，推动行业规则的完善，营造良好的营商环境。

⑳ 参见《临港新片区五周年交出这张答卷！更高水平对外开放如何推进？》，载“上海发布”微信公众号，2024 年 8 月 27 日发布。

㉑ 张晓丹：《行业协会社会责任发展现状与实现路径研究——以上海地区行业协会为例》，载《企业改革与管理》2019 年第 4 期。

（三）审判视角：数字赋能，提升案件审理国际水平

数字经济、数字贸易的崛起为全球经贸增长注入了持续的活力。基于数字资产的无形性特点，数字贸易天然具有国际性特征，也极易受到国际环境影响。一是受世界经济形势影响，境外经营主体的稳定性较差。当前世界经济形势不稳，跨境贸易中，境外合同主体拒不履行合同义务或进入破产、清算程序的情况增多，由此导致合同履约不能，维权困难。二是主要经济体贸易摩擦，核心技术无法授权问题突出。核心知识产权许可难度增加，致使相关数字贸易稳定性差。[22]该问题在芯片领域表现尤为明显，浦东法院受理的多起芯片买卖合同纠纷，均因知识产权许可问题交付困难，导致合同价款和违约的争议。

数字贸易纠纷的新情况、新问题交织着国际政治敏感因素，对法院审判工作提出了更高的要求。为更好处理相关纠纷，首先，应用深用实法答网、案例库，增强适法统一性和准确性。数字贸易案件一般涉及多类法律专业领域，包括金融商事、知识产权、行政等，案情复杂，争议焦点常具有非典型性，审理案件应积极利用法答网和案例库，判决前利用法答网针对案件焦点综合征询专业意见，判决后对典型案例总结提升，及时入库指导类案审理。其次，应用好内部研讨机制，确保案件审理的高质效。数字贸易案件中较大部分案件涉及跨境贸易、数据交易等，关系经济安全、公共利益等重大利益，抑或属于涉外、涉港澳台、涉外商投资商事争议，存在国际规则的适用争议，法官在处理相关案件时需慎之又慎。部分案件虽标的较小，但其法理认定存在重要实践参考价值，常出现“首例”案件、疑难复杂案件，亦被法官忽略，未能发挥个案的指导效果，因此，应当就数字贸易商事案件，积极利用专业法官会议等内部研讨机制，从立案开始注重案件的培育和处理，保障案件审理水平。

五、结语

数字贸易是实现实体经济和数字经济深度融合的关键环节，是新质生产

---

[22] 参见《国内外不确定因素作用下的中国经贸新发展》，载“上海国际战略问题研究会SIISS”微信公众号，2024年3月12日发布。

力的主要内容，也是驱动新质生产力发展的关键因素。司法机关通过优化审判机制，发挥典型案例指引功能，落实普法宣传工作，促进矛盾纠纷多元化解，能够进一步完善司法对于数字贸易的服务和保障。由此，数字贸易在未来将进一步释放发展潜力，创造更为丰硕的经济社会价值。

（责任编辑：高明生）

数字赋能：诉讼服务数字化转型的现实困境、价值重构与创新路径

鲍兆兴*

数字化浪潮正以磅礴之势席卷全球，深刻改变着社会的各个领域和人们的生活生产方式。数字中国战略作为国家层面的顶层设计，为我国在数字化时代的发展绘制了宏伟蓝图，引领着各行业积极投身数字化转型的浪潮。法院作为维护社会公平正义的最后一道防线，在数字中国战略的指引下，也开启了数字化转型的新征程。诉讼服务作为法院工作面向社会的重要窗口，是当事人与法院接触的第一站，其服务质量和形象直接影响着当事人对司法公正的感知。在这样的时代背景下，法院诉讼服务和便民服务顺应数字化发展趋势进行转型，不仅是满足人民群众日益增长的司法需求的必然选择，也是提升司法公信力、实现司法现代化的关键举措。

一、从信息化到数字化：法院诉讼服务建设的迭代转型

“信息化是一切业务数据化，数字化是一切数据业务化。”这一表述深刻揭示了二者在技术维度与实践方向上的差异。信息化侧重于对传统业务流程进行技术改造，而数字化更强调重构业务模式并深度挖掘数据要素价值。二者虽有不同，但不能忽视信息化为数字化奠定基础这一关键作用。信息化作为数字化的初级阶段，主要致力于传统业务的在线化；数字化则是信息化的高阶形态，旨在构建数据驱动的决策与服务模式。当信息化基础趋于成熟时，必然呼唤着数字化的转型升级。

* 鲍兆兴，法学硕士，上海市高级人民法院审判管理办公室法官助理。

（一）诉讼服务信息化建设的当前成就

人民法院诉讼服务是司法为民理念的重要载体和生动体现，是展示中国特色社会主义制度优越性的窗口。诉讼服务作为司法工作的前端窗口和重要环节，承载着接待、引导、咨询、立案、调解、速裁、信访等诸多功能。① 人民法院诉讼服务信息化建设经历了从计算机辅助办案到网络化再到智能化的发展历程。早期只是初步探索计算机在案件管理等方面的应用，而后随着互联网浪潮开始构建官方网站等网络服务平台。如今发展到智能化阶段，取得诸多成就，一站式诉讼服务中心将线上线下服务融合，涵盖在线立案、调解等；电子送达突破时空限制高效便捷；智慧庭审支持远程开庭与证据线上展示；法院内部及与其他部门的数据共享提升案件管理和协同工作效率，极大地提高了司法服务的质量和公信力。信息化诉服体系通过平台集成、数据互通和流程优化，推动诉讼服务从传统模式向"一网通办、融合共享"转型，为当事人提供低成本、高效率的解纷路径，彰显了司法为民的数字化实践与制度优势。②

（二）诉讼服务数字化转型的时代诉求

在数字中国建设全面提速的背景下，司法领域正经历从"司法信息化"向"司法数字化"的范式转换。党的二十大报告明确提出"加快建设数字中国"战略，这要求司法系统在法治轨道上推进数字化发展。这种转型不仅是技术升级，更是司法治理模式的深层次变革。③ 中国信息通信研究院发布的《中国数字经济发展研究报告（2024 年）》指出，2023 年我国数字经济规模已达到 53.9 万亿元，占 GDP 比重达到 42.8%，较上年提升 1.3 个百分点，数字经济增长对 GDP 增长的贡献率达 66.45%。④ 随着数字经济的不断发展，

---

① 《人民法院一站式多元解纷和诉讼服务体系基本建成新闻发布会》，载 https://www.court.gov.cn/zixun-xiangqing-288991.html，2024 年 3 月 21 日访问。

② 《最高法：人民法院一站式多元解纷和诉讼服务体系基本建成》，载 https://www.chinacourt.org/article/detail/2021/03/id/5831536.shtml，2025 年 1 月 17 日访问。

③ 贾宇：《论数字法院》，载《法学研究》2024 年第 4 期。

④ 《中国数字经济发展研究报告（2024 年）》，载 http://www.caict.ac.cn/kxyj/qwfb/bps/202408/P020240830315324580655.pdf，2025 年 2 月 1 日访问。

公众对诉讼服务的需求发生显著变化，便捷性与高效性成为核心诉求，当事人期望借助移动设备随时办理诉讼业务。以 DeepSeek 为代表的人工智能大模型快速发展，展现出强大的语言理解与生成能力，在法律文书智能生成方面、专业法律问题问答方面有了类人能力的展现。⑤法院诉讼服务只有顺应这一技术发展潮流，通过数字化转型实现与新兴技术的深度融合，才能更好提升司法能力，更好地适应时代发展。这种转型既是应对百年变局的战略选择，更是实现司法现代化的必由之路。

（三）诉讼服务数字化转型的现实困境

自 2014 年起，在最高人民法院的统筹推进下，全国法院诉讼服务中心与互联网法院建设取得长足进步，司法服务的质量和效率得到极大提升。不过，随着时间的推移和实践的深入，诉讼服务信息化建设中存在的不足也逐渐显现，距离充分满足人民群众对于现代化、多元化司法服务的期待还有一定的距离。

1. 传统思维惯性阻碍信息化深度变革

尽管法院信息化建设已取得一定成效，但当前仍存在以传统线下流程逻辑为主导，线上操作规则与线下实践存在脱节的情况。例如，在部分内部审批环节中，电子流程终结阶段仍需打印签字，信息化未能触及业务运行本质，深层次变革受到传统思维制约。

2. 数据孤岛效应制约诉讼服务整体效能

法院信息化建设初期缺乏整体规划，导致数据孤岛问题长期存在。⑥尽管一站式诉讼服务体系建设改善了平台协同，但职能划分不明、信息重复录入、数据标准不统一等问题依然突出，⑦服务对象（当事人、律师、公众）在实际操作中呈现分离状态，⑧削弱了诉讼服务的整体效能和精细化水平。

⑤ 令小雄：《DeepSeek 开启后 ChatGPT 时代——基于数字范式革新及其运演哲思》，载《西北工业大学学报（社会科学版）》2025 年第 1 期。

⑥ 陈甦、田禾：《法治蓝皮书：中国法院信息化发展报告 No.4（2020）》，社会科学文献出版社 2020 年版，第 48 页。

⑦ 王晓牛：《系统论视野下一站式多元纠纷解决机制的完善》，载《北京政法职业学院学报》2021 年第 2 期。

⑧ 田钝夫：《智慧诉讼服务建设的成效、问题与发展方向》，载《河北工业大学学报（社会科学版）》2022 年第 14 期。

3. 应用系统维护滞后影响服务可持续性

部分诉讼服务应用系统在更新维护方面存在滞后问题，表现为建设与维护失衡、用户反馈机制缺失、技术与业务结合不紧密等。系统上线后缺乏持续优化，功能设计与实际业务场景契合度不高，降低了系统的实用性和用户体验，制约信息化服务的长期效果。

4. 数字技术融合不足难以满足公众需求

法院信息化技术应用相对滞后，如 OCR 技术仍为主流，NLP 自然语言处理技术尚未全面推广。⑨ 尽管通用语言大模型已普及，但法院尚未充分融入垂直领域的大语言模型技术，导致诉讼服务与公众日益增长的数字化需求之间存在差距。

5. 数据安全保障机制不完善增加风险隐患

法院信息化建设在提升效率的同时，数据安全问题日益凸显。互联网接口和应用程序的开发增加了数据泄露风险，如未加密传输、权限管理漏洞等问题。⑩ 外部员工保密意识薄弱、第三方合作数据保密协议执行不严等问题，进一步加剧了数据安全风险，需在数字化转型中重点关注和解决。

二、价值重构：数字赋能诉讼服务的逻辑起点与内生优势

（一）范式转型：数字法院驱动司法现代化新进程

数字法院的构建，是当前司法体系面向未来转型的关键一步，数字法院建设是审判工作现代化的内在要求。最高人民法院院长张军指出，审判体系高效顺畅运行，必须依靠数字法院建设破题。⑪ 在全球信息化浪潮的推动下，传统司法模式面临着前所未有的挑战，科技赋能审判，提升效率与公正，成为各国法院亟需破解的课题。⑫ 数字法院建设凭借大数据分析、AI 智能辅助

⑨ 周佑勇：《智能技术驱动下的诉讼服务问题及其应对之策》，载《东方法学》2019 年第 5 期。

⑩ 王治国：《法院音视频数据应用和安全管理探讨》，载《网络安全技术与应用》2024 年第 11 期。

⑪ 张军：《学思践悟习近平法治思想推进审判理论研究现代化》，载《中国应用法学》2024 年第 3 期。

⑫ 李少平：《人民法院互联网司法的建设与发展》，载 https://www.chinacourt.org/article/detail/2021/09/id/6266759.shtml，2024 年 6 月 20 日访问。

裁判等前沿技术，既能提高案件审理效率，又可增进判决的稳定性和精确度，为审判工作现代化铺设坦途。司法改革的深化呼唤数字法院的出现。司法改革的核心目标之一是实现司法公正与司法效率的双重提升，而数字法院正是这一目标的有力推手。通过数字化转型，法院可以打破地域限制，实现远程庭审、在线调解等功能，大大提升了司法服务的覆盖面和便捷性。人民群众对更高水平“数字正义”的追求是数字法院建设的根本动力。随着数字技术的普及，公众对诉讼服务的期待已不再局限于普适化的服务，而是希望获得更加个性化、便捷化的法律支持。

（二）动能转换：数据要素重构信息化建设新图景

信息化是数字化的基石，没有信息化的数据积累，数字化的洞察与驱动无从谈起。而数字化作为信息化的进阶版，将信息转化为价值，释放其巨大潜能。信息化是“一切业务数据化”。⑬ 信息化的核心是将现实世界的业务活动转化为可被计算机系统处理和存储的数据形态。例如，法院的无纸化办公、全流程网上办案系统的建设则是业务数据化的一个生动实例。数字化是“一切数据业务化”。数字化是对信息化阶段所累积的大规模数据进行深度利用，它强调通过数据分析将已收集的信息转化为洞察和行动。例如，通过分析法院系统中当事人的诉讼参与数据，可以判断该当事人是否首次参与诉讼活动，是否需要更为详尽的诉讼指导，以及进入法院后是否需要路线指引等。⑭ 这些都是大数据在诉讼服务中的应用场景示例，利用大数据技术能够提供更加个性化的诉讼服务，更好地满足当事人的需求。

（三）流程再造：数字化司法实现服务质效双提升

数字化的先天优势在司法领域展现得尤为明显，其不仅重塑了司法资源的布局，更在透明度、公信力、便民服务及诉讼服务创新等方面带来了令人期待的前景。首先，数字化可以极大优化司法资源配置，大数据分析以及人工智能技术能够实时监控和分析资源使用情况，从而实现更精细、更灵活的

⑬ 曹仰锋：《第四次管理革命》，中信出版集团2019年版，第128页。

⑭ 《法院微信公众号开通导航系统了吗》，载https://www.cr173.com/html/227856_1.html，2025年1月19日访问。

资源调度和管理。例如，通过数字化平台自动分析案件的难易程度及结果走向，在立案时进行诉讼和调解的快速分流，缓解“案多人少”的矛盾，⑮提升司法效率，同时也为当事人提供更多元、更灵活的纠纷解决方案。其次，数字化加强了司法透明度，提升了公信力。数字化平台提供实时数据访问和监控功能，确保司法过程的可追溯性，使得信息更加透明，任何不当行为都将无所遁形，有效遏制司法腐败，巩固司法的权威。最后，数字化推动了诉讼服务的创新，智能咨询、在线调解、类案推送等新型服务模式，不仅提升了诉讼体验，更让诉讼服务更加贴近民众需求，促进司法与社会的深度融合。

三、创新突围：数字赋能诉讼服务再升级的实践进路

（一）体系化构建：诉讼服务数字化升级的基本原则

1．坚持以用户需求为导向，优化服务体验

在推进诉讼服务数字化升级的过程中，始终以案件当事人、律师等诉讼参与者的实际需求为中心，确保服务升级切实符合用户的真实诉求。这一做法不仅体现了“以人民为中心”的社会主义法治理念，更与“接近正义理论”（Access to Justice Theory）的思想高度契合。接近正义理论强调司法服务应当为所有人提供平等、便捷的接近机会，消除经济、社会和技术障碍，确保公民能够有效行使诉讼权利，实现司法公正。⑯在数字化升级的同时，还需特别关注“数字鸿沟”问题，确保服务的普惠性。通过保留和完善线下服务渠道，为数字技能不足或无法使用线上服务的群体提供支持，保障不同群体的平等参与权。同时，建立科学的需求调研机制，精准识别用户痛点，确保服务设计能够覆盖多元化的用户需求。此外，构建动态反馈机制，及时收集用户意见，持续优化服务流程，提升服务质量和用户满意度。

2．推进一站式、标准化建设，降低诉讼参与成本

在司法服务体系不断完善的进程中，秉持一站式服务理念具有重要的理论与实践意义。通过整合司法系统内的各类资源，打破不同部门之间的数据

⑮ 程金华：《中国法院“案多人少”的实证评估与应对策略》，载《中国法学》2022年第6期。

⑯ 王荔：《从司法民主到“接近正义”》，陕西人民出版社2022年版，第50页。

壁垒，消除信息孤岛，实现数据的互联互通与共享，为高效的诉讼服务奠定坚实基础。对诉讼流程进行全方位、精细化的优化，将原本分散在多个环节、不同部门的服务进行集中整合，实现诉讼服务的集中化与便捷化，当事人无需辗转奔波，从而显著减少其在诉讼过程中投入的时间和经济成本。同时，标准化建设不可或缺。⑰ 明确诉讼全流程各环节的职责、精准的操作标准以及严格的完成时限，保障服务在不同场景、不同时段均具备一致性与专业性。统一服务标准，规范服务人员行为，从接待咨询到案件办理，各个细节均有章可循，确保每一位诉讼参与人都能获得高效、公正、便捷的服务体验。

3．深化数据反哺服务，提高诉讼服务智能化水平

决策理论主张依数据和模型决策，提升科学性。⑱ 在司法领域，大数据、人工智能技术的应用与之契合，通过这些技术，司法系统深度挖掘分析海量司法数据，构建精准模型，精准捕捉关键信息，为优化诉讼服务提供支撑，提升司法效率与公正性。实际司法服务中，数据反哺机制依据当事人背景、案件情况等多维度数据，提供个性化服务。如法律咨询依用户过往和案件特点推送，案件进度实时更新。在多元化解纷上，基于纠纷案例数据分析构建决策模型，依据案件性质、当事人诉求等，智能推荐调解、仲裁或诉讼等最佳解纷途径，高效化解矛盾，提升司法服务质量，促进司法公正，增强公众对司法体系的信任和支持。

（二）生态化布局：数字诉讼服务的系统架构设计

在数字化升级过程中，4A 架构（业务架构、应用架构、数据架构和技术架构）是常用的方法论，旨在构建稳定、可扩展且能快速响应需求的系统。其中，业务架构占据核心地位，而后三者根据特定领域业务特点进行调整优化。本文聚焦于诉讼服务数字化的业务架构，紧扣其愿景与原则，通过细致梳理服务模式和应用场景来构建业务流程架构。

1．模拟参与层：构建临场化数字司法空间

该层级通过视听传输及虚拟现实技术创新在线司法体验。核心升级包括：

---

⑰ 江帆：《诉讼服务中心标准化建设研究》，载《法律社会学评论》2018 年第 1 期。

⑱ ［美］道格拉斯·W. 哈伯德：《数据化决策》，邓洪涛译，广东人民出版社 2017 年版，第 67 页。

一是打造 VR/AR 虚实融合的庭审场景，利用虚拟法庭还原真实审判环境，同时借助 AR 技术实现 3D 证据动态展示、发言者身份实时标注等功能，显著提升在线庭审的交互深度与信息传达效率。[19] 二是部署智能语音识别与自然语言处理技术（NLP），在实时转写庭审对话基础上探索结构化摘要生成，大幅压缩人工记录耗时，确保法律文书关键要素精准归集。这一体系突破了传统诉讼的地理屏障，使偏远地区当事人及特殊群体获得平等参与权。

2．实时交互层：重塑精准化服务供给模式

聚焦诉讼流程交互效率提升，形成三阶服务体系：其一，开发智能法律助手，通过多轮对话解析诉讼请求，自动匹配管辖规则、诉讼费计算等基础服务，实现常见咨询秒级响应。其二，构建智能导诉引擎，利用知识图谱技术将诉讼流程拆解为可视化步骤，结合用户画像推荐个性化操作路径。其三，探索预见性服务机制，基于历史案件数据预测材料补正风险点，主动推送提示信息，减少当事人因程序疏漏导致的时间损耗。三者共同构建起“需求感知—智能响应—动态优化”的服务闭环。

3．数据公开层：铸造阳光化司法运行机制

“数据公开层”致力于消除诉讼流程信息黑箱，重点搭建三大透明通道，审判流程可视化实现案件进度、保全动态等各类节点实时更新；司法辅助事务公开模块同步鉴定评估机构、诉讼费收退等全链路数据；跨审级案件追踪系统完整披露上诉移送、卷宗流转等跨域协作过程。技术实施中着重解决两级障碍：对内通过 API 接口集成打通业务系统数据壁垒；对外建立统一数据脱敏规则库，确保敏感信息合规披露，既保障公众知情权，也倒逼司法行为规范化。

4．服务评价层：建立质量优化循环机制

服务评价机制的确立构成“诉讼”与“诉讼服务”的本质区别。诉讼作为司法判断行为，其功能边界止于纠纷的权威裁断；诉讼服务则属于公共治理创新范畴，聚焦公民诉讼权益保障的可及性与实效性。这种定位差异要求诉讼服务体系必须建立需求感知→服务供给→评价反馈的动态闭环，通过诉

---

⑲ 刘智铭：《VR 技术在庭审中的应用实践与前景》，载 http://www.legaldaily.com.cn/index/content/2022-02/25/content_8678406.html，2024 年 6 月 22 日访问。

讼参与者的多维评价触发服务流程再造，实现司法公共产品的精准投放。诉讼服务数字化转型的本质，是构建具备自我进化能力的智能服务体系：技术上形成全链路数据采集系统（功能热力分析、操作路径追踪等），立体化构建用户服务画像；制度上建立服务缺陷的动态修复机制，通过语义分析实现海量诉求的智能聚类，自动生成服务质量改进图谱；价值层面则是推动司法供给从“职能导向”向“用户体验导向”转型，使每个优化决策都建立在客观需求数据之上，最终实现司法公信力与技术赋能的正向循环。

（三）协同化推进：全流程数字化建设的实施路径

1．正向、反向建设路径相结合

诉讼服务数字化建设需形成“正反向”协同机制：正向聚焦便民服务提升，反向强化风险防控管理，形成双向治理闭环。[20] 正向建设路径是指从用户需求出发，通过数字化的手段直接提升服务体验，增加群众参加诉讼服务的便利性和高效性。通过整合在线立案、进度追踪、即时沟通等功能模块，着力消除传统服务中的时空障碍，实现从材料提交到文书送达的全链路数字化。这种以技术赋能为导向的“疏”策略，有效拓宽司法便民服务半径。反向建设聚焦风险防控，采用“负面清单”管理模式。通过梳理程序违规、效率滞后等典型问题，构建涵盖立案审查、流程管控等关键环节的禁止性规范体系，利用大数据分析技术对服务流程进行动态监测。当系统识别到异常行为时，自动触发预警提示并生成整改工单，同步纳入绩效考核体系。这种技术化“堵”的手段，形成对服务质量的前置性约束机制。正向服务与反向监管的数字化联动，构成闭环治理模式：前端交互积累的数据持续优化服务模型，后端监管指标反向完善服务标准。两者协同推动诉讼服务完成从“被动响应”向“主动治理”的转型，在提升司法效率的同时保障服务规范性，实现群众获得感与司法公信力的双重提升。

2．“自上而下”的架构和“自下而上”的创新相结合

自上而下架构聚焦高层引领，由法院决策层主导制度设计与组织统筹，

---

⑳ 陈罗兰：《论法院数字共同体的构建：以人工智能辅助司法为视角》，载《法学》2024年第1期。

通过制定规范框架、设立数字化专班进行系统性改革部署。依托统一技术平台整合数据资源，构建数字化基础设施，并以绩效考核挂钩、创新奖励等激励机制推动全员参与，确保改革方向与制度落地的协同性。[21]自下而上路径注重基层创造，激发一线办案人员基于实务痛点提出解决方案，利用其业务智慧与场景洞察开发轻量化应用工具。鼓励技术团队与业务专家合作设计模块化服务组件，将小程序等创新成果快速对接现有办案系统，实现诉讼流程中关键节点的效率突破。尤其在当事人服务端口，构建可自主选择的柔性服务模式，通过精细化的微创新提升用户体验。双轨融合策略通过顶层设计确保改革资源的集中投入与实施力度，基层实践则保障服务创新贴合实际需求。二者的有机联动形成“统筹规划—灵活响应”的转型生态，既避免了无序创新的资源浪费，又克服了单一行政推进可能存在的落地偏差，从而系统推进司法治理体系向精准化、智能化转型。

3．内部流程重塑与外部服务升级相结合

法院数字化改革聚焦于内部流程重塑与外部服务升级的深度融合，构建高效、透明的司法运行体系。在内部机制优化层面，依托司法大数据智能分析系统，深入识别案件流转中的低效环节与程序堵点，如材料交接延时、多部门协作效率低下等问题。通过关键节点数字化监控和流程再造，建立智能分案、自动催办等机制，推动办案质效的系统性提升。外部服务端则强化全流程透明度建设，创新开发可视化案件追踪功能，允许当事人实时查阅立案、证据交换、鉴定评估等关键流程节点信息。通过官方平台、小程序等多端口同步推送进展提醒，既构建阳光司法服务界面，又形成外部监督倒逼机制，以数字促公开，以公开促改革。同步推进诉讼服务智能化延伸，引入AI辅助材料审查、区块链存证验证等创新工具，在提升用户体验的同时推动内部审核标准迭代升级，形成服务创新与机制优化的联动效应。[22]这种内外协同的数字化重构形成良性互动机制，内部流程优化直接提升诉讼服务的响应速度与精度，外部服务产生的用户反馈数据则持续驱动审判管理系统迭代完善。

㉑ 洪冬英:《司法如何面向“互联网+”与人工智能等技术革新》，载《法学》2018年第11期。

㉒ 黄文艺:《数字法治是现代法治新形态》，载《数字法治》2023年第2期。

4．软硬件功能实现相结合

诉讼服务数字化升级需实现软硬件深度协同。在软件层面，以海量司法数据为基石，依托AI技术构建智能化服务体系。基于大语言模型训练形成的智能问答系统，可精准解析用户诉状填写、流程咨询等多元需求，替代传统静态知识库，实现7×24小时全时域响应，显著降低人工服务压力。联动司法区块链、OCR识别等辅助技术，同步优化电子存证、材料智能审核等核心功能模块。硬件体系升级注重技术普惠性。部署GPU集群保障核心算力支撑的同时，通过服务终端下沉弥合“数字鸿沟”。在城市社区嵌入具备人脸识别、材料扫描功能的智能诉讼服务站，保留线下服务窗口交互逻辑；在乡村构建“共享数字法庭”，㉓利用既有文化活动室等设施建立专网接入点，配备虚拟桌面与语音交互系统。这种“终端＋场景”的硬件部署策略，通过复用现有公共服务空间，使数字司法服务有效触达老年、农村等特殊群体。软硬件协同创新路径中，数据流动形成双向驱动闭环。终端采集的群体使用特征反哺AI模型优化，而司法知识图谱迭代又持续增强终端服务能力。通过技术适配性与服务包容性的双重提升，构建全链条智慧司法服务体系，真正实现“数字赋能”与“人文关怀”的有机统一。

5．数据广泛收集与审慎使用相结合

在法院数字化进程中，司法数据安全是与效率提升同等重要的生命线。㉔司法数据涵盖公民隐私、企业商密及社会敏感信息，直接关系司法公信力与社会稳定。《数据安全法》虽构建了基础法律框架，但针对司法场景的制度细则仍待完善，亟须建立专业化防护体系。㉕需要在服务优化与数据治理间取得平衡，既要释放数据价值提升审判质效，更要筑牢安全屏障。一是要构建覆盖身份认证、边界防护、安全隔离的全方位防护体系，引入可信计算、密态数据处理等技术，从网络、应用、数据三层面筑牢数字基础设施安全底座；二是要建立司法数据分类分级保护机制，将当事人生物特征、庭审录音录像

㉓ 高倩倩：《共享法庭：社会治理最末端的解纷之道》，载《人民法院报》2023年8月19日。

㉔ 马长山：《数字司法的法治边界》，载《东方法学》2024年第4期。

㉕ 张彪：《〈数据安全法〉语义模糊性的规制路径》，载《暨南学报（哲学社会科学版）》2024年第11期。

等列为最高等级敏感数据，对采集、存储、共享等环节实施端到端加密与全流程审计；三是要推行数据安全责任制，通过司法数据安全白皮书规范操作指引，开展数据攻防演练与处置能力培训，将安全合规意识植入每个办案流程节点。

（责任编辑：戴　曙）

数字赋能：裁判文书规范管理迈向现代化

高　爽*

裁判文书作为审判活动的最终呈现，凝聚着法官在整个办案过程中的心血和智慧，是对当事人集中展示的平台，具有确定权利义务关系、释法说理、定分止争的终局重要性。人民法院对裁判文书予以高度关注，从文书制作、审校、管理、评查、评比等各方面，采取正向或反向的诸多举措，着力提升文书质量。2023年年底，最高人民法院印发《关于完善案件阅核工作机制全面准确落实司法责任制的指导意见》，强调以裁判文书为抓手，统一裁判尺度，确保案件质量。但司法实践中，裁判文书不规范的情形时有发生，对司法公信力产生不利影响。最高人民法院院长张军强调，审判工作现代化既是政法工作现代化的重要内容，也是中国式现代化的重要保障。① 如何以现代化理念和方式保障裁判文书规范性、贯彻落实阅核制度，进而促进审判质量提升值得探究。

一、实践缩影：裁判文书规范性现状扫描

（一）裁判文书制作标准细致繁多

裁判文书是人民法院依法裁判的重要表现形式，撰写过程是适法过程、作文过程，虽然裁判文书应当怎样写作尚未达成共识，② 但其前提是规范性的体现。随着经济社会不断发展、审判形势不断变化，人民法院对于裁判文书

---

* 高爽，法学硕士，上海市徐汇区人民法院审判监督庭法官助理。

① 张军：《学深悟透做实习近平法治思想，以审判工作现代化服务保障中国式现代化》，载《习近平法治思想研究与实践》专刊2023年第8期。

② 参见李广宇：《裁判是怎样写成的》，法律出版社2021年版，第1页。

规范和释法说理的要求也在不断地更新，针对繁简案件实行不同的标准。

2016 年 8 月 1 日起施行的《人民法院民事裁判文书制作规范》对基本要素、数字、标点符号、引用、印刷等民事裁判文书制作规范作出了指引，此后多次出台关于裁判文书制作规范的文件。以第一审民事判决书为重点，笔者梳理了相关指引（见表 1）。

表 1　民事裁判文书制作规范指引

第一审程序民事判决书指引	初始或修正后施行日期	民事裁判文书制作规范
整体	2016 年 8 月 1 日	《人民法院民事裁判文书制作规范》
案号的基本要素	2016 年 1 月 1 日	《最高人民法院关于人民法院案件案号的若干规定》
分案号	2016 年 2 月 1 日	《最高人民法院关于在同一案件多个裁判文书上规范使用案号有关事项的通知》
案由	2022 年 1 月 1 日	《民事案件案由规定》
内容、署名、印章、先行判决补正笔误	2022 年 1 月 1 日	《中华人民共和国民事诉讼法》第 155 条、第 156 条、第 157 条第 1 款第 7 项
简易程序和小额诉讼裁判文书简化	2022 年 4 月 10 日	《最高人民法院关于适用〈中华人民共和国民事诉讼法〉的解释》第 270 条、第 280 条
证据认定	2020 年 5 月 1 日	《最高人民法院关于民事诉讼证据的若干规定》第 97 条
裁判理由引述指导性案例	2018 年 6 月 2 日	《〈最高人民法院关于案例指导工作的规定〉实施细则》第 10 条、第 11 条
释法说理	2018 年 6 月 13 日	《最高人民法院关于加强和规范裁判文书释法说理的指导意见》
	2021 年 3 月 1 日	《最高人民法院关于深入推进社会主义核心价值观融入裁判文书释法说理的指导意见》
法律依据引用	2009 年 7 月 13 日	《最高人民法院关于裁判文书引用法律、法规等规范性法律文件的规定》
数字用法	2011 年 11 月 1 日	《出版物上数字用法》（中华人民共和国国家标准 GB/T15835-2011）
标点符号用法	2012 年 6 月 1 日	《标点符号用法》（中华人民共和国国家标准 GB/T15834-2011）

续表

第一审程序 民事判决书指引	初始或修正后 施行日期	民事裁判文书制作规范
法律文书辅助生成 法律文书辅助审查	2022 年 12 月 9 日	《最高人民法院关于规范和加强人工智能司法应用的意见》
裁判文书阅核	2024 年 1 月 1 日	《最高人民法院关于完善案件阅核工作机制全面准确落实司法责任制的指导意见》

（二）裁判文书制作方式存在落差

裁判文书的制作主要分为五个步骤：步骤一是裁判文书的写作，通常是由承办法官进行或承办法官指导法官助理撰写；步骤二是裁判文书的校对，由法官助理、书记员等审判辅助人员进行；步骤三是裁判文书的签发，由独任制法官直接签发或合议庭法官依次签发；步骤四是裁判文书的阅核，对于“四类案件”形成的裁判文书及各地法院确定的刚性或弹性抽核“非四类案件”形成的裁判文书，提请院庭长阅核；步骤五是裁判文书的盖印，统一由专门人员进行。

传统的裁判文书制作以人工为主，随着科学技术的发展和案多人少情况的加剧，逐步产生电子化、自动化、智能化等方式。《人民法院信息化建设五年发展规划（2021—2025）》（以下简称《五年规划》）确定了“十四五”时期“打造全方位智能化、全系统一体化、全业务协同化、全时空泛在化、全体系自主化”的人民法院信息化 4.0 版建设目标。《最高人民法院关于规范和加强人工智能司法应用的意见》（以下简称《人工智能意见》）同时明确了人工智能应用场景包括法律文书辅助生成、法律文书辅助审查等。

《中国法院信息化发展报告（2023）》统计，截至 2022 年，文书智能生成功能已经在全国大部分地区的法院普及，支持裁判文书自动生成的法院，占比 98.8%；支持裁判文书自动纠错的法院，占比 99.5%（见表 2）。③

③ 陈国平、田禾主编：《中国法院信息化发展报告（2023）》，社会科学文献出版社 2023 年版，第 32 页。

表 2　2018—2022 年法律文书智能生成情况　　单位：%

年　度	法律文书自动生成	裁判文书自动纠错	裁判文书上网前敏感信息自动屏蔽	裁判文书自动上网	辅助生成法律文书
2018	87.7	94.1	92.7	—	85.2
2019	94.1	97.1	96.1	—	82.4
2020	95.6	98.7	98.8	—	93.1
2021	96.0	97.4	97.8	89.8	—
2022	98.8	99.5	99.7	95.9	—
五年提高百分比	11.1	5.4	7.0	—	—

以人工智能技术参与裁判文书制作的目的在于，让法官从那些专业性不是很强、依赖性不是很高的场合中脱离出来，减轻事务性负担，专注更需要价值判断与平衡部分，实现更契合时代需求的“数字正义”。④但在实践中，审判人员利用裁判文书智能辅助生成系统自动生成、进行补充修改方式制作裁判文书的比率很低，往往仍采用传统人力打字方式制作初稿，导入系统后进行排版、纠错、审签、盖印，完成裁判文书制作。在此情境下，审判人员使用裁判文书智能辅助系统，并非出于减轻事务性负担的目的，更偏向于制作流程的形式性使用，系统智能辅助效用产生巨大落差，制约着数字化时代司法质效提升。

（三）裁判文书质量存在差错

早在 2018 年，最高人民法院曾发布《关于全面提升裁判文书质量切实防止低级错误反复发生的紧急通知》，旨在从源头解决裁判文书质量不高的问题，切实提升文书质量。但实践中，文书差错仍有发生。一方面，裁判文书种类较多，仅现行第一审民事判决书即有九种样式，包括案号、案由、当事人信息、审理过程等诸多要素，相关规定繁多且更新速度较快；另一方面，法院受理案件数越来越大，法官办案压力剧增，疲于应对，难以保障裁判文书的绝对完美。

④　参见茆荣华主编：《全流程网上办案体系的探索与实践》，人民法院出版社 2021 年版，第 22 页。

梳理常见裁判文书差错，可分为四种类型（见图1）。

常识类差错	样式类差错	适法类差错	说理类差错
• 错别字 • 标点符号错误 • 计量单位错误 • 数字计算错误 • 地区匹配错误 • ……	• 格式错误 • 遗漏要素 • 法律用语错误 • 审理程序不匹配 • 币种位置错误 • ……	• 法条引用错误 • 主文判项缺失 • 受理费收取错误 • 罚金金额错误 • 主体列示错误 • ……	• 基本事实叙述不清 • 遗漏质证 • 释法说理不充分 • ……

图1　裁判文书常见差错

（四）裁判文书管理方式有待完善

2021年，最高人民法院针对十三届全国人大四次会议第4150号建议《关于进一步加强裁判文书的评查力度、提高裁判文书制作质量》作出答复，提出四项解决措施：深化裁判文书改革、加大裁判文书评查力度、推进裁判文书公开、发挥优秀案例的示范作用。2024年年初，《最高人民法院关于完善案件阅核工作机制全面准确落实司法责任制的指导意见》（以下简称《阅核意见》）开始施行，要求院庭长以裁判文书为抓手，加强审核释法说理的恰当性、法律适用的准确性、裁判尺度的统一性。

据统计，2022年全国支持案件评查网上办理的法院占比为89.6%，⑤ 案件在线评查已经基本实现普及，但对于裁判文书的在线评查还存在诸多难点。首先，随着案件数量的爆炸，裁判文书更谓海量，这导致目前的评查存在相当粗放的现象，缺乏有力抓手；其次，裁判文书不属于结构化数据，如要进行在线检测，势必需要转化成计算机语言，针对不同部分实行精细化解构，而当前的技术和算力无法有效满足；最后，裁判文书写作规范非常细致，仅依靠审判管理人员或特定第三方，难以全面、有效挖掘评查点。

阅核制度也需进一步细化。《阅核意见》仅对“四类案件”等部分特定案件作出明确规定，其他案件由各地自行确定。在众多案件中，如何确定阅核范围、精准定位需要阅核的案件文书，以实现既能强化监督，也不赋予院庭长不必要的负担，目前尚缺乏有效的机制。此外，为平衡院庭长监督与干预

⑤ 前引③，陈国平、田禾书，第28页。

的限度，实现审判权与监管权的同向协作与双向制约，需要借助信息化方式全过程留痕。

二、优势所在：数字何以赋能裁判文书规范化

（一）器生道：数字法院的时代内涵

2015年，最高人民法院提出建设“智慧法院”，将现代科技应用与司法审判活动深入结合，推动审判体系和审判能力的现代化。[⑥]2017年，最高人民法院发布《关于加快建设智慧法院的意见》，明确智慧法院的定义。[⑦]从定义可以看出，智慧法院建设秉持技术工具主义，技术是提供辅助和服务的“器”。法院工作机制与方式本身没有发生根本变化，主要是将传统的司法流程由线下转为线上，实现“业务数据化”。[⑧]

“我们塑造了工具，此后工具又塑造了我们。”[⑨]随着大数据技术、人工智能技术等广泛而深入地运用于司法领域，二者之间不再是简单的辅助与被辅助、利用与被利用的单向性关系，而是以崭新的方式相互融合——数字化。司法审判活动的数字化形成了全新的法院建设样态，即“数字法院”。[⑩]数字法院不仅是一种技术变革，更是一种理念、机制和制度的根本性改造，通过对法院系统中的海量司法数据进行二次加工，挖掘数据中的规律，来引领、反哺、优化、创新工作方式，实现“数据业务化”，从而促进法院传统业务流程、组织架构和体制机制的系统性重塑，也就是“道”。[⑪]

（二）双驱动：大数据技术与文书规范循环促进

1. 助推文书规范，提升审判质效

数字法院建设下，数据是基础也是生产力。法院天然拥有海量的裁判文

⑥ 徐骏：《智慧法院的法理审思》，载《法学》2017年第3期。

⑦ 智慧法院是人民法院充分利用先进信息化系统，支持全业务网上办理、全流程依法公开、全方位智能服务，实现公正司法、司法为民的组织、建设和运行形态。

⑧ 贾宇：《锚定上海“数字法院”建设高质量发展目标，奋力推进审判工作现代化》，载“上海高院”微信公众号，2023年11月10日发布。

⑨ ［加拿大］马歇尔·麦克卢汉：《理解媒介》，何道宽译，商务印书馆2000年版，第17页。

⑩ 李占国：《“全域数字法院”的构建与实现》，载《中外法学》2022年第1期。

⑪ 前引⑧，贾宇文。

书等案件数据，蕴含着巨大的矿藏，有待开发利用。“有”数据是重大前提，“用”数据是更大关键。⑫通过利用人工智能图文识别和语义理解等技术，对海量裁判文书及电子卷宗进行全面解构，唤醒“沉睡”数据，细化数据颗粒度，将对文书规范制作、智能制作、靶向阅核、数字评查等工作产生巨大促进作用。同时，也大量释放了人力，在案多人少的当下，法官能够更加集中于核心审判事务，提升审判质效。

2．净化数据瑕疵，促进适法统一

目前，司法大数据技术应用于审判过程，需要进行法律数据训练，即从海量样本数据中于不同法律要素间找出规律关系。如果训练数据本身存在错误或瑕疵，将出现“垃圾进、垃圾出”的现象。⑬各地法院的裁判文书普遍面临规范性不足、质量参差的问题，同时也存在审判意见不统一、类案不同判的现象。如果不加审核、直接进行模型训练，可能会导致算法的崩溃，甚至反向固化错误，形成负面效应。2024年2月27日，人民法院案例库正式上线并向社会公众开放。各地法院报送的案例，通过逐级筛选、层层把关，大大净化了数据瑕疵，为模型训练提供良好的平台。同时，在大数据技术精准性得以保障后，亦促进了裁判尺度统一。

3．透视司法需求，引导技术研发

在目前的司法实践中，司法大数据的开发往往由技术部门主导，一线业务人员的参与度不足，导致技术的研发和应用与实际业务需求产生偏差，甚至徒增办案压力。在数字法院建设下，业务与技术的融合更为紧密。从裁判文书规范目的出发，业务需求集中于文书制作和阅核评查，前提均需要对电子卷宗细化拆解、定向识别，这对于人工智能、大语言模型等技术有较高需求，从而引导技术在司法审判领域的发展、契合。

三、应用思辨：数字赋能裁判文书规范化局限

（一）文书规范知识图谱构建困难

司法大数据的应用原理是围绕司法大数据展开的知识表示、知识抽取和

⑫ 贾宇主编：《大数据法律监督办案指引》，中国检察出版社2023年版，第23页。
⑬ 王禄生：《司法大数据与人工智能开发的技术障碍》，载《中国法律评论》2018年第2期。

知识输出的过程。⑭ 裁判文书知识图谱的构建是司法大数据应用于文书规范主题、实现知识表示的关键所在。目前，由于电子卷宗等案件材料多数以半结构化或非结构化的形式存在，大数据算法难以自动识别、抽取，司法知识图谱的构建尚无法实现自动化，需要通过人工构造语法与语义规则，推进知识图谱的构建。⑮ 裁判文书质量是审判能力和审判水平的集中体现，具有高度的严肃性和权威性，相关标准与要求细致繁多，需要大量具有丰富审判经验、掌握程度较高的人员进行梳理，方能保障构建的精度与广度。

此外，裁判文书释法说理的水平难以量化，虽然最高人民法院多次针对裁判文书释法说理出台相关指导意见，明确了裁判文书制作的技术规范标准、引用规范等要求，但评价机制尚不够具体，需要进一步探索释法说理“定性”与“定量”问题。⑯

（二）技术实现和算法黑箱有待突破

一方面，在建立裁判文书知识图谱后，还需将半结构化或非结构化形式转化为结构化数据。虽然法律术语相对固定，但基于情节和事实的差异，以及法官用语的不同倾向，在裁判文书中表达存在多样性。单纯转化为结构性数据尚无法满足文书规范场景的需求，需要依靠自然语言处理技术鉴别不同用语的同一含义。⑰ 在大语言模型业已诞生的时代，自然语言处理已经获得了巨大的进展。⑱ 然而，其在法律领域的专用技术发展较为有限，对于法律用语及法律要素间的关系理解尚不充分，导致对数据提取和算法推演的结果准确度存在担忧。

另一方面，在数字化发展下，面临着“算法吞噬司法”的潜在威胁，⑲ 算

⑭ 刘艳红、王禄生：《大数据与审判体系和审判能力现代化研究》，人民法院出版社 2023 年版，第 115 页。

⑮ 前引 ⑬，王禄生文。

⑯ 王亚明：《裁判文书质量管理的探索与变革》，载《时代法学》2019 年第 1 期。

⑰ 参见张华平、商建云、刘兆友编著：《大数据智能分析》，清华大学出版社 2019 年版，第 14 页。

⑱ 冯志伟、张灯柯：《语言模型与人工智能》，载《外语研究》2024 年第 1 期。

⑲ 李庆森、蒋人文：《人工智能的司法裁判运用：价值、困境与对策》，载四川轻化工大学学报（社会科学版）2023 年第 4 期。

法不透明引发的“黑箱”效应对司法公开和司法公正提出了挑战。“黑箱”效应通常是指大数据处理及决策行为的不可见。[20]首先，算法本身具有较强的专业性和复杂性，对于审判人员和社会公众，可能无法理解代码背后的含义。其次，生成式人工智能在一次次调试中，也在不断训练优化，通过大数据进行持续性修正校验。甚至，他们自身也无法完全理解算法运用何种逻辑得出相应结果。最后，即使算法已获得理解，大数据技术应用时是否依照算法进行，缺乏有效的验证路径。

（三）智能辅助深度把控面临冲击

《人工智能意见》与《五年规划》等文件确立了人工智能在裁判文书制作领域应用的导向。对于裁判文书制作能否应用人工智能这一问题已有定论，同时，也明确了辅助审判原则。目前人工智能司法应用属于弱应用，一方面，人工智能本身智能程度较弱，认知方式较为机械；另一方面，人工智能在司法领域应用程度仅触及浅层，在涉及核心的裁判文书制作领域程度更低。随着生成式人工智能和大语言模型的广泛研发和应用领域的不断扩展，其对自然语言的理解、运用和生成与裁判文书制作进一步契合，势必对智能化程度提高发挥巨大效应，由此也会对辅助审判原则的运用产生冲击，如何把握强人工智能辅助应用、防止司法异化风险成为重要议题。

（四）业务和技术融合壁垒亟待消解

在智慧法院建设中，技术主要是以辅助性工具的性质出现，处于边缘地位。而在数字法院时代，技术开始由边缘向中心地位过渡，出现功能根本性、地位关键性等特征，由此业务与技术的融合深度和广度势必要进一步加强。

基于领域知识的差别，法律的专业词汇及表达和技术的算法及逻辑之间存在隔阂。审判业务人员和技术人员的沟通天然存在一定的壁垒。审判业务人员通常对技术逻辑缺乏理解，并且对技术实现效果没有确切的认识，难以准确提出需求；而技术人员对于法律术语和细化不足的业务需求存在理解障

[20] 大数据在司法审判中的融合应用研究课题组：《限度与深化：大数据在司法审判中的融合应用研究》，载《中国应用法学》2021年第2期。

碍，难以通过技术手段实现。这也进一步导致审判业务人员与技术人员的沟通退避心理。同时，由于对数字法院建设中技术的定位认识不足或过度，可能会产生技术偏见或落入技术万能主义的窠臼，[21]人为制造了更多的沟通障碍。

四、场景设计：数字赋能裁判文书规范化路径

（一）应用导向：裁判文书制作与阅核评查融合交互

从现有裁判文书质量管理方式来看，能够结合科学技术、充分发挥数字化效能的方式分别是裁判文书的制作、阅核与评查。

裁判文书制作已实现在线化，其中写作和校对实现了一定程度的智能化。文书评查在部分地区法院也已实现在线化。然而，二者通常是独立进行，裁判文书制作是审判业务人员于审理中、结案前进行，文书评查是审判管理人员于结案后进行。彼此独立分割的状态导致裁判文书管理工作存在一定的滞后性，对于发现的不规范问题只能通过培训、通报、追责等方式进行事后管理，无法从源头进行解决。而随着阅核制度的确定、落实，监督管理与文书制作相互融合的导向进一步明确，共同促进文书质量的提高。

作为审判工作现代化的重要内容，审判管理现代化要求管理方式静默化、精细化、动态化，旨在减轻审判业务人员的负担，将精力集中于办案，管理寓于审判全流程中，实时监管、精细留痕。只有在审判质效出现异常情况时，才主动干预、提示，矫正错误。数字法院建设是依托大数据，以“个案办理—类案评查—系统治理”为思路，推进审判监督管理模式重塑变革，实现从“事后监督”向“事前监督”转变，从“个案纠错”向“系统防错”转变。[22]数字法院建设下的裁判文书规范管理，能充分实现管理现代化。通过应用大数据技术，以比对、碰撞的方式代替传统人工，智能评查文书瑕疵和差错。以“抓前端、治未病”为目标，将评查发现的问题提炼总结，嵌入办案系统，实时提示审判业务人员瑕疵风险点，及时纠错避免。依据差错风险

㉑ 前引⑳，大数据在司法审判中的融合应用研究课题组文。

㉒ 参见《抓好司法场景研发和应用　上海法院召开“数字法院”建设推进会》，载“上海高院”微信公众号，2023年7月21日发布。

类型，选择性同步推送院庭长，作为裁判文书阅核的有力抓手。裁判文书阅核评查与制作紧密融合，交互作用，促进文书规范性从源头提升。

（二）星火燎原：评查小切口释放管理大效能

1．厘清应用逻辑

从大数据应用的技术逻辑出发，数字化文书评查主要分为四个环节：文书知识图谱构建——案件要素抽取——评查模型搭建——模型结果输出。

（1）文书知识图谱构建。上文提及，数字赋能的难点之一在于裁判文书规范标准颇为细致，知识图谱自动化构建暂无法实现，从源头影响大数据技术的应用，现阶段只能采取“自顶而下”的方式，[23] 依靠人工事先设定好裁判文书知识图谱的结构，建立业务评查规则。

（2）案件要素抽取。要素抽取的基础是信息识别，要实现评查精细化，相应的需要解构精细化，需遵循篇章——语句——字词逐级进行分割。要素抽取的范围不能局限于裁判文书，裁判文书是整个审判过程的集中反映，其规范性不仅体现在文书本身，也涉及案件整体的卷宗材料，需要以整个电子卷宗为基础，依据评查点和关联关系抽取相应要素。

（3）评查模型搭建。依据预先构建的文书知识图谱和已完成解构的海量文书、卷宗材料中抽取的要素，进行深度比对和碰撞分析，不仅限于单一要素的校验，还包括要素间逻辑关系的合理性验证。通过大数据碰撞检测机制，评查模型能够迅速识别出裁判文书中出现的不规范情形，例如遗漏必要信息、事实表述不清、法律适用错误、逻辑推理瑕疵等问题。

（4）模型结果输出。依据案件所处的不同审理阶段和状态，模型的输出结果具有两种主要的应用方式：评价性分析和预测性分析，[24] 分别对应已结案件和在办案件的文书质量监控与风险预警。针对已结案件，能够常态化、不停歇地对文书质量进行滚动式评查，对已生效裁判文书质量进行客观、全面的审视，推动解决长期困扰审判监督管理的难点堵点问题。而对于尚在办理过程中的案件，输出结果则转向预测性分析，文书流转至指定程序节点时自

㉓ 参见朱木易洁、鲍秉坤、徐常胜：《知识图谱发展与构建的研究进展》，载《南京信息工程学报》（自然科学版）2017 年第 6 期。

㉔ 前引⑭，刘艳红、王禄生书，第 119 页。

动接受“体检”，如存在“健康”隐患，实时发出预警提示，帮助文书制作人员提前修正偏差，同时为院庭长“智慧阅核”提供重要助力。

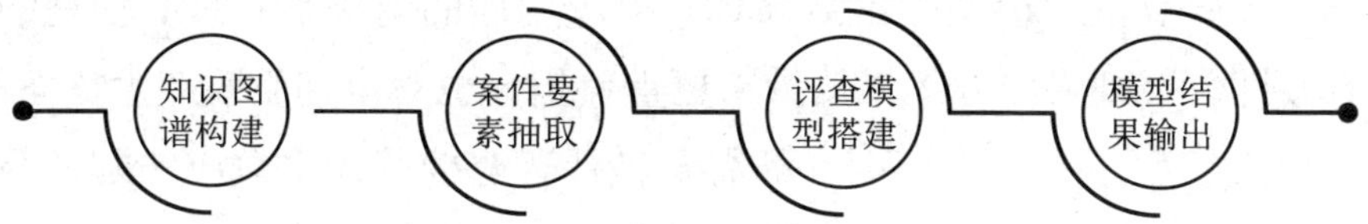

图 2　数字赋能裁判文书评查技术逻辑

2．设定应用步骤

在深入理解和精准把握技术应用内在逻辑的基础上，探索将前沿科技与裁判文书评查工作的独特性、专业性和严谨性相结合，创新性构建六步闭环工作模式，即场景申报、数字建模、推广评查、嵌入测试、核验反馈、优化完善。

（1）场景申报。为满足主体专业性、需求真实性、应用必要性、管理系统性的要求，一方面，动员众多一线审判业务人员积极参与，在各自擅长的案件领域，从日常办案和文书制作中挖掘多发瑕疵作为评查点，由小切入；另一方面，注重各级法院职能的差异性，强化条线主体地位，自上而下统筹建设，实现体系化。

（2）数字建模。在这一环节，业务与技术的关系非常紧密。业务人员制定精细化的评查规则，将要素及关联关系具象化；技术人员将评查规则翻译成为算法，搭建评查模型，筛查已结案件裁判文书。业务人员抽取部分数据进行核查，确认文书评查是否精准。如精准度较低，需对业务筛查规则和算法同步改进，确保模型的有效性。

（3）推广评查。在小范围数据验证准确度符合要求的情况下，评查模型可进行更大范围的推广，但仅是推广的必要条件而非充分条件，评查点是否存在实际需求，评查规则是否合法、合理、最优都需要经过多方把关。

（4）嵌入测试。个案纠错功能实现后，评查模型嵌入办案系统，修改接口和规则，按照预定节点，对尚未审结的案件文书进行质检，向审判人员发出预警提示，实现前端防错。同时，可靶向推送院庭长进行阅核，监督差错是否予以修正。嵌入模型较之现有文书纠错，能够实现更复杂的函数关系筛查，检测更深度的错误。此外，嵌入模型与办案系统以松耦合方式连接，虽产生交互，但是相互独立存在，可即时拆卸、直接嵌入全国法院信息化“一张网”。

（5）核验反馈。模型输出结果具有可应用性的前提是其具有较高的准确性和有效性，否则将给办案人员带来更重负担，也对审判质效产生负面作用。无论是评查模型还是嵌入模型，都需要进行普遍校验，由对应法院核验、反馈所涉案件是否存在瑕疵、模型是否精准有效、是否有优化建议等，以确定能否常态化运转。

（6）优化完善。建设人员需持续跟踪问效，及时研判核验反馈，针对确实存在的问题、切实可行的建议进行优化，确保在不断发展的司法环境下始终管用、好用。

3．叠加应用模型

以小切口构建评查模型并转化嵌入模型，虽然能够精准挖掘易错点、定向提示疏漏点，但在构建众多模型后，会随之产生负面效应：从技术角度，算力的负载会达到相当重的程度，而系统的承受度有限，模型运转状态会受到影响，在迫近临界点时甚至可能导致系统崩溃；从业务角度，一篇裁判文书可能调用数十个模型进行筛查，触发的推送提示相应可能会有几十条，审判人员的负担较重。因此，需要持续进行梳理整合已嵌入的模型、叠加应用，促进小切口发挥出“1 + 1 > 2”的效能。对于经过测试反馈良好、较为成熟的嵌入模型，可以从算力角度出发，以文书筛查次数尽可能最低为目标，对于业务规则类似、部分条件相同的模型进行合并；以推送提示次数尽可能最少为目标，予以一体性预警。

（三）要素集成：全流程智能辅助文书制作

1．智能辅助制作功能定位

审判职能从远古神明传递到人类自身手中并始终握紧，在于以价值评判代替随机概率，用解释说理淘汰了无知盲从，赢得社会信任和认同，当今社会审判体系基石之一在于人类作为裁判主体，如果要将制作裁判文书的职能部分让渡于人工智能，如何合理划定该部分范围，实质应当衡量人工智能对审判人员决策的影响程度。

《人工智能意见》确立的辅助审判原则明确无论技术发展到何种水平，人工智能都不得代替法官裁判，确保司法裁判始终由审判人员作出。辅助定位并不意味着不能对审判人员决策造成任何影响，除事务性工作外，可以提供决策支持和参考，以技术理性促进裁判理性。辅助定位也并不意味着生成式人工智能不能运用于裁判过程中，只要整个过程处于审判人员主导之下，生成式人工智能将比弱人工智能发挥更好的辅助作用，裁判文书制作会更加便捷。

2．智能辅助制作路径探索

（1）案件类型选择。2016年，最高人民法院出台《关于进一步推进案件繁简分流优化司法资源配置的若干意见》，同时设计了要素式文书样式，对要素式审判进行了明确规定。要素式审判有事实要素类似、审理思路固定、审理结果规范等特点，与文书智能制作的需求不谋而合。2024年3月，最高人民法院制定《民事起诉状答辩状示范文本（试行）》，进一步推动要素式审理。在此背景下，文书智能制作可以类案办案指南为抓手，选择适合要素式审理的类型化案件，如物业服务合同纠纷、股东知情权纠纷等，对起诉状、要素表、庭审提纲等信息运用大数据技术进行分析提取，回填至预先设定的裁判文书模板，实现高度智能生成。

（2）要素输入阶段。人工智能参与制作裁判文书的数据基础既包括通用数据，也包括个案数据。通用数据的搜集、挖掘可以期待通过人工智能自行完成，当前法律法规库已经较为完善，但在更新迭代和数据互通方面仍需加强。[25] 人民法院案例库、全国法院“一张网”等建设有望为人工智能开拓出数据汪洋。个案数据搜集、识别与提取关联审判的各个环节，包括立案阶段、庭前准备阶段和庭审阶段。

在立案阶段，当事人及其代理人通过在线方式填写要素式起诉状，直接生成结构化数据；以线下方式立案的，需要对起诉状进行解构，从不同部分抓取相关要素，自动生成原告要素信息表。

在庭前准备阶段，所涉素材包括程序性信息和当事人提交的证据、答辩等意见。系统对原、被告提交的信息进行碰撞，自动归纳生成案件要素表，

㉕ 牛犁耘：《人工智能的司法应用与法理审视》，载《河南师范大学学报（哲学社会科学版）》2023年第5期。

审判人员可直观了解当事人争议要素，针对性进行审理。

在庭审阶段，依据案件要素表生成庭审提纲，在开庭前发送至审判人员，提示审理要点，并对遗漏审查的及时进行提醒。当前已通过录音录像方式代替纸质笔录，同时生成音字转换记录作为办案参考，可通过整合音字转换记录，自动提取、归纳案件事实要素。

（3）文书撰稿阶段。依据文书部分的不同特征，人工智能辅助的程度也相应不同。

第一，形式要素部分。裁判文书模板库构建应当以现行有效民事诉讼文书样式分类为基础，细化要素式审理案由、各类案件特点等，实现高效、实用，并及时修正更新。当事人信息及审理过程以结构化数据自动填入。

第二，事实认定和法律依据部分。自动识别案件信息表及法官审理后笔录，对于无争议部分事实，回填至裁判文书事实认定相应位置，最大化发挥辅助效能；对于有争议部分事实，则还需审判人员依其专业知识技能和丰富经验进行写作。在电子数据证据使用愈加频繁的形势下，人工智能技术与电子数据证据之间的同类沟通可能比审判人员进行勘验、审核更易进行，减少事实与证据的认定偏差。法律适用虽然涉及价值选择和判断，但是人工智能可以通过挖掘、分解、归纳方式，从类案裁判文书中学习、提炼常用法律规范，与案件案由、事实信息进行比较配对，回填至裁判文书中。同时，对程序性法条，强化关联审理流程信息，如被告出席情况、有无给付金钱请求，实现个性化适用。

第三，裁判理由和主文部分。裁判理由和主文是法官运用价值判断进行释法说理、定分止争的集中体现。党的二十大报告明确指出，把存于法官内心的司法良知判断，作为司法办案的行动纲领。人工智能无法像法官一样注重司法裁判的社会功能、准确地感知社会舆情，[26]更无法理解审判与政治的深刻关联意义。在强调三个效果统一的司法环境下，除简单批量案件等对释法说理可较高程度上简化的案件以外，裁判理由和主文部分应当由人工制作。

（4）审签阅核阶段。对于形式性规范，人工智能敏锐度远远超过人脑，

㉖ 王文玉：《司法人工智能：实现裁判正义的新路径》，载《大连理工大学学报（社会科学版）》2022年第6期。

因此基础性审核可以通过文书纠错功能，进一步可以通过嵌入模型进行筛查，实现靶向阅核。裁判文书最后的审签阅核必须确保由人力进行，对人工智能制作的非形式部分要重点检查，防止在事实认定、法律适用等方面出现差错，影响当事人合法权益和司法公正与权威。

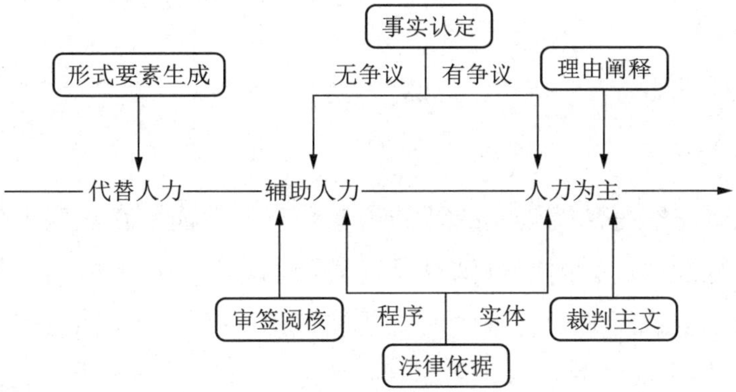

图 3　裁判文书智能辅助制作定位

五、结语

数字技术发展不会停滞，当下大数据智能和大模型建设仍属于初始阶段，随着未来发展，可能会诞生通用人工智能实现万物智能，进一步塑造裁判文书规范管理新范式，以智能技术有效保障、促进司法公正和效率。司法的明天会如何？可能难以预测，但数字化是必然趋势。数字赋能裁判文书规范管理或可作为小小支点，撬动审判工作现代化，在新时代新征程上加快中国式数字法治现代化。

（责任编辑：高明生）

实现执行终本出清的数字化路径探索

汤　稹*

案件执行完毕是法院强制执行的理想状态。然而，在现实中被执行人往往因缺乏履行能力、无财产可供执行，甚至采取转移或隐匿财产的手段，使得案件长期难以执行完毕，进而形成案件堆积。终结本次执行程序（以下简称终本），是指人民法院在履行法定执行程序、穷尽强制性措施后，确认被执行人暂无可供执行财产或偿付能力暂时不足以清偿全部债务的情况下，裁定终结本次执行程序。

一、现状审视：终结本次执行程序案件“进出失范”

近年来，执行案件数量持续增长，根据全国法院司法统计公报公布的首次执行案件相关数据，2021年首执案件收案8507072件，结案8183221件，其中结案方式为终本3683066件，占比45.01%；2022年首执案件收案8511188件，结案8706091件，其中结案方式为终本3598169件，占比41.33%；2023年首执案件收案9471238件，结案9238378件，其中结案方式为终本3357380件，占比36.34%。① 全国法院受理的首次执行案件中虽然终本方式结案占比在下降，但相比其他结案方式仍占比最高。

（一）进：主观与客观的双维失守

在当前阶段，由于法院执行面临案多人少的困境，主要依赖网络执行查控系统通过“总对总”和“点对点”方式查询被执行人的财产状况。然而，

*　汤稹，法学硕士，上海市青浦区人民法院执行局法官助理。

①　参见2021—2023年《全国法院司法统计公报》，载http://gongbao.court.gov.cn/ArticleList.html?serial_no=sftj，2024年7月28日访问。

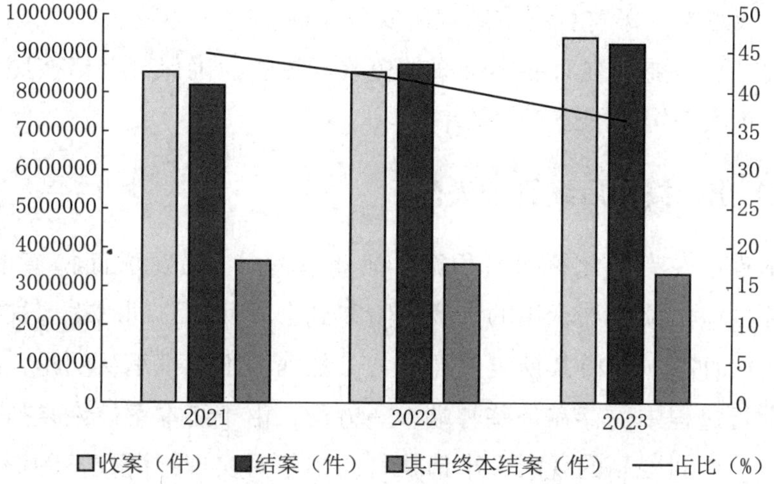

图 1　全国法院 2021—2023 年首次执行案件情况

这种查询方式仅能反映被执行人当前的财产状况，无法展现其财产的动态变化情况。若被执行人提前转移财产，法院仅凭查控系统难以察觉。且随着被执行人隐匿财产手段的不断升级，申请执行人能够提供的财产线索亦极为有限。

1．客观：数据壁垒引致终本

在司法实践中，一方面，法院内部多年来积累了海量的案件数据，但出于安全等多方面客观原因考量，除公开的法律文书、失信被执行人员名单外，全国各地的法院案件信息并不互通，且通过执行系统查询到的银行存款、股权、公积金、养老金等情况并不能自动实时更新，终本结案后执行法官未恢复执行的情况下难以查询财产变动情况。另一方面，因全国各地情况不同，很多地区人民法院难以通过办案系统直接获取外部数据。虽然多地人民法院与社保、房地产、税务、银行等部门机构实现信息互联，但数据交互往往有一定的时间差，并非实时更新。这些数据的不同步、不对称都有可能在终本结案时未能穷尽财产调查措施。

2．主观：违规终本时有发生

根据最高人民法院出台的《关于严格规范终结本次执行程序的规定（试行）》，只有在未发现被执行人有可供执行的财产，或者发现的财产因特定原因无法处置的情况下，才能对案件实施终本。然而在实际操作中，一些终本裁定书中查明有不动产登记，因被执行人或案外人对查封房屋提出质疑即暂不处置予以终本，不符合终本结案的实质要件。

因此，有必要加强对终本结案的监督和管理，确保其严格按照法律规定进行，真正实现司法的公正与效率。

（二）出：终本后续管理失范

终本程序在有效化解执行积案、显著节约司法资源方面扮演重要角色，不仅使原本应由债权人承担的市场风险得到合理回归，同时也为被执行人提供一定的缓冲期，以便其恢复履行能力。然而，不得不承认的是，终本程序在实际运行过程中仍存在一些弊端。一方面，由于终本案件恢复执行不受申请执行时效期间限制的规定，申请执行人出于对实现胜诉权益的渴望，发现所谓的财产线索或一些不符合偿债条件的财产就会立即多次向法院申请恢复执行，极易将当事人双方重新拖入长期的冲突状态。② 另一方面，一旦执行案件进入终本状态，当事人想要申请恢复执行将面临诸多挑战，这主要是由恢复执行规则的缺失和办案压力共同造成的。法律并未明确界定何为“明确、具体”的财产线索，以及恢复执行的标准是什么。随着执行案件数量的激增而法院执行机构人手紧张，执行法官在完成终本结案后，往往将注意力转向新收案件，难以定期通过网络查控系统对终本案件进行排查。终本案件后续管理的混乱严重影响当事人对终本程序的信任度。③

二、终本出清：终结本次执行程序案件的“退出机制”

一旦执行案件进入终本状态，很可能因为被执行人缺乏恢复履行义务的能力而实际上陷入无法执行的境地。这些案件长期滞留在终本案件库中，无法有效地得到清理和解决，从而给执行工作带来新的压力和挑战。

（一）执行案件终本出清的现实意义

目前，终本结案占比较高，但由于人力不足、财产线索难找等原因，恢复执行的比例较低，合法权益长期得不到实现，严重影响司法权威。因此，

② 谷佳杰：《终结本次执行程序废除论》，载《中国政法大学学报》2023年第2期。

③ 刘贵祥：《人民法院执行工作现状与分析》，载《中国应用法学》2018年第1期。

及时出清执行终本案件十分必要。

1．终本程序的适用呈现出高适用率和低恢复率的双重特征

这一方面是由终本案件客观上难以执行的本质所决定的，即被执行人短期内较难重新获得履行能力；另一方面，我国关于恢复执行的机制还有待健全。尽管恢复执行是以发现被执行人有可供执行的财产为前提，但目前对于法院如何审查财产线索以及审查的范围和深度没有具体规定。④ 因此，在司法实践中，对于是否恢复执行的判定存在不一致的情况，呈现出多样性的特点。

2．终本案件库中的积案持续增加，产生较多负面效应

若所有终本案件确实无可供执行财产，并且法院执行部门能定期对这些案件进行有效管理，那么终本程序毋庸置疑是有效处理执行案件的一种途径。然而，终本案件库中部分案件实际上存在可供执行的财产，这些案件虽已以终本方式结案，但若这些财产长时间得不到处置，一方面必然直接导致当事人合法权利的损害，另一方面也使得部分被执行人长期受限，失去重新创业和发展的机会，可能还会成为社会和谐稳定的隐患。⑤

3．执转破制度对于执行终本案件出清的成效具有较大的局限性

有观点认为，执行程序与破产程序的衔接，是确保终本案件依法有序退出执行程序的重要环节。⑥ 执转破制度能起到概括清偿债务的作用，但因执行与破产功能不同及衔接制度不完善，仅靠破产处理执行不能案件具有较大局限性。一方面，执行程序与破产程序在功能上存在明显差异，执行程序主要关注于对债务人现有财产的执行变现，以尽快实现债权人的债权；而破产程序则是对债务人整体财务状况的全面清算，旨在公平清偿所有债权人的债权。另一方面，执转破制度在立法、司法及实践操作上有待进一步健全。一是尽管我国已初步建立执转破制度，但“大执行小破产”的格局短期难以改变，多数终本案件仍陷入个别执行困境。二是我国尚未确立个人破产法律制度，自然人的破产需求无法得到有效承接。司法实践中，破产审判力量不足，

④ 韩煦：《我国终结本次执行程序的制度建构与具体实施》，载《法律适用》2022 年第 9 期。

⑤ 曾祥生：《无财产案件执行管理机制：困境、改革及其完善》，载《法学论坛》2018 年第 3 期。

⑥ 高星阁：《“执行不能”案件退出机制的当下境遇与未来图景》，载《学海》2020 年第 3 期。

难以应对破产程序的高成本与复杂性，且缺乏有效的激励机制促使当事人主动选择破产，加之债务人财产状况不佳，执转破制度的实际运作效果远未达到理想状态。

（二）执行案件终本出清的实证检视

近年来，根据最高人民法院关于要加快推进终本清仓的相关部署，各地法院通过专项行动控增量、清底数、去存量，探索“失能”案件退出机制，对执行积案减负释压。

1. 终本出清实践中的浙江丽水模式

丽水模式通过建立县委书记抓总、乡镇书记领办、村社书记具体办的三级协助执行工作体系，实行党政主要领导包案制度，对疑难复杂案件进行重点攻坚，强调党委在解决执行难问题中的领导作用，通过市县乡村四级党组织的层层发动，形成强大的执行合力，协助法院查人找物、督促履行，形成广泛的社会参与网络。基层力量的动员有效弥补了法院执行力量的不足，提高了执行工作的覆盖面和效率，同时部署开展“先礼后兵”专项行动，以执行强制力倒逼被执行人履行义务。⑦丽水模式通过府院和信用联动，为终本出清提供了有效的路径。

2. 终本出清实践中的福建网格员制度

福建省多地法院在终本出清中引入网格员制度，充分发挥基层治理的优势。网格员通过建立健全的巡查机制，定期对辖区内的终本案件进行走访，了解被执行人的实际情况。这种“走出去”的方式，使得案件的真实情况得以准确把握，有助于法院在后续的清理和执行中采取针对性的措施。此外，网格员还负责向社区居民宣传法律知识，提升社会对失信行为的警觉性，形成全社会共同抵制失信行为的氛围。⑧

3. 终本出清实践中的执行失能证明机制

执行失能证明是用于证明被执行人因某种原因无法履行生效法律文书义

---

⑦《丽水：“终本出清”牵引推动“切实解决执行难”》，载“浙江天平”微信公众号，2023年9月18日发布。

⑧《终本清仓 | 执行+网格“三员”联动，助力打通执行“最后一公里”》，载“福建执行”微信公众号，2024年5月11日发布。

务而由法院出具的具有一定法律效力的证明文件。重庆潼南区人民法院通过向金融机构发出执行失能证明，快速核销金融债权和撤回执行申请，极大地推进了涉金融纠纷无财产案件的执行进程，满足金融机构的司法需求。⑨ 无锡惠山区人民法院通过向银行发出执行失能证明，收到上述证明后，银行可向法院申请终结执行，核销金融债权。⑩ 这种证明能够有效缓解“边清边积，越清越多”的现象发生，针对涉金融纠纷执行案件帮助金融机构快速核销不良债权，同时修复被执行人信用，为其重新回归正常生产经营和生活创造条件。

（三）执行案件终本出清的路径评析

执行案件终本出清的核心仍是深挖被执行人财产、提高财产处置效率，上述三种终本出清模式在一定程度上确实取得了一些成效，但本质上仍需投入大量人力且存在未实质化解的情况。一是丽水模式在实施过程中，依然面临执行人员不足、财产查控难度大等挑战，党政领导包案在数量庞大的执行案件前有较大局限性，仍需要通过技术手段提升信息共享和处理效率，引入更多的社会力量参与执行案件清理。二是福建网格员制度同样面临诸如网格员工作时间和精力的限制、执行力度不均等问题，需要进一步规范网格员的职责和工作流程，加强对网格员的培训和激励机制，以提高他们的工作积极性与专业性。三是执行失能证明机制，各地有关执行失能证明的开具条件和流程没有严格的审核标准，需要加强对失能证明的发放管理工作，以防止滥用，确保不影响当事人的合法权益。综上，在现有的人员数量、技术手段的基础上，必须探索出一条提升执行质效的新路径。

三、数字赋能：执行终本出清的数字化路径探索

近年来，大数据、云计算、人工智能、区块链等数字技术，正在重塑人类的生产与生活方式。2023 年 2 月，中共中央、国务院印发《数字中国建设整体布局规划》，为“数字引擎”助推中国式现代化绘就了宏伟蓝图。习近平

⑨ 《终本清仓 | 潼南法院创新执行失能证明制度　为执行工作加速提质》，载“重庆执行”微信公众号，2024 年 5 月 2 日发布。

⑩ 《优化营商环境再添新举！惠山法院发出全市首批〈执行失能证明〉》，载“无锡市惠山区人民法院”微信公众号，2024 年 4 月 16 日发布。

总书记多次就推动“数字中国”战略作出部署，数字革命融入各行各业，正深刻地影响和改变着法治的实践形态。

（一）路径创新：上海数字法院执行类应用场景建设

2023 年以来，上海市高级人民法院实质性推进“数字法院”建设，用审判执行过程中沉淀的海量司法数据来引领、反哺、优化、创新现有的工作方式，推动司法领域全面数字赋能、全程预警监测、保障适法统一、提升司法质效，取得了显著成效。⑪

目前，上海法院以终本方式结案在执行案件结案总数中仍占比较大（见图 2），为破解执行领域的查人找物难，终本结案的存量案件需借助数字化技术手段进行监管。上海市高级人民法院以数字赋能执行工作为抓手，实质推进应用场景建设路径创新，创建“场景申报、数字建模、推广评查、嵌入测试、核验反馈、优化完善”六步走的全闭环模式。这种方法确保数字法院建设从构思到应用的每个环节都有序进行，形成完整的建设流程，经过一年多的探索实践，截至 2024 年 6 月底，上海市三级法院共计申报各类执行应用场景 547 个，其中已推广 59 个，已嵌入测试和验收数为 33 个。这些执行类应用场景在信息协同、审判管理、综合治理、程序正当等方面不断发挥作用，共计触发推送 41065 次，反馈数达 39923 次，反馈有帮助率高达 80.25%。

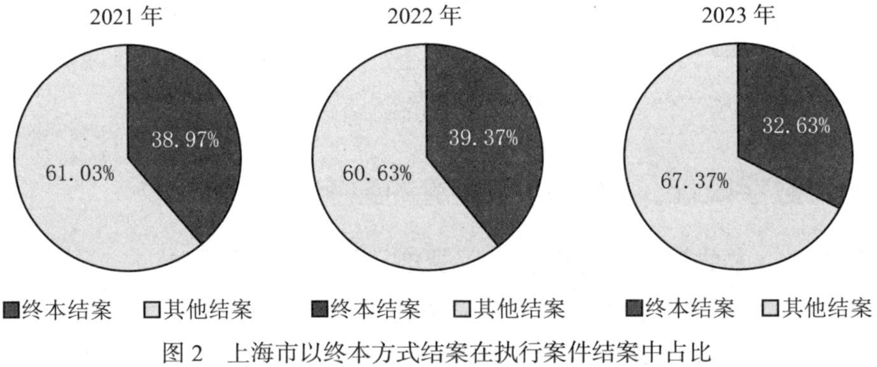

图 2　上海市以终本方式结案在执行案件结案中占比

1. 小切口场景：破除数据壁垒，实现信息共享

应用场景建设打通法院内外的数据壁垒，以实际需求为导向，解决执行

---

⑪ 贾宇：《数字法院建设路径研究》，载《数字法治》2024 年第 3 期。

查人找物的难点，其最终成效直接体现在人民群众的切实获得感之上。

（1）实现内部数据互通，以“被执行人在另案领取案款提示预警”应用场景为例。[12]在执行程序中，存在部分被执行人同时又是其他案件申请执行人的情况，其执行款到位时立即转移、逃避法院执行的案例并不少见。目前，法院案款实现“一案一账户”的全流程监管，然而出于信息安全考量，各法院的案件数据相互独立、相互隔离，执行法官难以第一时间了解到被执行人其他案款情况，就存在别有用心的被执行人利用信息差逃避执行的情况。利用法院案件信息数据，在被执行人作为申请人案件的账户进款时提示执行法官，可以与案款发放法院取得联系，通过发出协助执行通知书，采取冻结、划拨等措施，切实提高执行到位率及终本案件执行完毕率。

（2）实现外部数据共享，以“执行终本案件财产查控提示预警（公积金）”应用场景为例。[13]执行立案后，执行法官查询到被执行人名下在公积金账户中有余额，但根据《住房公积金管理条例》的相关规定，若被执行人尚未退休，除特殊规定的情形外不能提取。在执行工作实践中，对于终本案件无法处理的公积金，人民法院并没有动态智能的监控查询系统，执行法官无法及时掌握何时可以提取，通过逐案查询的方式无异于大海捞针。通过利用法院执行流程管理系统整合的案件信息资源，与公积金管理中心数据实现对接，并根据提炼的多项核心数据指标及业务规则，可以构建较为精准的监督评查场景应用模型。再通过数据筛选、比对与碰撞分析，可识别出公积金有余额且可供执行但未及时恢复的案件线索，解决数据不互通造成的财产未能处置问题，助力执行终本案件得以出清。

2．复杂大场景：聚合集中推送，借力人工智能

（1）小聚大复杂场景建设。小切口场景建设常态化的运行进一步提升了执行财产查控效率，但过多的财产线索推送应当探索一条更有效和精准的路径，通过将执行案件财产查控类的“小切口”应用场景整合汇聚成一个复杂大场景，可以实现对执行案件财产线索的快速核查、整体提示、一键反馈。

[12] 周青松、胡双：《被执行人“一边领款，一边赖账”，如何破解？》，载“上海高院”微信公众号，2024年3月26日发布。

[13] 张超：《如何唤醒“沉睡的公积金”？这个应用场景破题！》，载“上海高院”微信公众号，2023年1月15日发布。

目前，涉及财产查控类应用场景包括公积金、养老金、胜诉债权等，已经通过整合部分嵌入节点、提示语的方式聚合至“执行案件财产查控提示”场景中集中提示。后续将进一步聚合融入针对工资收入、银行存款、不动产、车辆、有价证券、保险等财产形式的数据筛查模型，通过保留嵌入端口，整合优化小聚大复杂场景运行规则，利用数字化赋能辅助办案，可以全景式呈现被执行人名下可供执行的财产线索，提升执行财产查控的时效性、精准性、全面性。

（2）要素式复杂场景建设。不合规终本、违规带财终本等问题在执行实践中较为常见，上海法院探索终本实质核查数字化路径，着力建设终本核查要素式复杂场景。在执行启动环节，通过对七日内未发出执行通知书、财产报告令等情况进行提示预警，督促承办人及时发送，避免违规办理。依托电子卷宗材料分析，检索提取裁判文书、保全反馈表等材料中出现的财产线索推送执行法官，自动抓取点对点、总对总网络财产查询结果，进一步拓宽财产甄别模块中财产种类范围，便于执行法官直观、全面、准确掌握被执行人财产情况，避免遗漏。通过对财产查询、财产处置、执行惩戒情况的分析，辅助法官做好终本前的约谈工作。

终本结案前，通过利用场景模型筛查在财产甄别模块中的相应财产是否在终本裁定书中对应反馈，不具备处置条件的财产有无说明原因，终本后定期形成核查报告可以直观反映案件质效问题，实现责任落实到人到案到节点。终本结案后，每六个月自动查询被执行人财产情况，对新增财产持续筛查，对发现有新增财产的终本案件及时提示执行法官恢复执行。该场景可以实现真正地从源头控制终本案件数量，并在结案后持续跟踪被执行人财产状况提示法官出清终本案件。

（二）多维锚定：大数据适用场域的类型化

1．全景式破除数据壁垒

执行难，难在查人找物，执行法官查找执行线索的传统手段极为有限，很难掌握案件财产的实时状态。为“唤醒”海量法院内部执行数据及法院外部其他数据，打破内外数据壁垒，通过建设查人找物类应用场景，全景式展现被执行人财产状态。如，执行中变更追加被执行人的法律文书生效后，若执行法官不能及时知晓可能会造成执行对象错误或执行迟延情况发生，通过研发“执异复议案件变更追加后当事人更新提示预警”提醒法官更新被执行人或恢复执行，提升执行到位的可能性。再如，部分被执行人会通过变更法定代表人、虚构债务、附长租约拍卖等手段规避执行，通过研发“法定代表人以变更登记诉讼逃避执行措施甄别预警”“规避执行类虚构债务风险提示预警”“附长租约拍卖规避执行甄别预警”提示法官在办案过程中注意甄别，加强对恶意逃避执行行为的打击力度，促使被执行人履行义务，从源头上减少执行终本案件。

2．源头化规范执行行为

执行工作中，各项程序节点多且复杂，对于执行行为的规范性需要全方位、链条式的监管。通过研发“执行完毕未解除失信限高提示预警”“代管款拆分发放逃避监管提示预警”“执行依据被撤销、破产受理后未解除失信提示预警”等应用场景，利用大数据不间断比对核查，将执行案件进展情况与法定情形连接，让执行法官、执行部门负责人能够准确及时掌握企业破产、代管款发放等情况，从而有效规范执行行为。另外，执行案件案多人少矛盾日益凸显，通过研发“执行法院拍卖拖延提示预警”“执行款申请延期发放后合理期限内未发放提示预警”等应用场景，将延迟拍卖、延迟发放案款的法定理由与合理期限进行比对，对超出合理期限的线索及时提示执行法官处理，并为法院对执行节点提供智能化监管。

3．数字化助力终本管理

根据法律规定，执行终本案件在五年内应当每六个月对被执行人财产进行一次查询，但实践中案件终本后财产查询并不能定期自动发起，受制于人员精力、财产信息壁垒等因素，终本后执行案件管理存在较大问题。一方面，通过研发“执行终本案件财产查控提示预警”，将被执行人信息与法院内外数据进行滚动式、常态化碰撞，每六个月定期向执行法官推送被执行人公积金、大额养老金、工资收入、胜诉债权等信息，对有财产案件及时恢复执行，不断出清终本执行案件，有效提升执行质效。另一方面，依托电子卷宗随案生成，精准提炼、比对确定终本案件合规关键要素，通过匹配锚定被执行人财产查控和处置信息，做到穷尽执行调查措施，以“数字驱动”进一步加强终本案件合规监管，科学判定被执行人债务清偿能力，维护当事人胜诉权益，从源头上减少终本案件，共同实现执行难综合治理的目标。

（三）面向未来：协同治理下的全流程预警与全周期管理

大数据的深度应用，在破解“执行难”中扮演极为关键的角色，不同于信息化，数字化不仅具备多模态、高增长和语义分析等功能，还展现出更强的洞察力和决策力。这种数字化应用不仅是司法体制综合配套改革的重要举措，也是实现司法公正、权威和高效的重要手段。

1. 探索人机交互

执行程序的复杂性和执行过程不确定性，导致人工智能的高度自主学习空间相对有限，要实现终本执行案件的“清仓”，在坚持法官办案核心地位的同时，充分发挥人工智能辅助作用。执行案件面临人难查、物难找的现实困境，且当事人的实际情况与财产状况随时可能发生变化，人工智能受限于技术学习、语料投喂方式分析生成得出的结论有其局限性，办案本质上是人与人之间的交流，除了冰冷的数据，法官的经验和情感在处理案件的过程中更是不可或缺的。在探索人机双向交互和协作模式时，一方面要借助人工智能的科学性、及时性和相对准确性来帮助法官作出相对科学合法的决策，帮助执行部门负责人进行有效监管。另一方面，不能忽视人在办理案件中的作用，要让执行法官主动参与进来，融合法院执行领域专业法官经验和机器学习分析预测能力，实现对执行案件全流程管理的实时辅助管控，确保能够有针对性地提升终本合规的监管实效。⑭

2. 健全数据形式

全面了解被执行人各类数据情况是办理执行案件的必要条件，通过联通包括工商、房地局、银行、车管所等各部门，利用大数据中心建立健全数据库，法院建立的大语言模型场景可以持续给人工智能输入信息，使人民法院执行能够以更加全面的方式呈现信息，不仅仅局限于文字或图像的表达形式。通过结合文字、图像、音频和视频等多种形式的信息，数字化能够提供更为立体、生动的呈现方式，使得执行工作更加直观、易懂。通过数字化手段还能实现执行财产信息的快速收集、处理和传递，充分利用人工智能和大数据

⑭ 杨力：《以数字化切实解决人民法院“执行难”》，载《数字法治》2023年第6期。

分析等帮助执行法官更好地识别案件中的关键信息，分析案件的复杂性，实时更新所依据的法律法规，并调整业务规则，多渠道分层次进行信息推送，增强法官在财产查找、变现处置等方面决策的准确性和公正性，形成产学研用长效机制。

3．建立偏离预警

对执行法官的不规范执行行为进行预警并纠偏。预警主要是通过使用自然语言处理技术和历史案件数据，建立执行规则库，在案件执行中可以通过动态识别执行程序规范性，一旦出现异常或违规情形，向执行法官及执行部门负责人推送预警。另外，还可以结合案件情况向执行法官提示推送执行规范，包括类案推送、办案指南、法答网及案例库相关资料等。纠偏主要是在执行法官出现不规范执行行为时，提示正确规范的做法，在执行法官确认后，需执行部门负责人二次审批复核，相关操作在数据后台予以保留，便于后续案件评查，特别对于系统提示置之不理产生严重后果的情况，可以追责定责到人，并在日后考核中予以考量。通过建立提示—预警—纠偏全流程管理体系，实现对法院执行工作全周期的精准管控。

四、结语

终结本次执行程序是为适应我国经济发展及应对法院复杂的执行实践工作需要而制定的具有中国特色的执行结案方式，终本案件的积压亦给执行工作带来诸多问题，不仅造成执行资源的长久消耗，从长远来看亦不利于法律关系的稳定性，必须探索新的路径实现终本案件的终局性退出。通过利用法院内部的海量案件数据，打通审判、执行平台，提升查人找物执行效率，是助力终本出清的有益探索。数字法院建设从小样本解构模型训练到人工智能语义理解的大语言模型，不断展现数字赋能的力量，为充分保障当事人的合法权益和维护司法权威提供有力支持。

（责任编辑：金殿军）

审视与平衡：审判监督管理向全流程、数字化转型的基础、路径与风险分析

高　玥*

一、审判监督管理全流程、数字化转型的基础

（一）审判权运行机制与审判监督管理机制的适配需求

1. 审判权与审判监督管理权协同运行的基础架构

自最高人民法院《关于完善人民法院司法责任制的若干意见》初步构建“让审理者裁判，由裁判者负责”的制度框架以来，审判权、审判监督管理权之间主要呈现以审判权为中心，通过审判监督管理权规范审判权运行的基础权力架构，如主体职能定位、审判资源配置优化等内容，这也是探讨审判监督管理全流程、数字化转型绕不开的基础前提。如法院内部主体分工，完善法院内部的主体结构，恰当配置法院内各主体的权力，形成主审法官、法官助理、书记员的基本办案单元，灵活组建各类审判团队，形成有利于充分发挥法官主导作用的权力格局，同时明确各主体在审判活动中的职能及责任，确保各主体权力与责任的对应、行为与责任的统一，建立起既能对各主体行为有效监督制约又能确保审判资源合理配置、审判权力有序运行的机制。再如审判资源配置的优化，审判权力的运行主要表现为执法办案是第一要务，大多数案件由独任法官或合议庭直接行使裁判权，院庭长没有直接变更或要求合议庭变更案件实体裁判意见的权力。另外院庭长办案比重有所增加，在

*　高玥，法学硕士，上海市高级人民法院审判管理办公室法官助理。

强化其审判职能的同时，间接发挥了相应审判监督管理职能。概言之，审判资源配置的优化从更加尊重司法审判规律、以审判为中心突出审判服务供给的角度出发，多措并举实现审判权的规范有序、高效运行。

2．传统模式对审判监督管理机制适配度的限制

首先，传统的审判监督管理主要采用直接作用于法官裁判权本身的结果导向模式，而对审判权的监督管理，大多依靠事后监督，通过对已发生结果的倒查、检察机关的检察建议或抗诉、当事人的提请监督实现，监督管理的范围有限且滞后，同时集中在纠错追责结果性干预的审判监督也难以调动办案法官的积极主动性。其次，传统的审判监督管理模式中，不同的审判监督管理主体各自为战，对监管的对象、内容、节点容易局限在单一职能、单一事项，容易导致审判监督管理工作的零散化、碎片化，缺乏系统性、规模性，难以发挥整体效应。最后，传统审判监督管理的对象和客体，主要是静态审判质效数据，这些数据可以反映法院某阶段审判工作的运转态势，但较难从中发现个体的差异性和当下的真实情况；而监督管理的主体或内容，又过于个体化，缺乏整体审判质效的代表性，加之监督管理的个人化，这种粗放式模式难以满足对审判质效动态、一体化的监督管理需求。

3．技术革新引领数字化赋能审判监督管理的可能性

“数字技术的广泛应用，在不断改变人们生活和交往方式的同时，也深刻影响着人们的行为和思考方式以及价值观念和道德观念，并带来潜在风险。”[①] 对人民法院而言，数字化改革推动了审判监督管理的转型升级和全面深入，也奠定了系统重塑审判监督管理功能、模式、流程、手段、机制的理念基础。诉讼行为、司法活动的网络化、数据化，为审判监督管理提供了有力的数据基础。从当事人的行为端开始到审判工作各环节的案件信息，成为数字法院的数据“富矿”。同时，互联网信息技术的发展，使得将司法活动汇聚于统一平台成为可能；数据算法、算力的大幅提升，满足了将既有司法数据盘活的要求，对数据的全面分析研判成为可能，从而为审判监督管理奠定了坚实的技术基础。

① 夏学平、邹潇湘、贾朔维、徐艳飞：《加强数字化发展治理　推进数字中国建设（人民要论）》，载《人民日报》2022 年 2 月 15 日第 7 版。

（二）审判监督管理全流程、数字化转型的主观要件基础

1. 审判监督管理概念外延的扩充

如前所述，传统审判监督管理的外延较窄，主要侧重审判后的案外他者监督，更多体现的是行政管理色彩，涉及案件流程管理、案件质量评查、司法绩效评估以及“审判层级管理”等，贯穿其中的控制性理念，追求整体把控审判权的运行过程，从而实现对案件结果的掌控。但随着审判权与审判监督管理权协同运行的基础架构日趋完善，审判监督管理的外延更为丰富，从时间节点来看，它贯穿案件从立案到审判再到执行完毕的全过程；从行使主体来看，既涉及院庭长、专门审判监督管理主体，也包含承办法官个人的自主管理以及当事人的监督。根据司法裁判的规律，公正裁判既要关注裁判结果，更应注重裁判过程，强化过程管理。当事人对司法裁判过程的感受直接影响到对司法裁判结果的接受度，利用数字技术再造办案流程，通过事前事中事后全方位防控和程序性约束实现全过程、各环节的管控，进一步提升审判监督管理的广度，通过裁判过程的一致性提升当事人对结果的认可度。因此从广义理解，确保审判权正确、规范、有效行使的行为都可以纳入审判监督管理的范畴。

2. 数字赋能理念

数字化变革不是某项单一技术的革新，而是对生产方式、生活方式、治理方式产生基础性、全局性、根本性的变革。在此理念下，审判监督管理的全流程、数字化转型不是工具的革新，而是具有引领性、全局性的高质量发展之“道”。数据使用的目的在于涵盖事前、事中、事后动态监管的全方位引领，而不是针对单一项目的有一说一。审判监督管理全流程、数字化的转型不是某个人、某一部门的单打独斗，而是以一种全局性的理念，统筹联动、高效协同后，实现四两拨千斤，是数字赋能审判监督管理的应有之义。这种由“器”向“道”的转变，带来的是审判监督管理工作在价值层面的升华，更是数字化与审判、审判监督管理深度融合后的效能扩增。

（三）审判监督管理全流程、数字化转型的客观要件基础

1. 数据基础

数字化的核心要义即通过对数据特别是大数据的应用与分析实现预期功

能。人民法院在办案过程中形成的大量数据，为审判监督管理的数字转型提供了海量“富矿”。首先，数据的采集越来越完整。随着案件审判数据数字化转换信息技术及设备的日益成熟，案件事实证据材料扫描生成电子卷宗、音字转换技术与全程录音录像技术完整记录庭审内容的配合、人工填报与信息系统自动提取相应司法数据相结合，大幅提升了审判信息数据采集的效率和完整性。其次，数据获取越来越精准。法院办案办公平台交互性的提升，汇集储存了庞大的司法数据。在法院内部采用专网和电脑终端接收，外部通过12368诉讼服务平台、诉讼服务网站等切实解决当事人和其他诉讼参与人在专网之外获取阅看和使用案件信息的途径，将数据准确迅速地按需交互至双方，保障了数据获取的精准性和及时性，打破各方利用司法数据的时空限制，让诉讼服务更便民利民。② 最后，数据利用效率越来越高。常规的查阅、检索、编辑信息等技术的不断提升，如OCR音字转换与图文识别技术可以对单一音节或文字、图像的对象进行较为精准的识别，③ 同时满足将线下多维立体活动统一转化为以屏幕作载体平面的多模块自助选择形式，打破了数据因形式导致的使用困境；再如数据解构技术的革新，将海量文书资料解构为可供使用的信息要素颗粒等，都大大提高了数据的可利用性。

2．数据运行的平台基础

海量数据的运行与应用需要完备的数据载体，因此，一个行之有效的数字法院审判监督管理大平台，需要集成数据、算法、算力、模型等要素，形成以数据计算分析、审判信息集成运用为核心，贯穿审判工作全流程的综合智能化系统，实现从个案审判到类案监督的体系化变革。（1）平台功能的体系化。相较传统功能各异的分散平台，全流程、数字化转型后的平台，首先是数据平台，审判以及监督管理过程中形成的数据都汇集于统一平台，便于实现“一站式”数据检索与运用；其次是功能平台，该平台是法官办案办公平台，是行使审判监督管理职能的监督管理平台；最后是模型平台，大数据

② 参见孙晓勇：《司法大数据在中国法院的应用与前景展望》，载《中国法学》2021年第4期。

③ 赵龙：《智能司法驱动下司法大数据的生态化构造》，载《江西师范大学学报（哲学社会科学版）》2021年第5期。

实现碰撞、运算与建立模型在该平台完成，实现对审判工作全方位、全流程的综合治理。（2）从个案审理到类案监督的数字赋能。以数据为基础、以平台为支撑，将算法、算力运用审判及审判监督管理各流程节点汇总，系统重塑司法办案及审判监督管理模式，用数字空间打破传统工作模式的时域限制，实现从“个案”到“类案”的跨越，实现个案突破、全域共享，构建大审判监督管理的格局。

3．审判监督管理的模式与技术革新

首先，审判全流程的可视化。目前依托网上立案、在线庭审、庭审记录改革、电子卷宗“单套制”改革等项目建设，人民法院整合全流程网上办案平台，推动诉讼活动全流程在线办理，可实现案件办理全过程的可视化。比如，基础司法数据可在线显示与分析，数据层级上可自全院范围逐级下钻至个人数据；展现方式上既可选择逐案展示也可选择全覆盖的案件类别展示，进一步提高数据应用的规模与质量，为及早发现问题及得出解决方案提供直观数据参考。其次，信息管控的实时性。现实中，由于信息来源闭塞，院庭长一般难以获知非自身办理案件的进度、程序，无法就案件超期、程序冗长等影响人民群众司法获得感的情形及时发现、督促解决。目前通过发挥大数据技术的优势，可促进信息、线索及时反馈，通过数字法院建设，加强数据关联，实时反映审判工作情况，为审判监督管理决策提供实时客观数据支持，帮助院庭长实现对超期案件情况、案件进度、电子卷宗等全流程各个节点实时管控，对影响审判质效的案件具体环节、特征信息深入研究，有效防范案件风险。最后，监督管理的体系化。相较传统审判监督管理分散、多头的模式，数字化改革为实现管理信息的汇聚与综合、形成整体合力、实现对审判工作的贯通式监督管理、最大限度发挥监督管理的作用提供了可能性。同时，通过数字化的系统工程建设，整个审判监督管理机制的整体性、协同性将有所提高，继而提高监督管理的综合效能。另外，审判监督管理模式的精细化，通过案件办理流程、进展情况、裁判文书等信息的及时反馈，辅以系统的场景化、模式化、标准化，实现对案件流程节点的准确全面管理，配合“人工＋智能”双重审视，可有效克服传统管理模式的滞后性和粗放化，大大提升审判监督管理的精细化程度，实现精准化的监督管理。

二、审判监督管理全流程、数字化转型的几种路径表现

（一）审判大数据与审判监督管理机制的全方位关联

从数据应用与审判监督管理机制的关联度来讲，各地法院实践具备基本的共识：为充分发挥司法大数据的优势，最大范围内推动不同法院、不同审判监督管理平台之间的互联互通，④ 实现信息共享、系统融合，最终打造具有整体性、体系性、规范性的数字化审判监督管理平台。城市数字化建设进程的加快、全国法院“一张网”的建设等，都使得数据协同效应日益凸显，例如目前 H 市法院审判监督管理大平台的建设正是基于数字改革赋能打造的大数据集成统一平台。通过顶层设计，整体统筹，打破法院内部数据壁垒；通过统筹好研发应用，实现各类审判监督管理平台架构兼容，确保数据互联互通。利用当前覆盖全国的两级数据共享交换体系，提升审判信息数据的利用质效，保障信息数据畅行无阻。整合集成各类监督管理平台功能，汇集审判、执行、审判监督、廉政监察等各类平台功能，作为完善大监督管理平台的重要数据和功能依托。

在节点设置方面，追求全覆盖监管节点的设置。例如依托审判流程管理平台，查漏补缺不足缺失或错位节点，实现对除审限管理、开庭、结案等基本关键节点外的其他节点管控，包括除法院及当事人外诸如第三方评估机构等以及当事人可能涉及的其他案外信息关联等，均纳入审判监督管理的节点内。再如审判效率节点，除了简单的时限节点管理外，借助数字技术的力量，通过实施从案件受理到审结的全链条、各阶段的事前预防、事中控制和事后监督，以及严格遵循程序规范的全方位管理，审判活动的每一个步骤都被纳入精密的监管体系之中，拓宽审判监督管理的覆盖面。

在数据指标管理方面，进一步向可分解、可回溯、可定向、可预测的功能目标迈进。将指标数据分解至案、人，在以往对各项指标数据观察、分析、论证、评估的基础上，同时增设对指标间关联关系等指标纵向、横向的全域、

④ 参见胡昌明：《建设“智慧法院”配套司法体制改革的实践与展望》，载《中国应用法学》2019 年第 1 期。

动态比对分析，实现更广范围、更深程度的审判质效指标科学管理、预测，反哺审判质效的合理优化。

（二）审判监督管理中台功能的集成与深度融合

数据的获取收集并不意味着数据可直接运用，还需要平台作为运行载体。从平台模式的选择上，为避免数据重复加工、浪费计算资源，提高数据的共享能力，赋能数据应用，H市法院选择搭建具备数据中台功能的集约化平台来实现数据的汇集、运算、碰撞。相较烟囱式的开发模式，⑤数据中台可以利用大数据技术通过全局规划来整合好企业的数据资产，让数据使用者能随时随地获取到可靠的数据。数据中台需要具备数据汇聚整合、数据提纯加工、数据服务可视化、数据价值变现四个核心能力，一旦建成并得以持续运营，其价值将随着时间的推移呈指数级增长。⑥通过这样的集约化平台实现“个案审理—类案监督—系统治理”的审判工作与监管的流程再造及模式重塑变革。

（三）介入案件审判过程的监督管理

各地法院在以上宏观视角上的审判监督管理数字转型路径探索，总体思路没有展现出明显差异，但就审判监督的外延拓展路径方面差异性较大。以介入案件审判的监督管理为例，有法官办案智能助手类的正向建设路径，也有从问题着手查漏补缺的反向建设路径。

1．正向路径

所谓正向路径，是按照从前往后与审判活动先后顺序一致的大前提、小前提、结论的三段论逻辑模式，借助数字化手段为审判活动提供辅助，具象的比喻是在打造一个人工智能助手。

如J省S市法院研发的“未来法官助手”，选取收案数量大、批量化特征

---

⑤ 烟囱式开发模式可以快速响应具体业务需求，但其具体针对性的开发模式导致不同业务线的数据割裂，造成数据的重复加工、研发效率、数据存储和计算资源的严重浪费，大数据的应用成本越来越高，同时带来指标口径不一致等问题。

⑥ 姚洪：《基于数据中台的数据治理系统的设计与实现》，载《科学技术创新》2020年第35期；张宏远：《数据中台的通用体系架构研究》，载《通信技术》2021年第6期。

突出、要素式审判规则完备的信用卡、金融借款、买卖合同、物业服务合同等类型案件，实现智能阅卷、案件信息智能抓取与智能问答、文书智能生成等功能。运用多模态数据解析技术，由系统自动将电子卷宗内证据材料所包含的内容进行解析，包括自动区分相关材料的标题、文本、数字、印章、图片等内容。然后在先期已经完成针对指定案由的要素式审判规则梳理的前提下，由大模型自动根据审判规则在电子卷宗中抽取相关信息，并将相关信息的来源进行标注，即该信息来源于电子卷宗中的具体材料名称及所在位置，之后通过分析用户在使用过程中的行为由模型判断其抽取分析是否准确，以达到训练大模型的目的，实现模型反馈增强。随着对系统的不断使用、训练，系统对案件进行分析、梳理、归纳的能力会不断提高，输出结果的准确度也会不断提升，最后机器通过模拟法院的审判活动思维及行为模式，得出可能的裁判结果并自动生成裁判文书。

再如H市法院的复杂应用场景建设，根据类案裁判要件指南等对道路交通、商标侵权、股权转让等类型案件的要素梳理，将该类案件涉及的办案知识图谱、相关要素涉及的要点内容深度分析以及可能涉及改判发回要点等内容嵌入审判办案系统，为法官在办案件提供正向辅助。

2. 反向路径

反向路径则是以存在问题为着眼点，针对具体问题展开分析，采用归纳逻辑思维路径，为在办案件提供“前者之鉴”。以H市法院为例，通过提炼适用于某类案件的“错题集”，借助大数据分析等技术，将这些“错题”提炼规则，转换为机器语言嵌入审判系统，通过比对分析在办案件的相似程度，对可能存在类似问题的案件进行风险预警提示，避免案件差错。如H市法院建立“自然人死亡与企业注销风险预警提示”场景，结合以往可能因当事人主体资格问题导致的案件瑕疵情况建立规则，通过比对案件当事人信息，及时提示承办法官关注当事人主体资格情况。再如对各类罚金刑的案件，不同法官掌握的裁判尺度不一可能导致同一地区不同法院对类似情形判处的罚金刑过高或过低，影响司法公信力。通过建立同类案件罚金刑的应用场景，提示承办该类案件的法官主注意该地区司法实践的罚金刑处罚幅度，避免高低差异过大的情形。

三、审判监督管理全流程、数字化转型的风险分析

尽管从前述审判监督管理的全流程、数字化转型需求与实践路径列举来看，相关积极因素占比较大，转型具可能性和可行性，但事物的一体两面决定着转型同样存在其无法回避的局限问题乃至风险。限于篇幅，本文主要就数据质量与应用、数据安全以及审判监督管理对法官审判活动的过侵风险展开探讨。

（一）数据质量与应用

1．数据杂质与数据壁垒

司法大数据的高质量发展要求数据本身具有准确性、及时性、完整性。⑦数据信息准确、及时是数据平台锚定流程节点，反馈有效信息的前提。数据中如包含错误、虚假、过时的信息，则系统无法准确识别分析，导致“垃圾进，垃圾出”的悖论，⑧而二次清洗更正“脏数据”则由于纠错成本高昂等因素可行性较低。

司法大数据的优势在于信息共享和系统整合，如果司法数据不能在更大范围内融合和应用，则数据所起的作用仍然是有限的。不同法院、不同部门、不同平台之间或多或少存在数据的壁垒、系统的不兼容，法院内部数据与外部机构数据的信息壁垒仍然在一定范围内存在，这些都使数字化助力审判监督管理工作的质效大打折扣。信息的不对称、数据的颗粒度粗糙将使司法大数据的巨大潜能无法充分发挥。

2．数据标注问题

数据标注是对原始数据通过分类、画框、标注等形式对图片、文本等数据进行处理，标记对象特征，以支持系统进一步挖掘数据，加强分析应用。但现有的数据标注面临处理成本高昂的难题，因此，数据使用主体千方百计通过优化标注规则、标注方法降低标注费用，甚至催生出数据标注的众包产业流水线。司法大数据的标注相对而言更具专业性，需要专门的标注人员进行处理，其投入成本将会更高，而法院已经就存储服务器等硬件、应用系统

---

⑦ 刘雁鹏：《中国司法大数据：实践、困境与突围》，载《岭南学刊》2022年第1期。

⑧ 大数据在司法审判中的融合应用研究课题组：《限度与深化：大数据在司法审判中的融合应用研究》，载《中国应用法学》2021年第2期。

开发等软件进行大量支出，再行增加数据标注成本将带来一定的经费压力，进而影响后续数据的分析应用成效。而且，出于审判工作信息安全保护的需要，法院信息的应用也很难实现完全通过雇佣第三方公司进行标注的方式创造智能系统学习的基础材料。

3. 数据标准管理与应用不足

随着数字法院建设不断推进，原有的《人民法院案件信息业务标准》已经无法完全满足当前审判业务对数据多样化、精细化分析的需求。区域内的数据系统研发各有差异，标准不一，缺乏专门的体系化管理，未就开发办案系统、数据平台制定一套统一适用的细化信息标准和应用规范，不利于推动司法数据标准化，也不利于后续落实更好的审判监督管理。另外，数据管理运用的主体不只是承担审判监督管理职能的部门和院庭长，法官也是自我审判管理的主体，但由于一线法官较少通过数据平台整体掌握数据情况，数据产出与管理使用需求脱节，也在制约审判质效的管理水平。

一方面，数据平台虽然汇集了案件数据、审判流程信息，但还未实现对案、人、事、物之间的准确自动关联，对审判、执行、信访数据未实现精准融合，无法将各条线的数据整合呈现，从法院至部门再到个人层层下钻，实施精准画像，很大程度上限制了数据服务的智能化水平。另一方面，尽管在应用场景建设过程中，系统对非结构化数据的解构能力大幅提升，并在裁判文书等材料中成功解构了信息点，但还有包括图片、影像证据材料等非结构化数据需要解构技术攻关。数据关键词的检索还不够智能，比如庭审过程的完整信息获取仅依靠技术手段尚无法实现，同步庭审录音录像的比对还需要人工审查，系统对视频信息无法快速检索定位，对同步语音无法快速获取转换。

（二）数据安全问题

大数据的应用涉及数据采集、使用、公开及所有权、使用权等问题，个体数据是否存在安全风险取决于个体数据的性质，但即使所有不存在安全风险的个体数据汇聚在一起，也无法保证整体数据不存在安全风险。⑨ 目前对数据分类管理主要针对的是个体数据，大数据分析结果及整体数据的使用、

⑨ 孙晓勇：《司法大数据在中国法院的应用与前景展望》，载《中国法学》2021 年第 4 期。

开放权限以及是否涉及国家秘密、个人隐私、商业秘密、敏感信息等内容，尚缺乏明确的规范与指引，如何在借助大数据赋能司法的同时，最大限度保护好各方群体的利益还有较大的探索空间。

（三）审判辅助地位的僭越

数字赋能审判的显著特征就是对应用范围的扩展与延伸，因此其应用涵盖审判、审判监督管理的事前、事中、事后全流程，随着“数据决策”力度的增强，“法官决策”的独立性可能在这种技术赋权的过程中被不断消解，而目前技术尚难以对蕴含于司法裁判中的人文精神和价值判断进行有效挖掘，法官个体的培养可能会因司法大数据辅助的影响，向工具性、技能性倾斜，人的主体地位被削弱。另外，包含应用场景在内的司法大数据辅助应用输出的裁判尺度提示预警、量刑参考等，原本的目标定位是纠偏，本质上仍是辅助性的，但在实践中，难免会出现承办法官为规避预警直接照做，久而久之大数据应用的辅助性就转向指导性、监督性，甚至出现在学界、实务界为某一法律适用问题争论不休的同时，法官们已经在“技术”指导下作出技术规避性的统一选择。

再比如裁判结果预判参考、文书自动生成、法官办案知识图谱的质量保障问题。尽管各地数字化转型的探索路径都将诸如此类的功能作为开发亮点，在一定程度上起到辅助法官、裁判纠偏的可能作用，但在推送质量的把控以及规则的制定过程方面，由谁来把控，存在明显的任意性。众多学界、实务界争论激烈尚无定论的某个观点，会不会因为直接嵌入办案系统潜移默化地就实现了一锤定音的效果？新手法官在这样强塞硬喂的环境下，自主学习和自主判断的空间还有多少？因为算法黑箱可能导致的结果偏差，可能导致或产生何种后果？如何衡量？在当下如火如荼推进数字转型的状态下，结果导向还可能引发对数字化过侵法官自主裁判视而不见的高度风险。

四、反思与建议

（一）技术与业务的定位

1．在供需层面改变技术主动、专业被动的常态

一般产品或软件应用的研发逻辑是用户提出需求，技术部门根据用户需

求进行研发。但在法院数字赋能实践中，有时是技术部门在未能系统、深入了解用户需求的情况下即开发数据应用产品，产品成形后审判业务部门开始提出碎片化优化需求，这种补丁式的研发路径既提升了研发成本，也很难打造好用的产品。因此，有必要以审判业务需求为主导，注重用户需求的体系化，遵循审判专业思维提供技术应用产品，提高技术产品的好用度。

2．人工智慧与数字智能的有益补充

人的最大优势在于其拥有复杂思维、具备人文精神与价值判断的能力；信息技术与数字智能的最大优势在于对海量数据的收集、传输、储存、运算等能力。在数字赋能审判工作现代化的实践场域中，应当注重充分发挥两者的优势，比如借助人工智慧拓宽场景建设的研发思路，同时以司法审慎的应然姿态，把握好技术应用的限度。

3．数字技术创新性与司法活动规律性相辅相成

应用数字技术应当以遵循司法活动规律为前提，数字技术的应用虽然以弥补传统审判工作模式短板为目标，但这种创新突破主要针对传统思维模式与工作方式，并非对既定司法裁判规则的突破。

（二）数据管理应用标准的更新

1．数据标准的统一

在最新信息业务标准的基础上根据业务需要及时修订数据标准；细化数据采集颗粒度，丰富完善数据标准和业务规范；统一数据规范格式，形成标准统一、关联契合的信息系统，避免因互不兼容、难以联通导致的体系规范重复建设。

2．激发数据应用内生动力

建立以用户需求为导向的数据智能推荐目录，完善数据检索、分析计算等功能，以知识为中心，数助服务、数助司法决策，推进智能协同应用，辅助一线干警办案，确保其在数字化建设中真正获益。比如以“四类案件”平台数据标注功能为起点，研发办案系统数据标注功能，创造人人参与数据生产、参与数据管理的可能，激发一线干警主动录入、标注数据信息的积极性，形成从数据生产到数据应用的良好工作闭环，从而解决监督管理者使用数据信息滞后缺失及数据标注高成本的问题。

3. 加强数据安全风险防范

一是在内部建立过程完整、区分严格、权限严密的数据库，严格区分涉密信息与非涉密信息。二是对外向有关部门交互的数据必须经过严格审核，对涉及国家秘密、个人隐私、商业秘密等不宜公开的数据作严格处理。三是为社会提供公共服务的信息也应对敏感信息和非敏感信息作区分。

（三）数字赋能提升法官自我管理能力

从监管向服务的转变。审判监督管理的全流程、数字化转型其终极目标是保证审判质量、效果、效率的趋优化。法官作为从事审判活动的核心主体，其需求应当被高度重视。法官的需求与应用反馈是衡量数字转型成效的重要标准，系统功能的开发与优化，除考虑专门的监督管理主体外，也应当为法官提供回顾办案质量、衡量审判能力、激发其自主改进办案方式、完善办案漏洞主动性和创造性的空间。

确保数字系统与监管者、被监管者的互动性。为避免数字审判监督管理体系成为彻底的“黑箱”，被监管者有权利知晓数字监管逻辑、规则以及预期后果等有效信息，并就其疑问可要求监管者或系统运营者进行解释。[⑩] 及时弥补和完善因为数字误导引发的不良后果，避免问题持续隐性或显性影响。

五、小结

审判监督管理全流程、数字化转型是从局部、静态向整体与细节动态监管的转变，通过全流程的覆盖，形成审判监督管理的闭环，通过数字赋能监督管理，促进审判质量的高水平发展。这项有关审判监督管理机制的重塑性变革，同时带来的还有对新型审判监督管理制度体系、话语体系构建的重大影响。在充分享受数字技术革新带来的积极成果同时，也应当时刻秉持人文精神与关怀，遵循科学规律、社会需求和法治原则，重视存在的问题与风险，实现真正意义上的司法公平和数字正义。

（责任编辑：董　燕）

⑩ 丁晓东:《人机交互决策下的智慧司法》，载《法律科学（西北政法大学学报）》2023 年第 4 期。

现代民法视域下老旧小区加装电梯中的业主容忍义务构建

沈奕珺*

老旧小区加装电梯是人民政府为适应社会经济发展和人民美好生活需求而进行的实事工程。然而，加装电梯导致高低楼层业主之间利益失衡，邻里纠纷频发。法答网有关加装电梯的问答多达111条。其中，法答网提问最多的三方面为:（1）加装电梯能否采用“多数决”;（2）低层业主采光、通风、隐私权的保护与限制;（3）受影响的业主可否主张房屋贬值补偿。上述问题均围绕相邻关系的容忍义务展开，涉及容忍义务的限度、补偿机制等难点问题，但由于缺乏明确的法律依据，法答网对于上述问题的回答偏原则性。人民法院案例库相关参考案例8件，均关涉业主之间的利益冲突。由此可见，加装电梯中少数业主容忍义务及补偿制度亟待确立，本文拟对此作一探讨。

一、困境：老旧小区加装电梯问题现状与案件数据的实证分析

2020年国务院印发老旧小区改造工作的指导意见时，各地就老旧小区加装电梯一事普遍采取谨慎态度，规定需全体业主同意才可加装电梯。近年来，为了切实解决百姓“出行难”问题，依据《中华人民共和国民法典》第278条第7项对改建、重建建筑物及其附属设施的规定，各地纷纷出台地方性的

* 沈奕珺，法学硕士，上海市第二中级人民法院民事审判庭法官助理。原文获全国法院第三十六届学术讨论会三等奖。

规范性文件采用“多数决”规则，[①] 即用多数人意见来决定是否加装电梯。老旧小区加装电梯的“多数决”机制虽然极大程度上推动了该项民生工程的进展，但由此产生的冲突和纠纷也日益增多。

（一）研究样本选取的科学性论证——以147件加装电梯所致的邻里纠纷为研究样本

选取上海法院2020—2024年立案并审结的既有多层住宅加装电梯一审民事案件为分析样本，经剔除无关案件，共有335件加梯相关案件。根据纠纷主体的不同，335件案件可细分为四类：第一类为对加梯持不同意见的业主之间或业主与业主委员会之间的邻里纠纷147件；第二类为承接加梯工程的各施工主体之间的建设工程纠纷125件；第三类为因加装电梯导致房屋情况变化所致的合同纠纷46件；第四类为因加装电梯导致的其他纠纷17件。可见，第一类不同意见居民之间或居民与业委会之间的邻里纠纷是老旧小区加装电梯所涉民事案件的主要症结。故本文选取最具代表性的第一类邻里纠纷147件案件为研究样本。

（二）加装电梯所致邻里纠纷的类型化分析

对上述147件研究样本所涉纠纷类型再作分析，根据不同的争议焦点与诉讼请求，还可将加装电梯所致的邻里纠纷细分为三类：权利冲突型、程序违法型及信息公开型。

1. 权利冲突型

权利冲突型纠纷案由多为排除妨害纠纷和相邻关系纠纷，占比76.19%。排除妨害纠纷102件，原告为同意加装电梯的业主，诉请因反对加梯而阻碍施工的业主停止妨碍行为；相邻关系纠纷10件，原告为反对加梯的业主诉请降低加梯对其采光、通风等相邻权的侵害，并主张补偿或赔偿。主要争议焦点为阻碍施工的行为是否具有正当性，及加梯工程是否对低层业主造成损害

① 例如《上海市住建委关于调整本市既有多层住宅加装电梯业主表决比例的通知》《长春市人民政府办公厅关于既有住宅加装电梯的指导意见（试行）》《南宁市人民政府关于加快推进既有住宅加装电梯工作的实施意见》《南昌市既有住宅加装电梯工作的实施意见（试行）》等。

且该损害是否超过可容忍限度。

2．程序违法型

程序违法型纠纷的案由体现为业主撤销权纠纷，共24件，占比16.33%。反对加梯的业主作为原告，以业主大会所作加梯决议程序不合法为由请求撤销该决议。主要争议焦点为加梯工程的前序审批、公示程序是否合法。

3．信息公开型

信息公开型纠纷案由多为业主知情权纠纷，共11件，占比7.48%。原告为反对加梯业主，被告为业主委员会，原告要求公开加梯材料。信息公开型纠纷的特点是持反对意见的原告往往会同时起诉业主委员会要求公开文件及撤销加梯决议。

在几乎所有案件中，低层业主在忍受不利影响后未获得补偿，由此导致的高低楼层业主之间利益失衡是加装电梯邻里纠纷的症结所在，矛盾背后折射出的关键问题是相邻权的核心内容——容忍义务。

（三）老旧小区加装电梯案件中容忍义务的裁判现状

高低楼层业主之间的利益平衡是探究老旧小区加装电梯纠纷解决机制的主要着力点，容忍义务于司法实践中的运用状况值得探究。

1．仅少数容忍义务人以调解或自愿补偿的形式获偿

在147件样本中，2件案件以判决形式确认同意加梯业主对受妨害的低层业主的自愿补偿，7件案件以调解的方式确认对低层业主的经济补偿，1件案件以调解的方式确认由业委会向业主支付适当补偿。除高层业主自愿补偿外，上海市尚无直接通过判决形式支持低层业主索赔或请求补偿的司法实践。其他地区已有少数酌情支持低层业主赔偿损失诉请的判决先例，如2020年广东省佛山市高明区人民法院作出因加装电梯给一楼住户造成不良景观，根据公平原则酌情确定高层住户每户对其补偿2000元的民事判决。

2．裁判文书缺乏对容忍义务的详细说理

147件样本中，共50件“本院认为”部分涉及容忍义务限度的探讨，但仅7件案件法官对容忍义务限度进行具体论证。而其余案件中，法官或是没有对容忍义务限度有关的论证内容，或是仅有超出容忍义务限度与否的结论性判断。对容忍限度说理相对清晰的裁判文书为王某英与上海市长宁区淞虹公寓业主委员会业主撤销权纠纷一案，阐述“必须仔细判断个案中的改建对于业主权利是否构成实质性影响，是否达到一般人难以容忍的程度。这种‘合理的容忍义务’应当是低限度的，是基于个案中的具体情况，结合案件中的证据，综合社会公众的一般生活经验和感受加以判断”。②

3．司法实践多以利益平衡原则确定容忍义务尺度

虽然样本大部分裁判文书中未对容忍义务限度进行清晰的说明，但根据其表述能够判断出大部分案件判断容忍义务时所采取的标准。多数案件中，因既有住宅加装电梯具有的社会价值和政策考量，法院通过评价加梯带来的收益大于减益以支持加梯工程施工，此为以利益衡量标准确定容忍义务尺度。③人民法院案例库公布的 1 例参考案例亦通过比较加装电梯带来的增益和减益，确定了加装电梯的正当性。④少数案件因加梯方案不符合消防和楼体结构安全要求合法性存疑，故判决拆除电梯，此为过错衡量原则。⑤

（四）案件折射出老旧小区加装电梯的现存问题

从纠纷参与主体来看，涉案人数众多，法律关系复杂。根据《民法典》的相关规定，同一楼栋的绝大多数业主都应参与征询表决。一旦引起纠纷，诉讼参与人人数众多。此外，加装电梯需要多方合作，纠纷不仅涉及业主、居委会、施工企业之间的民事法律关系，还涉及区政府相关职能部门、街道组织之间的行政法律关系。

从审理难点来看，业主利益难以平衡，程序瑕疵难以举证。加装电梯后，高层业主享受使用便利和经济收益，而低层业主不仅要忍受施工前后的不便，还面临房价下跌的经济风险。基于《民法典》的“多数决”征询方式难免牺牲作为少数人的低层业主的利益，两者处境难以调和。而在举证方面，加装电梯的程序上还存在非本人签字、同意比例未达规定、缺乏公示等瑕疵，但

② 参见（2021）沪 0105 民初 25704 号民事判决书。

③ 参见（2023）沪 0107 民初 3481 号民事判决书。

④ 参见人民法院案例库四川省成都市中级人民法院（2022）川 01 民终 11265 号民事判决书，入库编号：2024-07-2-039-001。

⑤ 参见（2023）沪 0110 民初 3111 号民事判决书。

当事人大多难以充分举证。

从裁判结果来看，容忍义务说理不充分，低层业主救济不充足。司法实践中，法官对容忍限度的衡量标准缺乏统一，大部分裁判文书缺乏对容忍义务的说理，法院也往往以行政许可的存在而判决豁免侵权责任，缺乏实质性审查。而在容忍义务人的权利救济方面，因现行法律缺乏对容忍义务人补偿的明确规定，很难通过诉讼等法律途径获得相应救济。

二、路径：中华优秀传统法律文化的新时代传承——容忍义务

自古以来，礼制便是中国传统法律文化的重要组成部分，形成“以礼入法”的中国特色传统法律文化形态。经千年演变，其精髓仍体现于新时代的社会主义法治体系中。相邻权的核心容忍义务便是典型体现。

（一）相邻权之容忍义务的中华法系渊源

容忍义务是相邻关系的核心，自我国礼法相融的中华传统法律文化中逐渐演变而来，于中华法系之中可窥见其渊源。这些优秀传统文化元素为理解和实践容忍义务提供了丰富的思想资源和道德指导。

1．百家争鸣：古代哲学与容忍义务的交汇

礼的道德教化，加之法的制裁惩罚，共同形成中国传统法律文化的特征。百家争鸣，各家的思想却多有谦让、容忍、克己的体现。

（1）儒家思想的“礼制”

儒家思想的“礼”最为直观地体现了容忍义务的精神与内涵。儒家文化中的“礼”是一种社会行为规范，它要求个人在行为上符合一定的标准，以维护社会秩序与和谐。例如，孔子提出“克己复礼为仁”，强调个人应当控制自己的私欲，并遵循社会规范。这与现在的容忍义务中对个人权利的限制有内在联系。

（2）墨家思想的“兼爱”

墨家思想的核心之一“兼爱”，主张对所有人平等的爱，反对仅对亲近者有爱而对他人冷漠，反对无谓的争斗。这种思想认为，如果人们能够像对待自己一样对待他人，社会将更加和谐，这与容忍义务中提倡的相互理解

和尊重他人权利的精神相吻合，通过对他人的行为适度容忍而避免无谓的纠纷。

（3）道家思想的“无为”

道家思想中的“无为而治”认为，最好的治理是顺应自然，不强制干预，体现了一种对个体行为的宽容态度，“上善若水”更是强调了一种不争斗、和谐共存的生活哲学。这种提倡宽容与忍让的思想，与容忍义务的精神相契合。

（4）其他学派思想

其他学派的某些思想也体现了对和谐、平衡的追求，间接地与容忍义务的价值观相呼应。如法家虽更注重法律的严格执行，但在法律不明确禁止的领域中也隐含对个人行为的容忍；名家关注逻辑与辩证，其对事务本质属性的深入探讨为理解权利与义务的界限提供了哲学基础。

2．以史为鉴：古代经典案例中的容忍智慧

在中华传统法律文化发展的历史长河中，产生了灿若星河的案例。其中，不乏将容忍义务用于相邻关系纠纷之中的案例。

（1）案例一：调处息讼六尺巷

【案例】

张文端公居宅旁有隙地，与吴氏邻，吴越用之。家人驰书于都，公批诗于后寄归，云：“一纸书来只为墙，让他三尺又何妨？长城万里今犹在，不见当年秦始皇。”吴闻之感服，亦让三尺。其地至今名六尺巷。

——《旧闻随笔·卷四》[⑥]

【解析】

对宅基地边界引起的邻里纠纷，清代文华殿大学士兼礼部尚书张英在自家权益遭受一定程度减损的情况下，没有仗势欺人，反而主动退让三尺，妥善调处邻里纠纷，消弭诉讼于未然，以适度容忍保证秩序和谐，充分体现了相邻关系中的容忍义务。[⑦]

⑥ 姚用朴：《旧闻随笔》，黄山书社2011年版，第174—175页。
⑦ 崔亚东：《法治文明溯源》，商务印书馆2023年版，第657—659页。

（2）案例二：互争公用之井

【案例】

王绅锡荣诉称，于光绪三十四年承麦钱邑惠民巷田姓基地二亩五分七厘零，内有石井一口，距离街心丈余，墙垣尚未隔住，故近邻得随意汲水，现须建筑，若将此井让出，占地约五六十方尺，窒碍甚多，邻近倘以需水不便，已允于西角基地之内围墙之外另开一井供众用。唐寿卿、沈大明于闰六月二十五日擅加井栏，并立石碑，刻有："惠民古井"字样。因之起诉。

本厅实地履勘后……惟查该井向归公用迄今已有四十余年之久。邻近居民日常汲水者不下数百户……且邻近居民久认旧井之利益甚大，相传有白沙泉之称，早存取之不竭用之不尽之观念，即开之井犹恐邻近居民之心理保无有新不敌旧之意……惟有将邻近居民新建至"惠民古井"等字样概行撤销，特书"王氏惠民井"，一以表明所有权之界限，一以保护数千人口之饮水仰给于该井，依然攘往熙来，咸乐王氏惠民之至意。

——《各省审判厅判牍》⑧

【解析】

本案比较了石井对邻里双方的重要性大小，考虑了个人利益与公共利益的平衡。审判厅认为，尽管王绅锡荣拥有该井所在地的土地使用权，但考虑到井的长期公用性质以及对邻近居民生活的重要性，王绅锡荣应承担一定的容忍和不作为义务。然而，这并不意味着他必须完全放弃自己的土地使用计划，故审判厅提出将旧井的标识从"惠民古井"更改为"王氏惠民井"以此明确所有权的界限。

除此之外，容忍义务于古代成文法中亦得以窥见。例如，《宋刑统》为邻里纠纷规定了法令，禁止于共享水源"兴筑"以致妨碍民田灌溉；禁止因新置牙田，使"下游田地无以灌溉"，或"使邻近者反被水患"；禁止于城市街道通行处设建筑物妨碍通行；因土地买卖形成的袋地，袋地使用人享有通

⑧ 汪庆祺编、李启成点校：《各省审判庭判牍》，北京大学出版社 2007 年版，第 88—89 页。

行权。⑨

（二）相邻权容忍义务的现代民法依据

我国《民法典》虽然没有对容忍义务这一概念的正面阐释，但容忍义务曾被写进数稿民法典建议稿中。例如，中国社会科学院民法典课题组发布的《民法总则建议稿》，“民事主体行使权利时对他人形成的可以容忍的不便，他人负有适当容忍的义务。但该义务的承担亦法律规定为限”。⑩ 此外，民法典草案还包含诸如正常、合理、习惯、不可避免等容忍限度之限度判断标准。⑪容忍义务的理念在《民法典》中仍可见端倪。尤其是《民法典》第288条中的“有利生产、方便生活、团结互助、公平合理”，学界一般将其视作相邻关系中双方互相承担容忍义务的法律依据，是产生容忍义务的法律规范来源。

（三）相邻权容忍义务的今昔异同与传承

现代民法中的容忍义务在某种程度上是“礼”的精神在法律领域的体现，要求个人在法律框架内展现出尊重、谦让和自我约束的品质。然而，现代民法在保留中华传统法律文化优秀的思想、理念、智慧的同时，又随着社会发展和变迁逐渐演变出新的内涵和侧重点。

1. 古今相邻权容忍义务的不同侧重点

在中国古代法律中，容忍义务主要体现以道德和习俗的形式出现，且更多从礼义信角度出发强调权利人的克制和忍让，甚至有时会提倡超过合理限度导致实质性损害的忍让。现代民法中的容忍义务强调权利的合理限制和权益的平衡，通过规定和权利的边界和限制来确定容忍义务的合理限度，体现对个人权利保护和社会公共利益之间平衡的追求。

2. 古代容忍思想对新时代司法的借鉴意义

古代容忍义务主要体现在相邻关系领域，对新时代邻里纠纷的妥善处理

---

⑨ 张晋藩：《中国民法通史》，福建人民出版社2003年版，第470—472页。

⑩ 杨小芳：《我国相邻关系中容忍义务的研究》，载www.chinacourt.org/article/detail/2016/11/id/2354626.shtml，2024年8月10日访问。

⑪ 秦伟、杨琳：《民法容忍义务哲学意蕴考》，载《文史哲》2014年第6期。

有着重要的借鉴意义。

（1）“秩序和谐”的法律文化深刻影响现代司法解决邻里纠纷的价值判断。由古至今，诉讼都不是解决邻里纠纷的首选之路。“人和”是处理邻里纠纷的终极追求，这也是六尺巷故事被现代司法者认同的价值所在，也是“以人民为中心”的习近平法治思想的重要体现。

（2）充分发挥互补性调处策略在相邻纠纷中的调和作用。在挖掘矛盾双方共同利益和需求的基础上，着力促进一方主动先行让步，是互补性调处策略运用于相邻关系的工作模式。就如“王氏惠民井”的提出使权利受损的一方获得道德上的认可，平息了一场邻里纠纷，亦值得当代法官借鉴。

三、探索：老旧小区加装电梯业主容忍义务限度的理论证成

对于容忍义务合理限度的研究，根本目的在于精准界定一方权利人行使权利的边界，在该限度下行使的权利具有合法性，他方不动产权利人负有容忍义务。在现代民法视域下，容忍义务的合理限度应从两个维度展开，即所容忍的不利益之目的必要性和方式合理性。

（一）所容忍不利益之目的必要性

1．目的合法性

容忍义务性质上是相邻权人对己方不动产所有权的限制，而该种限制只有为他人之合法目的时才具有正当性。他人之合法目的有如改善居住条件、提供通行便利等。⑫ 老旧小区加装电梯是为了改善老年人和行动不便者的居住条件，这属于合法目的。而当他方权利人对己方不动产的侵害是基于非法目的时，不动产权利人不对此等侵害负有容忍义务。

2．为公共秩序目的

必须考虑土地所有权人自由行使其权利是否具有值得保护的利益，并衡量邻地所有权人是否有得干预他人所有权范畴的优势利益，而为必要的利益衡量。⑬ 为公共秩序之目的有比一般合法目的所保护法益更高的权利位阶，

---

⑫ 王泽鉴：《民法物权》，北京大学出版社2023年版，第217页。
⑬ 前引⑫，王泽鉴书，第215页。

由此对容忍义务人施加的容忍义务要求更高，对所有权权能的限制更多。例如，入库编号为2024-07-2-504-004的参考案例中，法院认为老旧小区加装电梯是推动城市更新、缓解老弱人群出行难的民生工程，也是改善人民群众生活质量的举措，是为公共秩序之目的，尽管加装电梯过程的噪音会对原告的生活造成一定影响，但控制合理施工时间即能避免过分打扰居民休息，故原告对此负有容忍义务。

3．个体利益的平衡

除了为法律允许的目的和公共秩序之目的，在特殊条件下，因个体利益的特殊需要，出于公平原则相邻权人亦负有容忍义务。在个案中，如低楼层业主患有基础性疾病，加装电梯带来的影响将导致其完全无法居住房屋，且其不具备更换住所的条件。此时，出于个体的特殊利益健康权的保护，高层业主亦应承担不加装电梯导致的出行不便，亦是容忍义务的体现。

（二）所容忍不利益之方式合理性

方式合理性系对相邻权人实施不利益之方式选择提出要求，或该行为具有法律依据符合法定程序要求，或须采取合理范围内损害最小的方式进行。具体而言，可以从不利益发生的不同阶段进行分析，每一阶段采取的方式均应具备合理性，否则容忍义务人有权请求排除妨害。[14]

1．启动不利益的合理性

损害他人合法权益的行为经法律背书而具备正当性，邻地所有权人的容忍义务也往往基于法律规定而发生。为确保对权利人所受不利益处于合理范围内，法律通常会规定严苛的程序以限制该不利益的任意行使。相邻权人对他方不动产权利人科以容忍义务往往有法定的前置程序。

以加装电梯为例，其法律性质属于改建、重建建筑物及其附属设施的行为，需要遵守法定程序。首先，决定加装电梯的小区和楼栋应根据《民法典》及本地区的相关条例规定进行符合人数要求的表决，并将加梯文件与表决结果一并公示。此外，老旧小区加装电梯还应满足本地行政管理部门的审核要求，如上海市要求加梯申请人向规划部门送审设计方案，规划部门组织进行

⑭ 王利明：《论相邻关系中的容忍义务》，载《社会科学研究》2020年第4期。

方案公示。完成施工图后，申请人可向规划部门申请建设工程规划许可证。具备施工条件后，申请人应向建设管理部门申请办理施工许可。在此过程中，应充分征求各方业主的意见，畅通业主沟通和意见反映渠道。对于反对加梯业主，应充分保障其知情、监督、申诉的权利。此为加装电梯启动方式的合理性，对于不符合程序的加梯工程，反对业主可通过行使业主撤销权等方式拒绝负担容忍义务。

2．实施不利益方式的合理性

实施不利益方式的合理性具体内涵有二：其一，相邻权人所实施的不利益不应对权利人造成实质性妨害，应当以社会一般人为标准，综合考虑侵扰时间点、持续时长及强度、对家庭生活的影响等因素，避免给容忍义务人造成精神或生理上的过度干扰。其二，出于利益平衡的考虑和公平原则，应采取合理范围内对容忍义务人损害最小的合法方式实施不利益。

加装电梯工程的施工即为实施不利益，其方式应具备合理性。首先，在工程质量和施工安全上，加梯项目的施工设计文件必须通过房屋安全性论证，必要时亦应组织专家或专业机构进行技术论证。其次，在施工图纸设计上，应当选择合理范围内对容忍义务人（通常为低层业主）采光、通行、噪音妨害最小的方式，例如采用玻璃墙面以减小对采光的遮挡等。最后，在施工单位的选择上，应选择具备相应资质的施工单位，并与施工单位签订施工合同，上海市进一步要求相关合同在网上备案。这些方面共同构成加梯建设方式的合理性框架，旨在平衡加梯工程的顺利进行和居民的安全之利益。

3．不利益持续方式的合理性

鉴于相邻关系中的不利益往往具有持续性或往复性，故在不利益存续期间，相邻权人对该不利益的存续状态应当采取合理的维护或使用方式，以确保该不利益的存续始终符合法律规定或处于合理范围内。

对于加装电梯而言，电梯建成后应采取合理的使用和维护方式。业主应合理使用电梯，订立电梯使用公约，明确电梯使用规则、定期检测制度和费用分摊等事项。此外，对于未出资的低层业主，因其一定程度上承担了容忍义务，在其支付合理对价后（如共同承担电梯后续的运维费用等）亦应当享有电梯的使用权。

四、破局：老旧小区加装电梯容忍义务人的救济

容忍的不利益之目的必要性和方式合理性共同构成容忍义务的限度标准。对于尚处于合理限度内的轻微不利益，这种不利益并不会给权利人造成实质影响，基于鼓励邻里和睦相处之宗旨，相邻权人负有容忍义务，此时相互之间互不负补偿义务。⑮ 然而，当相邻权人造成的不利益超出合理限度，法律应当赋予容忍义务人救济请求权。

判断来自相邻权人的不利益是否超出合理限度，其实质是对受保护法益价值位阶高低的判断。当低层业主确因加装电梯遭受实质性损害，且这种损害的保护价值优先于加装电梯给其他业主带来的便利，法院应当支持低楼层业主的排除妨害、消除危险的诉请。而除消除危险请求权之外，本文认为应当更加关注低楼层业主的补偿请求权。

（一）现行民法制度中的补偿请求权来源

私法上的补偿请求权是指权利人本应享有的防御请求权，因更高法益保护之必要而被剥夺时，权利人享有请求补偿其损害的权利。⑯ 根据大陆法系民法理论，土地所有人因负有容忍义务而得请求相当之补偿的权利并非损害赔偿请求权。⑰ 虽然理论界大部分支持对容忍义务人予以补偿，然而在缺乏明确法律规范支持的情况下，司法实务中法官仍偏向保守，极少容忍义务人的补偿请求权获得支持。解决对于容忍义务人的救济问题，最优解是在立法层面明确规定与容忍义务相对应的补偿请求权。在现有法律框架下，宜由最高人民法院出台既有多层住宅加装电梯相邻关系纠纷案件的司法解释，为司法实践提供制度支持。

不过，在没有法律明确规定的情况下，现今依旧有适用补偿请求权的空间，因容忍义务的补偿请求权符合牺牲补偿的一般法理。⑱ 低楼层业主将部

⑮ 肖俊：《不可量物侵入的物权请求权研究——逻辑与实践中的〈物权法〉第90条》，载《比较法研究》2016年第2期。

⑯ ［德］鲍尔、施蒂尔纳：《德国物权法（上册）》，张双根译，法律出版社2004年版，第551页。

⑰ 前引⑫，王泽鉴书，第232页。

⑱ 韩富鹏：《论低楼层业主对电梯加装的容忍义务和牺牲补偿请求权》，载《中国不动产法研究》2022年第2辑。

分法益让渡给高层业主使其得以获得使用电梯的便利，从而遭受了特别牺牲。《民法典》第 182 条第 2 款、第 322 条属于典型的私益牺牲补偿请求权规范，[19] 故而可以运用整体类推的方法，通过整体类推上述规范，形成牺牲补偿的一般法律原则，并作为加装电梯纠纷低层业主补偿请求权的规范基础。

（二）补偿请求权的义务主体

补偿主体的认定原则是“谁受益、谁补偿”。一方业主因相邻关系而容忍他方业主对其所有权进行的限制，根据公平原则，补偿责任的承担主体便是因加装电梯致所有权得以扩张、房屋的市场流通价值得到提升或享受到更大通行便利的获利业主。此外，老旧小区加装电梯工程有“正外部性”，获益群体不仅包括小区业主，人民政府得益于该工程有助于执政为民政府形象的树立，故人民政府也应当作为补偿义务主体的一方。考虑到高层业主为直接获益方，人民政府为间接获益方，故应当由直接获益的高层业主承担大部分补偿义务，人民政府在业主之间无法给予相当之补偿时，承担补充责任。

（三）补偿标准的司法认定路径

有部分地区法院已以判决形式支持低层业主的补偿请求权。但由于缺乏统一适用的补偿标准，司法实践中法官只能运用自由裁量权来决定具体补偿金额，不同案件当事人获得的补偿金额差异较大。对此，构建一套合理可行的补偿标准势在必行。结合上述案例及司法审判经验，本文提出如下路径：

第一，总体原则：斟酌因加装电梯所受利益及容忍义务人所受损害之程度，并双方之经济状况作衡量之标准。

第二，补偿的确定主体，即由谁来确定补偿标准。根据民事权利义务相一致原则及对小区居民自治的尊重，原则上补偿确定主体与补偿支付主体应当相一致，即小区业主为主，政府组织为辅，诉讼程序保障。首先，鼓励楼栋业主在平等协商充分沟通的基础上，在加梯前期自愿达成补偿协议，业委会及居委会应当为楼栋业主提供沟通磋商的场地和平台。其次，在业主无法

---

⑲ 张谷：《论〈侵权责任法〉上的非真正侵权责任》，载《暨南学报（哲学社会科学版）》2010 年第 3 期。

自行达成补偿协议的情况下，可由基层调解组织和街道办介入，组织持不同意见的业主进行调解。最后，若业主之间矛盾过大无法调和，可诉诸法院，由法院根据案情确定补偿标准。

第三，补偿标准的确定。低楼层业主享有的补偿请求权，在范围上应当是对其所有权受到妨害而造成损失的全额补偿，包括：（1）可被证明的实际损失，包括但不限于被拆除的建筑物及装饰物价值、被占用的专有面积价值、因施工致房屋不具适住性而产生的酒店费用、因配合施工产生的误工费等；（2）房屋客观价值的变化。原则上可以比较加装电梯前后低楼层业主房屋市场价值的差额作为价值变化的衡量标准。

第四，合理的补偿方式：（1）金钱补偿。应在加梯方案设计之初便明确对于可能存在的利益受损的容忍义务人补偿金额，并将容忍义务人的补偿金额单独列于出资方案中，采取开设专户、保证金等方式事先预留出该部分钱款用以解决可能发生的邻里纠纷。（2）多样化补偿方式应当引入第三方主体（例如人民政府、公益组织、基层群众自治组织等），通过资源的合理分配和利用满足容忍义务人的社会需求。

五、结语

容忍义务的精髓不仅在古代的邻里和谐中发挥着调和作用，更是现代社会相邻关系的核心。加装电梯过程中，应大力弘扬“老吾老，以及人之老；幼吾幼，以及人之幼”的中华优秀传统美德。这不仅是对传统文化的一种现代诠释，更是对党的二十届三中全会“促进社会公平正义、增进人民福祉”精神的深度贯彻，是对社会主义法治的生动实践，更进一步增强人民群众的幸福感与获得感。

（责任编辑：高明生）

禁止重复起诉规则的现状检视与路径优化

方　景*

当事人之间发生民事争议时，常请求法院就其特定主张进行裁判，以实现权利救济。司法实践中，部分当事人因诉讼能力不足或对裁判结果存在预期差异，常对同一事项提出复数起诉，为防止当事人讼累和司法资源浪费，应当禁止重复起诉行为。为此，新修订的《最高人民法院关于适用〈中华人民共和国民事诉讼法〉的解释》(法释〔2022〕11号)(以下简称《民诉法解释》)第247条正式确立了禁止重复起诉制度，并以要件式提取公因式法统一不同程序阶段重复起诉的识别标准，自施行以来，取得了指导司法裁判、规制重复起诉的良好效果。

然而，对于识别重复起诉的要件标准、次序位阶以及处理程序等应以何种尺度和形式适用，实务中始终存在理解差异。前后诉相同是否仅需满足形式要件？"同时符合"是否意味着这些要件在次序上没有优先级？一旦认定后诉构成重复起诉，应采用何种处理程序，是否一律不予受理或驳回起诉？如果缺乏规范和统一的操作范式，禁止重复起诉规则将难以实现规制滥诉和保障诉权之间的平衡，不利于矛盾裁判防免及纠纷的一次性解决。

最高人民法院院长张军指出，老百姓到法院是为了解决问题的，绝不是来"走程序"的。程序合乎规范，同时实质解决问题，案结事了，才是诉讼的目的、才能体现诉讼的价值。① 重复起诉行为不仅会衍生案件，增加当事人讼累，还会降低司法公信力。因此，有必要从当前司法实践适用"实然"

* 方景，法学硕士，上海市第二中级人民法院立案庭法官助理。原文获全国法院第三十六届学术讨论会二等奖。

① 蒋安杰：《加力　再出发——最高法深化改革进行时》，载《法治日报》2024年3月6日专刊版。

状态及裁判思路的耙梳为切入，通过样本化分析规则适用的异化态势及成因，并在此基础上优化禁止重复起诉规则，构建起“三阶七步法”适用步骤，提升适用的便利性和规范性。

一、禁止重复起诉规则裁判适用的实践样态

以适用禁止重复起诉规则的已生效案件为分析样本，对案件整体情形及要件适用的现实类型进行梳理，展现规则适用的“实然”状态，挖掘规则适用类型化偏差的异化态势。

（一）现实层面：禁止重复起诉案件裁判整体情况

重复起诉行为不仅出现在民事诉讼中，也存在于行政诉讼和执行阶段。因本文研究禁止民事重复起诉，故通过关键词“民事案件”“重复起诉”等关键词在数据网站检索了裁判日期在2016年1月1日至2025年3月20日的裁判文书，因检索出来的文书数量高达二十万份，后附加法律依据为《民诉法解释》第247条等条件进行检索，筛选出三万多件可能涉及重复起诉的案件。其中，2016年至2020年，案件数量逐年增加，2021年后因公开的裁判文书数量较少，导致可检索的案件数量减少，但在民事案件中的实际占比逐年增加。

根据检索出来的结果，2016年1月1日至2025年3月20日，可能涉及重复起诉案件中裁判结果为驳回起诉的文书有22679份，其中判决有2989份、裁定19637份；裁定不予受理的文书有1808件；裁判结果为“驳回上诉”的文书有1810份，其中判决287份、裁定1519份；可能涉及重复起诉案件中经过审判监督程序的文书有178份。通过对检索出来的案件进行分析，涉及重复起诉的案件中，合同类案件占比较多，当事人重复起诉的理由多为推翻前诉裁判、主张新的事实等，理由趋同化。

（二）个案层面：禁止重复起诉规则适用的类型化偏差

以《民诉法解释》中有关禁止重复起诉的相关规定及已生效裁判文书为样本分析，挖掘规则在个案适用层面呈现出的裁判态势。

1．裁判适用规则遗漏

【案例 1-1】②

甲起诉要求乙支付工程款及逾期利息，法院一审驳回诉请，其不服提出上诉。二审期间，甲又以同样请求诉至法院。法院认为，甲就本案被告与标的已提起诉讼，且正处于二审期间。其就同一被告、同一标的再次起诉，构成重复起诉。

【案例 1-2】③

甲诉至法院要求乙偿还代垫款，法院以主体不适格驳回起诉。后甲补充相关证据再次起诉。法院认为，本案中当事人和前诉相同，诉讼标的虽有调整，但前诉诉讼标的包含后诉诉讼标的，仅就数额在本次诉讼进行核减，且甲补充的证据非“新的事实”。本案与前诉的当事人、诉讼请求、事实理由相同，构成重复起诉。

【案例 1-3】④

甲诉至法院要求确认某土地使用权归其所有。一审法院认为其诉讼请求已经由生效裁判文书所审查并作出生效裁判，驳回甲的起诉。二审法院认为前案中乙系第三人，而本案中乙系被告。两案当事人、诉讼请求不同，且本案中的诉请在前案中并未实质审理，不构成重复起诉。

通过以上案例可知，部分法院在适用规则要件时，仅以三要件中的部分作为重复起诉的认定标准。在案例 1-1 中，法院未严格按照立法规范进行要件审查，而是将诉讼标的作为诉讼请求的上位概念，以二要件说进行说理论证，存在漏用识别要素的情况，这在实践中并不少见。通过对随机抽取的 54 件案例进行梳理，发现严格按照司法解释说理的案件有 38 件，其中结合案情进行论证的有 22 件。漏用规则要件或借用其他要素说理的案件有 12 件，另有 4 件案件仅有裁判结果未说理论证。

② 参见（2018）青 2801 民初 921 号民事裁定书。
③ 参见（2019）苏 1003 民初 119 号民事裁定书。
④ 参见（2019）粤 06 民终 5439 号民事裁定书。

2．要件理论越位适用

【案例 2-1】[⑤]

甲诉至法院要求乙偿还案件受理费等。法院认为两诉案件中当事人、诉讼标的、诉讼请求和事实理由相同，构成重复起诉。

【案例 2-2】[⑥]

甲诉至法院要求乙返还欠款，法院经审理查明其曾就此项诉请起诉过且业已生效。后诉基于同一事实起诉，且依据的欠条等证据均和前诉相同，当事人、诉讼标的、诉讼请求亦相同，构成重复起诉。

【案例 2-3】[⑦]

乙被鉴定为工伤，甲起诉要求撤销工伤认定，被法院驳回。后甲要求确认其与乙之间不存在劳动关系。法院认为，前诉中双方是否存在劳动关系系争点，该争点经法院审理且被生效判决所确认。两诉当事人相同、诉讼标的相同、诉讼请求系实质上否定前诉的裁判结果，构成重复起诉。

在上述典型案例中，法院采用其他要素或借用理论对后诉是否构成重复起诉进行说理论证。案例 1-2、案例 2-1 中，法院以前后诉事实理由相同作为要件之一。案例 2-2 中，则以前后诉当事人提交的证据是否具有同一性作为认定标准。案例 2-3 中，法院以前诉裁判理由中的先决问题具有争点效为由，扩张前诉裁判结果的既判力涵盖范围，认定后诉系重复起诉。案例中提到的“争点效”理论在学界已有较多研究，但我国立法及司法解释尚未对此作出规定，法院在裁判文书主文部分直接引用作为驳回后诉的理论基础，引用的正当性存疑。

3．要件适用位阶无序

【案例 3-1】[⑧]

甲诉至法院要求乙偿还欠款及利息。法院认为已有同一案件且正在审理

---

⑤ 参见（2022）甘 0103 民初 1978 号民事判决书。
⑥ 参见（2019）吉 01 民终 1369 号民事裁定书。
⑦ 参见（2019）桂 0105 民初 631 号之一民事裁定书。
⑧ 参见（2024）湘 1103 民初 1541 号民事裁定书。

中，两案当事人相同、诉讼标的相同、诉讼请求亦相同，构成重复起诉。

【案例 3-2】⑨

甲诉至法院要求确认其与乙的合同无效。法院认为本案受理前，乙已向法院起诉要求解除合同，且合同已经生效判决认定解除。两案诉讼标的相同、当事人相同、诉讼请求实质上否定前诉裁判结果，构成重复起诉。

禁止重复起诉规则虽通过列举方式规定要件，明确同时满足要件才构成重复起诉，但对于要件的适用位阶并未明确。实践中有法院按照规则规定的要件顺序适用要件，亦有法院根据案情随意适用规则要件，适用位阶上存在差异。在案例 3-1 中，法院按照规定的要件顺序适用，但在案例 3-2 中，法院并未严格按照要件顺序适用规则位阶，在规则的适用上呈现出位阶的无序性。

4．要件内涵理解异位

在当事人要件适用上，因前后诉中的当事人数量、诉讼地位可能发生变化，且前后诉当事人可能因特定事由发生变更，实践中对于当事人要件存有不同理解，影响当事人相同要件认定。在前后诉当事人数量发生变更的情形下，部分法院认为后诉增加当事人构成当事人相同。⑩ 亦有法院认为后诉增加前诉第三人，不构成当事人相同。⑪ 除当事人数量、诉讼地位发生变化外，在特定事由导致的当事人变更情况下，实践中对于当事人相同的认定也存在不同理解。⑫

在诉讼标的要件适用上，实践中，有法院将诉讼标的和诉讼请求相等同，以当事人诉之声明来区别案件诉讼标的，以致认定前后两诉诉讼标的不相同。⑬ 类似的，在案例 1-2 中，法院认为后诉诉讼标的对前诉诉讼标的计算错误进行了核减，两诉诉讼标的相同。亦有法院根据当事人之间争议的、请求法院审判的民事实体法律关系或民事权利来认定诉讼标的，认为两诉争议

⑨ 参见（2021）云 0127 民初 2619 号民事裁定书。
⑩ 参见（2019）民终 137 号民事裁定书。
⑪ 参见（2019）鄂 08 民终 978 号民事裁定书。
⑫ 参见（2018）民再 85 号民事裁定书。
⑬ 参见（2017）粤 0803 民初 828 号民事裁定书。

的法律关系相同，故诉讼标的相同。[14] 实践中还存在以案由、案件事实及诉之声明来认定诉讼标的的情形，诉讼标的要件适用呈现出无序状态。

在诉讼请求要件的适用上，法院多以建立在诉讼标的基础上的诉之声明趋同性来认定，除案例 1-1 中将诉讼请求作为诉讼标的一部分概括适用的情形外，还存在案例 1-2 将诉讼请求与诉讼标的相对等的情形，亦存在以诉讼请求的内在关系等作为识别基础。而对于后诉诉请实质否定前诉裁判结果而言，其核心是生效文书既判力问题，传统观点认为生效裁判文书的既判力及于判决主文。实践中有法院采用案例 2-2 中“争点效”理论扩大适用至裁判事实理由部分。[15] 对该要件的适用存有不同。

【案例 4】[16]

甲诉至法院要求乙支付工程价款。因甲未能提供相关证据被判决驳回。后甲调取了生效时间早于前诉的另案中的工程造价鉴定报告，并以此证据作为新的事实诉至法院。法院认为“新的事实”应为生效判决发生法律效力后发生的事实，后诉新证据系生效判决发生前作出的，不属于“新的事实”，两案当事人、诉讼标的及诉讼请求上均相同，构成重复起诉。

《民诉法解释》第 247 条系禁止重复起诉规则的一般规定，涉及既判力主观和客观范围，第 248 条则系例外情形，其所规定的是既判力的时间范围，即基准时。在案例 4 中，法院以后诉中出现的证据形成于生效判决前，认定其不属于“新的事实”，可见法院以生效裁判发生法律效力时间点作为基准时，实践中多采用此种观点。但有观点认为，既判力的时间范围是以法庭言词辩论终结时为基准，其约束的一般情形为在前诉言词辩论终结前已经存在的事由。[17] 基准时理解的差异，可能导致既判力时间范围认定偏差，从而影响案件结果。

⑭ 参见（2021）黔 03 民终 3950 号民事裁定书。

⑮ （2018）鄂 1083 民初 1620 号民事裁定书认为后诉争议焦点在前诉中并未经过充分辩论，不具有既判力。

⑯ 参见（2018）民终 1130 号民事裁定书。

⑰ 参见最高人民法院民事审判第一庭编著:《最高人民法院民法典婚姻家庭编司法解释（一）理解与适用》，人民法院出版社 2021 年版，第 506 页。

二、禁止重复起诉规则适用异化的成因

禁止重复起诉规则在实践中的适用呈现上述四种类型化偏差，展现了当下裁判适用的“实然”样态，为适法统一提出了现实难题。深究类型化偏差的异化态势考量因素，显现为客体性、技术性及主体性因素。

（一）客体性因素：要件内涵解释的缺失

规则的确定性决定了裁判适用的正当性，而确定的裁判规则依赖于要件的稳定。当要件本身具有解释的可能性时，其存在多分支适用路径。前后诉主体数量变更、诉讼地位变化等情形影响当事人实质相同的理解。对于诉讼标的而言，因诉讼标的所涉及的学说多样，审理时采用何种诉讼标的论实质影响案件结果走向。在诉讼请求相同或实质否定前诉裁定结果上，前后诉诉讼请求内在关系及案件争点可否被赋予既判力效果同样缺乏清晰的界定。此外，作为认定重复起诉的要件，诉讼标的和诉讼请求之间存有界限，两者并不等同。[⑱] 而实践中，如前述案例 1-1 所示，部分法院在认定重复起诉时未有效区分界限，将诉讼标的作为诉讼请求的上位概念，导致文书说理论证遗漏要件。规则要件内涵解释的缺失，尤其在说理论证不完整的情形下，使得法院在认定重复起诉时往往借助于其他要素，如案件事实、诉讼理由、证据材料等，从而产生前述偏差适用情形。

（二）技术性因素：要件适用路径的失当

在规则要件确定的前提下，按照司法三段论的推理路径，个案具体适用应呈现出标准范式。但现实中禁止重复起诉规则的适用仍出现混用、漏用或越位适用等异化态势，深究根源，主要是要件适用路径出现失当。由于当事人自身诉讼能力的不足，其诉请依据的案件事实常不清晰，甚至存在模糊，需要法官对案件事实予以解释。在规则适用个案事实的过程中，要件适用出现混同，路径偏离，导致要件与法律事实未能准确契合。例如前述案例中，法院将当事人基于同一法律事实的不同诉请解释为诉讼标的，进而认定诉讼

⑱ 参见段厚省：《重复起诉判断标准检讨——以法释（2015）5 号第 247 条为分析对象》，载《甘肃政法学院学报》2019 年第 5 期。

标的不同，适用要件的路径是否妥当存有疑虑。

另外，部分法院在运用规则时，仅依据最有必要论述的要件，对部分要件不论述或引入其他因素论述，从而使要件适用范围产生偏差。另有法院着重论述两诉最具牵连的要件，未能把握规则要件的适用顺序，以致出现错位。此外，还有法院以裁判结果倒推要件适用或在裁判说理部分仅罗列法律条文论证裁判结果，这在前述抽取的样本案例中已有所体现。换言之，要件适用路径的失当，在影响法律适用一致性的同时，也实质影响案件的正当论证。

（三）主体性因素：适用主体思辨的差异

司法裁判不仅要依据法律规则对案件事实作出正当评价，还应对司法推理的过程加以论证。因此，裁判推理过程的法律论证是需以禁止重复起诉规则要件为核心展开。《民诉法解释》第247条以确定的要件对规则进行了规定，在案件事实认定清楚的前提下，适用规则的结果具有可预见性。但在实践中，禁止重复起诉规则的适用仍出现多形式的异化情形，这与要件适用主体的主观差异密切相关，具体表现在规则适用程序和结果处理程序上。在规则要件适用程序上，部分法院为使重复起诉案件裁判结果符合规则要件，尤其是在要件适用存在多种选择的情况下，常结合有利于裁判结果的案件事实对要件进行差异性说理，如在论证时将诉讼标的异化解释为案涉标的物、当事人诉请等，以使文书说理论证契合案件裁判结果。

在认定后诉系重复起诉的处理程序中，大部分法院未立足案件事实深入探究当事人诉讼动机，仅依据司法解释的规定对重复起诉行为不予受理或驳回起诉，在规则适用的处理程序上存在固有思维。另有法院为消除重复起诉行为所带来的衍生诉讼可能性，将裁判结果作用于司法确定性的内部逻辑，对案件处理程序进行突破，如将后诉移送前诉受理法院合并审理。[19] 在不同的重复起诉案件处理程序的背后，折射出的是规则适用主体具体思辨的差异。

三、重复起诉识别标准的路径优化

我国禁止重复起诉制度以提取公因式的形式，对诉讼系属中和裁判生效

⑲ 参见（2014）沪0104民初11335号民事裁定书。

后两个阶段的要件进行了规定。但受限于多种因素，其在司法审判中仍具有发展空间。在司法适用中，由于对要件及其适用顺序理解的混同，常出现适法不统一及案件质效偏差情形，亟需在现行立法框架下予以优化。因此，应在规则逻辑的基础上，以阶层式递进优化重复起诉识别路径。

（一）以精准适用拟定规则要件内涵

由于禁止重复起诉规则的要件立法上并无具体规定，实践中具体指向无序，因此需要限定要件内涵，以精准适用判断。在有关重复起诉的参考性案例裁判要旨中，对部分要件的内涵及位阶予以了明确。对此，后文将以规则适用的实践样态为基础，结合裁判要旨，对规则要件内涵进行再拟定。

1．主体要件：当事人相同的精准适用

当事人相同的原始形态即前诉后当事人完全同一且诉讼地位未发生变化，当事人同一但诉讼地位改变亦属于，此两种情形被称为当事人形式相同。除形式相同外，还存在当事人虽形式上不一致但存在同一的可能性，需以实质相同为标准进行审查。此外还存在前诉第三人作为后诉当事人及共同诉讼等其他情形。对于有独立请求权第三人、被判承担法律责任的无独立请求权第三人作为后诉当事人，应认定构成当事人主体实质相同。而对于无需承担责任的无独立请求权第三人而言，当下存有争议，笔者认为当事人要件相同并不意味着重复起诉，至于其另诉行为是否构成重复起诉应结合其他要件予以考虑。对于主观合并中的必要共同诉讼，当事人构成主体相同，而对于其他共同诉讼，当事人则不宜认定为相同。

2．诉讼标的要件：以法律关系说为识别基础

我国司法实务有关诉讼标的的传统学说是旧实体法说，亦有学者提出诉讼标的相对论，对诉讼系属中的禁止重复起诉以纠纷事实说为原则，以旧实体法说为例外，对裁判生效后的禁止重复起诉，若前后诉诉请相同，则采用旧实体法说，若后诉请求实质否定前诉裁判结果，则采用纠纷事实说的诉讼标的论。[20] 目前实务中为推动纠纷的一次性解决，诉讼标的理论有向纠纷事

⑳ 参见陈杭平：《诉讼标的理论的新范式——“相对化”与我国民事审判实务》，载《法学研究》2016 年第 4 期。

实说转变的迹象。但就涉诉纠纷而言，其满足基本的受理条件后，法院首先审查的是其是否具有管辖权，而这依赖于实体法律关系来确定。从禁止重复起诉规则要件构成逻辑上来看，诉讼标的和诉讼请求均为重复起诉行为的识别要件，在该规则中两者系独立存在，诉讼请求应作当事人基于诉讼标的而提出的具体请求或诉之声明之理解，只有将诉讼标的理解为实体法律关系，诉讼请求才有存在的必要性。因此，对于重复起诉规则而言，结合当下我国立法逻辑、实务规范及案例库中参考性案例，诉讼标的仍需以实体法上的权利义务或法律关系为识别基础。

3．诉讼请求要件：以实质相同为审查标准

前诉与后诉诉讼请求是否相同是识别重复起诉的另一要件，该要件对应的是《民诉法解释》第247条第3款前半款。对于该诉讼请求要件的识别，应当适用实质相同标准，即不能仅从诉讼请求的形式上予以界定，应当就诉之声明在整个纠纷事实或案件中的实际内容为审查基础，通常主要涉及单一诉讼请求数量上的变更及部分诉讼请求的提起。诉讼请求是质与量的同一，在质的范围内变更量的数目，仍是同质的。[21]故对于单一诉讼请求数量上的变更，如后诉于前诉系属中对于前诉的赔偿请求数额予以变更，此种情形下，应视为诉讼请求实质相同。对于后诉系前诉部分诉讼请求的提起，由于前诉诉讼请求包含后诉，故也应认定构成实质相同。而对于前诉诉讼请求是后诉的部分这类情形而言，由于后诉中部分诉讼请求包含在前诉范围内，故对于该部分而言构成相同，对于剩余部分虽形式上不构成相同，在前诉尚未终结的情形下，应认定其实质相同，告知其于前诉中变更诉请实现诉讼目的。

4．实质否定型要件：赋予先决事实以裁判效力

既判力具有消极和积极作用，其消极作用产生遮断后诉提起的效果。对于已经生效的裁判文书，能否作为裁定不予受理或驳回后诉的依据，当下尚未形成统一的观点。司法实务一般认为既判力的效力范围及于判决主文，现阶段为安定诉讼程序，其效力范围已出现扩张趋势。争点效和既判力在适用

[21] 参见刘斌：《重复起诉禁止的司法适用——以民事诉讼法司法解释相关法为视角》，东南大学硕士学位论文2018年。

上最大的不同点在于争点效需由当事人主张。就我国司法实情而言，不宜全盘引入争点效理论，但基于矛盾裁判防免和纠纷的一次性解决，可借鉴争点效理论在附条件的情况下赋予生效裁判事实理由以既判力，在适用上由法院依职权行使。案例2-2中，法院就赋予先决事实以争点效力，认为对于后诉以同一争点作为先决问题的，当事人不得提出相反主张或举证。在具体实践中，可利用争点效理论赋予先决事实以裁判效力，即当后诉所涉及的前诉先决事实是判决理由中的主要争点，双方当事人就该先决事项充分行使攻击防御方法，且法院对该先决事项作出判断，在此限定范围内可承认裁判事实的既判力效果。

（二）以顺序递进厘清要件适用方位

根据司法解释的规定，认定后诉系重复起诉需要同时具备三要件。从条文字面意思来看，三要件的适用位阶在顺序上并无先后之分，但从条文的内在逻辑来看，若后诉无法满足当事人要件，对于诉讼诉的和诉讼请求要件则无需认定，后诉当然不构成重复起诉。诉的构成中，当事人要件最具区分度，当两诉当事人形式和实质上均不相同时，两诉不存在重合，此时不构成重复起诉。当当事人要件满足后，对于后诉而言，才有识别诉讼标的这一核心要件的基础，故而三要件在适用位阶上存在先后顺序，且应以拟定的要件顺序为位阶适用顺序。对于规则适用的时间基准，条文中的“诉讼过程中”应理解为该案立案受理后至裁判生效前该段过程，更符合当下现状。关于诉讼系属终结的时间范围则以裁判终结时间为结束时间，除确定的裁判作出外，还应当认可诉讼和解、撤回起诉以及诉讼主体消亡所带来的系属终结效果。

（三）以识别衔接构建适用配套机制

当前，针对重复起诉行为的识别，主要依靠人工登记识别和应诉答辩识别。由于立案登记制只是对后诉进行形式上的审查，难以实质发现重复起诉行为。因此，以识别衔接为核心构建规则适用的配套机制，既是一次性解决纠纷的实际需要，亦是防止矛盾裁判的现实要求。识别衔接程序，包含审前发现和审中处理两部分，即若审前发现基于同一事实前后存在多个诉讼，由法官释明诉请，告知当事人于前诉中一并主张诉请，实现一次性解决纠纷。

当案件进入审理程序后，则通过适用诉的合并或反诉制度，对后诉诉请内容在前诉中一并处理。审前识别程序是对重复起诉行为立案前的识别筛查程序，审中衔接程序则是对案件处理方式的回应，两者相辅相成。此外，由于目前法答网中有关规则适用的精选问答数量较少，因此，针对目前规则适用的异化态势，有必要加强筛选，将多发问题的有效回答列为精选问答，为司法实务中出现的适用难点、困境等提供政策运用和业务咨询。

（四）以三阶七步法为核心识别重复起诉

安定的诉讼程序是基于裁判活动规范适用规则要件，因禁止重复起诉规则在识别中并无明显的程序次位之分，以致实践中出现前述的现实问题。因此，延徇诉讼程序的时间顺序，在司法裁判中构建起“大数据识别启动程序——规则适用审查程序——处理回应程序的三阶七步法”，以明晰禁止重复起诉规则适用的详细步骤。

1．大数据识别启动程序

当下，重复起诉行为的识别效率相对较低。在人民法院现代化的建设目标下，通过大数据赋能，信息交互共享，可有效规制重复起诉行为。故而可建立大数据模型，根据当事人信息筛查疑似案件并析出要素。此程序包含两个具体步骤：

第一步：利用大数据模型根据当事人信息筛查疑似案件。建立立案登记管理平台，记录当事人的主体信息、诉请以及法律依据，并在审判管理系统中嵌入大数据模型筛查程序，将已登记案件同已结案件的主体信息相比对，筛查疑似案件。

第二步：析出疑似案件要素。结合要素式审判要点，对筛查出的疑似案件按照当事人、诉讼标的、诉讼请求等析出要素。

2．规则适应审查程序

经过前两个步骤，启动对重复起诉行为的层次识别程序，当前一个要件要素不满足时，不进入后一审查程序。审查的标准为前述的三个要件，审查的顺序为首先审查当事人实质相同要件；其次审查两诉的诉讼标的；再次审查诉讼请求的同一性和实质否定型要件；最后根据“新的事实”排除重复起诉行为的例外情形。具体对应以下四个步骤：

第三步：依据当事人要素对当事人实质相同要件识别。如果两诉主体不构成实质相同，则认定不构成重复起诉，否则进入第四步。

第四步：依据诉讼标的要素进行识别。在当事人实质相同的要件下，对两诉的诉讼标的按照法律关系说进行审查，若依据主体和诉讼标的要件认为两诉可能构成重复起诉时，进入第五步。

第五步：识别诉讼请求要件构成要素。按照两诉诉讼请求实质相同或实质否定型要件要素进行识别，匹配基本要件要素后，进入第六步。

第六步：以“新的事实”为要素识别排除情形。根据《民诉法解释》第248条之规定，对构成重复起诉的案件进行例外情形筛查，若不满足筛查要件，则认定为重复起诉。需要注意的是，在适用“新的事实”要素时，应当按照前述明确的时间基准线，以生效裁判发生法律效力时作为既判力的时间范围。对于原生效判决未查明或未涉及、原审中未提出的、原审结束前已经存在且应主张而未主张的事实需排除在外。

3．处理回应程序

对适用上述程序可能构成重复起诉或不构成重复起诉但可在前诉中一并处理的案件，进行案件处理的回应程序。在该程序的目的价值论下，处理程序主要有法官释明诉权、诉的合并追加、反诉等程序。具体对应如下：

第七步：根据不同案件结果适用不同回应程序。对于诉讼系属中的重复起诉行为，通过法官释明诉权（主要针对前诉系给付之诉，后诉针对前诉的先决事实提出确认之诉）、于本诉中提出反诉（主要针对前诉要求支付价款，后诉要求承担瑕疵履行的违约责任）、在前诉中实现诉的追加合并（主要针对共同诉讼）等程序促进纠纷的一次性解决，提升司法为民质效。

需要明确的是，在裁判文书中，需要严格按照要件适用的步骤对裁判结果进行说理论证，避免跨步骤识别、说理过于简单等不规范问题，同时避免引用外来理论加强论证说理，以实现司法裁判法理情相统一。

四、结语

禁止重复起诉规则的确立，对于减少当事人讼累、防免矛盾裁判具有现实意义，但在实践使用中出现了不同的异化态势。为此，优化禁止重复起诉规则、明确其适用标准变得尤为重要。本文即围绕这一命题展开，从人民法院司法为民的现实功能出发，通过明确要件相同需以实质为标准、要件适用存在位阶等情形，以阶层式递进构建“要件间比对，阶层式识别，差异化处理”的重复起诉识别路径，力图为重复起诉实践规制提供操作指引。

（责任编辑：高明生）

司法类案适用的问题检视与规制路径

祁晓栋　李　超*

司法案例是呈现法律思想的载体，① 类似案件类似审理被视为司法公正的应有之义。② 也正是因为司法案例对实现公平具有特殊作用，③ 党的十八届四中全会提出“加强和规范司法解释和案例指导”，进一步明确案例指导对促进释法统一的重要意义。党的二十届三中全会提出“健全公正执法司法体制机制”，这也为完善指导性案例制度、促进释法统一指明了方向。指导性案例、典型案例、公报案例等司法类案在“提升司法规范体系供给的充分性、保持司法规范体系的周延性、实现司法规范体系的融通性等方面发挥了重要功能”，④ 它们构筑的以司法类案为代表的案例指导制度，在统一法律适用标准、指导下级法院审判、丰富和发展法学理论上作用显著，有助于实现法的安定性。⑤ 通过司法类案指导司法实践，对全面落实司法责任制具有关键意义，⑥ 更重要的在于，将类案适用与法官审判参照类案相连接，最核心的目的是为了满足司法公平公正和司法审判效率的双重需求。

---

* 祁晓栋，法学硕士，上海市长宁区人民法院商事审判庭（互联网案件审判庭）庭长。李超，法学硕士，上海市长宁区人民法院未成年人与家事案件综合审判庭法官助理。原文获全国法院第三十六届学术讨论会三等奖。

① 参见彭宁：《最高人民法院司法治理模式之反思》，载《法商研究》2019 年第 1 期。

② 参见张骐：《论类似案件应当类似审判》，载《环球法律评论》2014 年第 3 期。

③ 参见蒋惠岭：《法律统一适用机制再认识》，载《法律适用》2007 年第 3 期。

④ 顾培东：《我国成文法体制下不同属性判例的功能定位》，载《中国法学》2021 年第 4 期。

⑤ 参见刘峥：《指导性案例旨在实现法的安定性》，载《人民法院报》2013 年 2 月 8 日第 2 版。

⑥ 参见高尚：《司法类案的判断标准及其运用》，载《法律科学（西北政法大学学报）》2020 年第 1 期。

一、堵点：司法类案适用的问题检视

司法类案的适用在发挥积极作用的同时，在效力、发布及检索运用过程中也存在不同的问题，影响法律适用统一的效果。

（一）效力生成：不同层级类案对法官约束力不同

1. 缺乏具有稳定性效力来源的法律规则

通常来说，在案例适用场域中，法官坚定选择案例的依据就是案例具有稳定性的效力来源，包括明确的法律规则和解释，但指导性案例由于缺乏立法支撑，其效力也一直处于争议状态。

以指导性案例为例，是否具有效力以及具有多大程度效力成为指导性案例能否有效适用的先决问题。《最高人民法院关于案例指导工作的规定》中明确了两个案件在相似情况下，法院审理时应当予以参照。然而，对于“应当参照”如何进行理解，存在不同看法。有观点认为，可理解为“必须参照”的意思，这是实现案例指导制度的价值的必然要求。⑦ 相反观点则认为，“应当参照”中的“应当”具有强制性、命令性，约束性较强，而“参照”具有参考、指引之意，两个语词相组合造成指导性案例没有稳定效力来源。⑧

概言之，包括指导性案例在内的司法类案效力来源的不确定性，导致司法类案本身具有一定的不确定性，法官在参照司法类案时，就存在适用风险，同时相关立法并没有规定法官不参照的后果。这使得实践中法官援引、参照司法类案率并不高。

2. 法官多种角色的重合影响司法类案的适用

法官作为社会中的一员，受社会关系、社会理念影响，其本身不可避免地会得到积极或消极的社会评价。在作为居中裁判者时，法官代表法院依法独立行使审判权，在此角色下，需要保持绝对的中立，在依法查明事实，严格准确适用法律的基础上进行裁判。而在社会、司法和权力三重因素叠加影响下，法官多种角色存在重合，在司法类案这一问题上，不同的法官会基于

⑦ 参见胡云腾：《案例指导制度的构建意义深远》，载《法制资讯》2013年第10期。
⑧ 参见陈树森：《我国案例指导制度研究》，上海人民出版社2017年版，第87页。

不同的角色定位体现出不同态度。注重社会因素的法官，往往会考虑裁判的社会效果，为避免违背司法类案导致负面社会评价的情况，通常倾向于选择适用司法类案。注重司法因素的法官，则更加偏重考虑法律适用上的准确性，影响他们裁判的只能是法律，故对司法类案的适用较为消极。

（二）规范发布：司法类案专题式发布的隐忧

1. 批次主题比例不协调与审判需求多元化的冲突

以指导性案例为例，从第23批指导性案例开始，最高人民法院专题式发布指导性案例进入常态化。虽然案例发布的批次主题多样，涵盖多种范围，但细查不同类型的案件数量，可以发现数量并不均衡。总体上，知识产权类与生态司法类案件居多，第28批、第29批指导性案例中，有14个是知识产权案例，第24批、第31批、第37批、第38批指导性案例中的生态司法案例共有35个。从第23批至第29批指导性案例中，上述两类案件基本占据半数。

虽然司法类案专题式发布，有着确定类型和遴选效率的优势，但从整体上看，指导性案例类案发布仍无法满足实践中审判需求的多元化，理由如下：一是适用的范围有限。以指导性案例中占较大部分的知识产权案例为例，知识产权类指导性案例关涉的法律关系因为强专业性、法律关系复杂，使得裁判思路无法对应地方实践中的知识产权新情况、新问题。⑨二是判断同案的标准不清。两个案件可能存在很多方面的相似，也会存在很多方面的不同，相似的属性可以将两个类似案件概括为一个集群即构成“同案”，⑩但如何构建案件相似性的标准却一直是未决的难题，相似性判断也容易造成主观恣意。

2. 与司法解释混同消解案例价值

在发布的司法类案中，裁判要点是整个司法类案的核心，可以说是案例的关键所在。从体例结构上看，裁判要点也是居于标题、关键词之后。根据《〈关于案例指导工作的规定〉实施细则》第9条、第11条之规定，裁判要点

⑨ 参见董凡、李青文：《我国知识产权指导性案例司法适用的现实考察与完善进路》，载《电子知识产权》2022年第5期。

⑩ 参见孙海波：《重新发现“同案”：构建案件相似性的判断标准》，载《中国法学》2020年第6期。

是唯一可以被裁判文书援引之处，且是案例本身的精华所在，故而法官、律师、案例研习者等对此颇为关注。从裁判要点的内容观之，指导性案例中的裁判要点通常是对案例规则进行提取后的凝练表述，这与司法解释中单独的条款具有一定相似性，同时，部分司法解释也存在对指导性案例中裁判要点吸收的情况。⑪ 有观点认为，指导性案例与司法解释是散装与整装的关系，指导性案例是个别的抽象，司法解释是整体的抽象，从法理上来说，指向相同目标的不同制度，彼此之间存在着紧张关系，只有不断发挥制度自身优势，维系自身制度存在价值才会取得竞争优势。⑫ “在裁判之前添加类似法条的要旨，这种做法是多么危险。其表达方式类似法条，会引致要旨本身可以独立于裁判事实之外的印象。” ⑬ 正是因为指导性案例与司法解释都具有提炼、抽象出规则的作用，指导性案例中裁判要旨的特殊性引来了极大关注，但仍存在表意模糊、较为概括、有限文义等问题，这些问题加剧了指导性案例的抽象，使指导性案例与司法解释在功能上进一步交叉，消解指导性案例的价值。

（三）检索运用：类案检索机制的发展瓶颈与司法类案间的抵牾

1．类案检索机制的发展瓶颈

其一，经验的隔阂分化了不同法官群体对类案检索机制的运用。据研究表明，年轻法官是类案检索机制主要的适用群体。主要因为：一是缺乏丰富的审判经验，年轻法官需要依赖上级法院发布的司法类案来指导裁判观点的形成。而对资深法官来说，他们资历较深，审判经验丰富，知识储备富足，故而对类案检索关注点不高。二是年轻法官对于类案检索新技术的运用具有较强的适应性，也倾向于通过网络信息化手段发现类案裁判，参考类案的主观性也更强。经验的隔阂还体现在对于类案检索机制的不精准运用，使得难以发现精准匹配的可参照司法类案，这涉及检索技术等实践操作技巧问题。

其二，案件量多、结案压力大、行政事务冗杂缩减了类案检索机制的应用空间。根据最高人民法院文件规定，类案检索是法官办案过程中的强制性活动。在实践中，特别是基层法院的法官，案件量多、结案压力大，还需要

⑪ 参见孙跃：《指导性案例与抽象司法解释的互动及其完善》，载《法学家》2020 年第 2 期。
⑫ 孙光宁：《指导性案例专题式发布的实践及其改进》，载《政治与法律》2024 年第 5 期。
⑬ ［德］拉伦茨：《法学方法论》，陈爱娥译，商务印书馆 2003 年版，第 233 页。

完成各种行政事务，并没有空余时间去进行每案检索，只有确实在法律适用上存在争议，或是在新类型的复杂案件存在时方会进行检索。对于年均结案四、五百件的一线法官而言，要求其进行精准的类案检索在当前的状态下几乎很难实现。

2．不同司法类案间的抵牾

从类案检索机制的运作机理来看，类案检索机制存在一种预先假设，即找到类案也就找到“唯一正确解”。但司法适用过程中，并不是只有“唯一正确解”，而是存在一堆可容忍的结论。⑭ 这就造成检索发现的司法类案存在抵牾的情况。

以知假买假类案件为例，知假买假类案件中能否获得惩罚性赔偿在实践中存有争议。笔者通过检索发现，如“吴某林诉朱某奇消费者权益保障纠纷案”，⑮ 该案例刊载在最高人民法院公报案例中，案例内容显示，销售者对保健用品作出虚假陈述，消费者知假买假后有权向其主张惩罚性赔偿。而与此案例结论相反的是，在某省高院发布的典型案例“黄某与某商场买卖合同纠纷案”中，法院则认为非食品、药品领域知假买假的消费者，不符合惩罚性赔偿构成要件中对于欺诈行为的界定，故无权主张惩罚性赔偿。换言之，最高人民法院公报案例与省级高院发布的典型案例之间亦存在抵牾的情况。

二、缘由：司法类案适用问题的成因分析

（一）缺少司法案例参考位阶体系与分歧案例衡平机制

其一，司法案例参考位阶体系缺乏。在我国的司法案例制度中，只有指导性案例规定了“应参照”的效力，对其他案例则没有作出明确规定。然而，按照最高人民法院公布的《关于进一步全面落实司法责任制的实施意见》（以下简称《意见》）等官方文件的表述，可以观察到，“类案”这一概念正在向更为普遍的方向发展。

⑭ 参见［德］阿图尔·考夫曼：《法律哲学》，刘幸义等译，法律出版社2011年版，第9—10页。

⑮ 参见《吴某林诉朱某奇消费者权益保障纠纷案》，载《最高人民法院公报》2014年第9期。

实践中，不仅仅只有指导性案例才能成为类案，相关书面文件中也没有要求法官在法律适用过程中只能参照指导性案例或是据指导性案例进行裁判。从地方法院案例制度实践来看，多级法院案例工作并行发展，形成判例研究的系统化。⑯ 如此一来，具有“类似性”的案件数量极其庞大，如果没有相应的司法案例位阶体系来进行控制，那么法官将很难从众多类案中精准检索，并进行参考。

其二，分歧案例衡平机制缺乏。在我国，通常是由最高人民法院进行司法释法统一工作，以实现统一法律适用之目的。⑰ 对于实践中出现的类似案件相冲突的问题，最高人民法院在2019年出台《关于建立法律适用分歧解决机制的实施办法》(以下简称《办法》)，其中明确了适用分歧解决的领导机构和决策方法。正是基于成本和效率的考虑，《办法》只处理两种法律适用分歧：一是最高人民法院生效判决之间的法律适用分歧；二是审理中的案件与最高人民法院确定原则之间的分歧。然而，如前所述，实践中繁多类案存在冲突的情况绝非少数，法官在立案检索时，也会因为检索平台、检索习惯、平台推动方式的不同，获取到不同结果的类案。

根据《办法》规定，这些类案冲突都是不可以提交分歧解决的。即使能够通过分歧提交，上级法院也无力对众多案件一一进行审查和答复。

（二）案例遴选的行政化色彩挤压案例自然生成

我国指导性案例独特的生成方式，反映了最高人民法院在指导性案例法律解释技术上的非典型运用，这使指导性案例预期效果的发挥受到很大限制，此处以指导性案例为例解释如下：

其一，指导性案例生成的目的不在于规范法官自由裁量权，而是限制法官自由裁量权行使。考虑到法律的特征，赋予法官适度自由裁量权可以更好地达成政治效果、社会效果和法律效果的统一。在规范法官自由裁量的过程中，需要综合不同类型的自由裁量针对性作出回应。对于开放裁量，审查的重点应该着眼于自由裁量权的行使是否符合程序上的规范要求，是否超脱程

⑯ 参见雷磊：《法教义学与法治：法教义学的治理意义》，载《法学研究》2018年第5期。

⑰ 参见安晨曦：《最高人民法院如何统一法律适用——非正规释法技艺的考察》，载《法律科学（西北政法大学学报）》2016年第3期。

序法规定，对于封闭裁量，则需要形式和实质两个方面进行穿透，以实现监督之目的。[18]就指导性案例制度而言，两种不同类型的自由裁量往往容易被忽视，甚至是混为一谈，且部分指导性案例中法官合理的自由裁量行为易被误解为不符合法制统一之行为。相对应地，指导性案例制度的功能也主要集中在确保地方法院在适用法律时与上级法院保持高度一致。

其二，指导性案例的控制机制具有行政化色彩。在当前我国的司法制度语境下，指导性案例制度要表明与过去不同，不仅是“参照”作用，还需要上升到能够指导法院工作的地位。[19]关于指导性案例的效力，最高人民法院发布的《关于案例指导工作的规定》中没有正面予以回应，而是试图通过强化指导性案例在地方案件审理过程中的适用来突出其在案例体系中的核心地位。故而，有学者依据上下级法院关系，得出“对不参照执行构成错案者，应按照违法裁判追究责任”这一隐形规则的结论。[20]同时，受行政化理念的影响，法官群体为了降低司法信息查询的成本，更为避免出现同案错判问题，也倾向于主动适用指导性案例，这同样强化指导性案例控制机制的行政化色彩。

（三）类案检索适用理念的错配与检索规则的缺位

其一，类案检索适用理念需待匡正。类案经验是司法资源中的有益经验，这种经验应当是辅助性角色、选择性使用，绝不能因为有多个相同判决结果的案件而直接决定待决案件的判决结论，否则将会构成对法官自主判断权的干预。

如果当事人不经过诉讼程序就能知道待决案件的结论，或是一审判决当事人不选择上诉，因为觉得二审会作出与一审法院相同的判决，此时当事人与法院的关系便是寻求司法确认，两审终审制也必定会被动摇，进而严重影响司法发挥定分止争、守护公平正义的功用。但《意见》中关于类案检索“应当”的规定，则意味着强化了指导性案例的强制参照性，这必然会对地方

---

⑱ 参见陈桂明、纪格非:《证据制度中法官自由裁量权的类型化分析》，载《法学研究》2008年第3期。

⑲ 参见刘作翔、徐景和:《案例指导制度的理论基础》，载《法学研究》2006年第3期。

⑳ 参见吴英姿:《谨防案例指导制度可能的“瓶颈”》，载《法学》2011年第9期。

法院产生影响。概言之，即便类案检索机制是为了统一裁判尺度，但是也需要在适用理念上不断吸收法院、法官诉求，提升法官检索方面的能动性，引导树立贴合实际的类案检索理念。

其二，类案检索规则的缺位。一方面，类案检索机制没有根据不同纠纷种类明确适用范围。《意见》仅是笼统地规定最高人民法院法官在承办案件时进行案例检索，但不同层级的地方法院在类案检索过程中是否具备相应的条件、有何标准、参照何种类型，《意见》均没有提及。另一方面，类案检索得出的案例适用范围存在不确定。通过类案检索得出的案例效力应当如何进行区分？在指导性案例的效力没有明确法规范依据时，指导性案例、公报案例、典型案例等司法类案之间的效力有无不同？在法官参考适用判决的问题上，是否要优先参考适用上级法院判决？如何解决因检索方式不同而得出不同类案结论的问题？这些规则均存在缺失或尚待明确。

三、优化：契合统一法律适用理念的司法类案规制路径

（一）指导性案例生成逻辑转变与效力规范证成

1．生成逻辑转变：确立类案适用的司法逻辑

受行政化逻辑的影响，指导性案例的生成往往倾向于从限制法官自由裁量权的角度出发。这在一定程度上与指导性案例制度的初衷相背离，并且指导性案例的遴选机制也是在行政化系统下运作，无法体现普遍蕴含的法律问题，也可能减损事实认定层面指导性案例的正当性。[21] 在行政化逻辑刺激下，指导性案例的法律技术层次受到影响，也阻碍客观效果的发挥，为了解决这一问题，指导性案例的生成逻辑有必要进行转换，转换为更加符合案例生成规律的司法逻辑。何为司法逻辑？即指导性案例的生成充分尊重法官的主体地位，充分尊重法官依法独立行使裁量权，在法律解释说理和法律推理论证基础上，通过司法实践形成更多基于社会共识的“经验性效力”。

2．效力规范证成：明确指导性案例“应当法源”地位

为应对指导性案例效力不明的困境，可明确指导性案例“应当法源”地

㉑　牟绿叶：《论指导性案例的效力》，载《当代法学》2014年第1期。

位，即若待决案件与指导性案例构成类似案件，原则上法官必须参照。理由如下：其一，赋予指导性案例“应当法源”地位，可摆脱二元论束缚，若法官正在审理的类似案件不引用或是不参考指导性案例，则法官需要自行进行充分的论证说理、理由阐明，否则判决的公信力将会受到挑战。其二，指导性案例的目的是为了促进释法统一，保证法律的统一适用，并非重新续造一种法律，这不在法院的职权范围之内。换句话说，即便赋予指导性案例“应当法源”地位，也需要明确我国的指导性案例制度从根本上有别于西方的判例法，且与西方判例法在文化观念、推理方法上也存在较大差异。㉒其三，赋予指导性案例“应当法源”地位，有助于稳定在司法案例领域内的位阶体系，为整个司法案例体系的贯通奠定基础。其四，赋予指导性案例“应当法源”地位能缩小法官与当事人在争议解决认识论上的差距。对法官而言，明确指导性案例的效力依据能够最大程度减少法官的某些忧虑，实现服判息诉的法治效果。

（二）类案自身体系的融贯以及与司法解释的兼容协调

1．专题内类案的体系融贯与充分说理

第一，类案专题式发布时，需要明确不同案例的侧重，着眼各自案例的特殊性，并在司法类案的编辑时能够发现并将类案间的差异予以体现，在专题式问题分析时，可以抽象出系统性的裁判规则与方案。第二，加强在案例发布时裁判理由的充分说理。现有的专题式发布的司法类案存在的明显问题之一就是裁判说理过于简单，对于要点说理的论证语焉不详，径直得出相关结论，降低了案例的参考意义。因此在案例发布时，裁判理由的编写，不必拘泥于原有裁判文书的表述，应允许适当性升华，聚焦案例中的疑难核心问题展开陈述，分析裁判思路、探究裁判方法、得出裁判结论。第三，在体例结构上，通过横向对比发现，最高人民检察院指导性案例中“指导意义”部分是对规则的升华，决定了检察指导性案例的高度和生命力。㉓因此，在指导性案例或是其他司法类案的专题式发布中，可增加“指导意义”部分，以

㉒ 参见张志铭：《中国法院案例指导制度价值功能之认知》，载《学习与探索》2012年第3期。

㉓ 参见张杰：《检察指导案例理论与实践》，中国检察出版社2021年版，第72页。

更好实现指导下级法院审理的功能。

2. 同一专题下司法类案与司法解释的兼容与协调

与司法解释相比，指导性案例作为裁判文书援引的依据处于绝对的弱势地位。在促进法律适用统一的维度下，指导性案例与司法解释应当是共同进步、发展的。指导性案例的优势在于避开了单一的法条，通过生动的案例阐述复杂法律关系，司法解释虽以条文形式，但却有整体和系统化优势，两者之间应互为补充。故在同一专题下，指导性案例与司法解释应当保持兼容协调。例如轰动一时的昆山龙哥反杀案、山东辱母案等引发关于正当防卫问题的讨论，最高人民法院、最高人民检察院、公安部联合出台《关于依法适用正当防卫制度的指导意见》及系列典型案例，随后，第144号指导性案例（张那木拉正当防卫案）发布。虽然单个的案例不属于专题发布，上述三部门发布的文件，也非正式司法解释，但是这恰好反映了两者之间具有互相照应和配合的基础。这种点面结合的方式能够更好地实现规则与规则适用的效果。㉔

概言之，在地方，人民法院也可以通过将司法类案与司法规范性文件相结合发布的形式，扩大专题式类案发布的影响力。在中央层面，司法解释与指导性案例完全可以针对同一主题，由最高人民法院联合有关部门进行专题式发布，从而增强专题式发布的效果。

（三）技术、制度与应用的多阶层规范构造

1. 技术层面：类案检索技术的迭代与更新

其一，类案结构规范化。为了增强类案推送的准确性，首要任务是明确定义案例结构，并在此基础上将其细分为不同的标签类型。目前，各地法院的案例检索系统基本都是由法院与信息技术公司合作开发，而从事源数据代码开发的人员并非一定具备法律知识。而实际上只有清楚知晓法律关系、懂得法理基础，才能准确地进行法律源数据代码的开发，进而实现类案结构的精细化、规范化。因此，需要明确法律工作者对系统的应用需求，让法律工

㉔ 参见指导意见起草小组：《〈关于依法适用正当防卫制度的指导意见〉的理解与适用》，载《人民司法（应用）》2020年第28期。

作者进入到基础数据标签工作中。同时，还需要对入库案例来源、层级、效力明确标记，从源头保证案例基本信息完整性。此外，为方便法官检索应用，还可以对案例质量进行参考性标注。

其二，类案推送系统集成智能化。当前的类案系统多种多样，除了《意见》中的法信等网站，地方法院也都有自己的案例系统。最高人民法院开发的人民法院案例库目前已正式投入运行，为统一法律适用起到了重要作用。但也存在案例库中案例较少、可参考对象不多的问题。因此，需要进一步加强顶层设计，加大各级人民法院案例库入库案例遴选工作，并统一语义库、文字库、数据库，保证不同法官检索时能够发现相同的类案。

2．制度层面：类案检索规则的系统构建

其一，明确类案检索机制的功能定位。类案检索机制确实追求的是同案同判，但同案同判的更大意义在于，让法官注重类案裁判中的思维进路和思考方式，而不是为他人裁判结果所禁锢。[25]故而，类案检索机制是一种辅助性机制，是一种辅助法官办案的工具。同时，类案检索机制在适用上并非强制性，而是具有可选择性，这是基于当前基层法院法官人均办案量过大的考虑。因此，对最高人民法院、地方高院、中院，可以明确强制性类案检索的要求，而对于基层法院法官，不必强求每案必检。

其二，明确类案检索机制的适用范围。如果要求所有案件都需要进行类案检索，显然不符合实际工作情况。因此，可以明确在下列案件中适用类案检索：一是重大疑难、复杂案件。此类案件进行类案检索主要因为法律适用存在较大争议或是案件事实较难查明，通过检索能够避免案件出现法律适用错误或者事实查明上可能存在问题。二是被上级法院发回重审的案件。此类案件经过审理后被发回重审，说明一、二审法院在案件事实或法律认定上存在分歧，因此有必要进行检索。三是新类型案件。当前社会矛盾多发，新技术、新问题不断涌现，针对新类型案件进行类案检索，能及时捕捉此类案件的审理思路和审理方向，避免案件瑕疵。

3．应用层面：完善人民法院案例库动态管理机制

其一，加强人民法院案例库应用方法指引。案例的生命不存在于案例库

㉕ 参见左卫民：《如何通过人工智能实现类案类判》，载《中国法律评论》2018年第2期。

之中，而是通过实践适用彰显案例价值，人民法院案例库为实践案例适用进而实现“同案同判”提供基础支撑。人民法院案例库建设过程中，除了遴选案例、指导审判等，更应当推动全国范围内的一线司法裁判者在案例中形成案例适用的法治自觉性。人民法院案例库建设的成效能否进一步扩大，很重要的一点在于一线司法裁判者能否掌握案例的实际运用方法，并在案例库的应用中找到指引。因此，最高人民法院应当推动司法裁判人员养成在遇到疑难复杂案件时主动自觉通过法答网、人民法院案例库查询案例并应用于办案的习惯，进而能够在两个案例之间熟练地进行案件相似性判断及适用。

其二，人民法院案例库入库案例撰写与审核的适当分离。案例相似性的判断，既包括案件事实的判断，也包括案件事实所蕴含的价值判断，上级法院与下级法院在案例入库时的分工应当予以明确。具体而言，下级法院应侧重于案件事实的归纳与法律适用解析，上级法院则侧重于案件事实的分层与案件价值的评判，下级法院承担案例撰写的主要任务，上级法院重点进行审核、把关，通过上级法院与下级法院分工配合，以实现案例入库的高质高效。

（责任编辑：张　俊）

“案—件比”指标的解构与数字化管理

叶伟为　王月青[*]

最高人民法院《人民法院审判质量管理指标体系（2024年版）》中，“案—件比”指标作为唯一的综合类核心指标，旗帜鲜明地树起“一次性解决纠纷”的风向标，并暗含纠纷化解的体系视角。基于衍生关系的复杂性，该指标仅对省级区域作整体评价，不宜直接适用于某一具体法院。① 但这绝不意味着“案—件比”指标只能用于省级法院评价，让广大中基层法院只能“看得见”却“用不了”。事实上，该指标反映了司法的规律性和体系性，能够容纳从微观到宏观的纠纷处理视野。以“案—件比”指标的解构和应用为切入点，构建“案—件差序格局”体系模型，是促使改革发挥集成效应的有力抓手，也是落实“一次性解决纠纷”，让人民群众对公平正义的“体感”从“均码正义”② 向“高端定制”转变的必然之举。

一、意象：“案—件差序格局”的形象解构与现实意义

“案—件比”指标旨在通过“案”与“件”的对比，以实质矛盾为核心，衡量一个待决事项（案）立案后，需要经历多少审执程序（件）层层扩散的“同心圆”，综合反映人民法院的司法水平和办案能力，全面衡量审判工作的质量、效率和效果。从符号意象出发，与费孝通先生在《乡土中国》中根据

* 叶伟为，工学博士，上海市虹口区人民法院党组书记、代理院长。王月青，法学硕士，上海市高级人民法院干部处副科长。原文获全国法院第三十六届学术讨论会二等奖。

① 参见《最高人民法院关于在全国法院正式施行人民法院审判质量管理指标体系的通知》（法〔2023〕246号）。

② 所谓“均码正义”，指的是现行法律为所有当事人提供相同的正义供给模式或分配模式。参见蒋惠岭：《“均码”正义》，载《法制日报》2007年8月12日第14版。

中国社会结构和人际关系特点所概括的“水波纹状的差序格局”[③]这一经典意象高度契合。

（一）何以可能：“案—件差序格局”的形象解构

基于司法秩序和程序的法定性，每个具体案件由核心矛盾向审执程序扩散的演变链路具有高度一致性，各个程序是围绕实质矛盾越推越远、越推越广一圈圈的“波纹”；关联案件各自形成“波纹”又会在时间和空间上发生聚集、互动和影响。若将案件集合抽象至省级区域范围内的所有案件，涵盖三级法院的各种程序，则能够通过量化相对全面客观地量化反映省级区域的办案能力和司法水平，反映一个实质矛盾纠纷具体或者平均泛起了几个审执程序的“涟漪”。

1.“案—件比”指标的概括性和抽象性

案件质量评估指标体系是指“根据综合评估的目的和要求，将有内在联系、并具代表性的审判管理指标，通过一定的方法建立起来的、能够反映人民法院审判执行工作总体情况的指标群组”，[④]是能够在一定程度上科学合理评价案件公正、效率、效果的“体检表”，也是法院审判管理工作的“风向标”。作为其中唯一的综合性指标，其地位和意义不言而喻。但在量化应用上，鉴于法院层级和审执程序的联动跨越，无法直接适用于某一具体法院，更切断了其作为指标应用于具体部门、法官或者案件的可能，具有显著的抽象性和概括性。

2.“案—件差序格局”的具体性和形象性

立足司法审判视角，进入法院待处理的实质矛盾纠纷就像落入水中的“石头”，与此相关的案（事）件就像“同心圆”状一圈圈扩散开来的“波纹”，以纠纷实质为中心越推越远，以此形成“差序”，并进而形成与之相适应影响范围和互动作用的“格局”。该模型既可以形象展现某一具体案件从产生到终结的推进情况，也可展示关联的数个案件之间的相互作用，进一步抽

③ “水波纹状的差序格局”形象概括了中国传统社会的社会结构和人际关系特点：“我们的格局不是一捆一捆扎清楚的柴，而是好像把一块石头丢在水面上所发生的一圈圈推出去的波纹，每个人都是他社会影响所推出去的圈子的中心，被圈子的波纹所推及的就发生联系，每个人在某一时间某一地点所动用的圈子是不一定相同的。”参见费孝通：《乡土中国》，北京大学出版社2012年版。

④ 张军主编：《人民法院案件质量评估体系理解与适用》，人民法院出版社2011年版，第1页。

象还可展示一定时间和范围内综合情况。

（1）差序：纠纷演进的顺序与密度。每一个案件都是形态各异的“石头”，落入水中时总会自内而外有序地扩散一圈圈“波纹”。基于诉讼程序的法定性，也会按照一定的次序扩展开来，决定了其方向上和顺序上的一致性和相似性：一个纠纷在成为正式诉讼案件之前可归为“诉源”；如未得以妥善解决会发展成为“案件”，并进而决定后续是否还会涉及执行、信访等。案件本身性质、复杂程度等决定了其产生的审执程序的“圈数”和各个圈层的“密度”，既体现整体规律的一致性，也能体现个案的特殊性和差异性，构建起进行同质化比较的基础。

（2）格局：案件影响的范围与控制。与矛盾发展过程形成“差序”相适应，圈数越多、各圈层之间的距离越远，影响的面积和范围就会越大，影响的社会关系也就越多、越深远，也就意味着治理成本越高、越困难。有的矛盾纠纷随着浅小波纹推远与推薄，仅仅泛起很小的“涟漪”；而有的案件却能掀起“惊涛骇浪”。案件波及影响范围就是纠纷化解需要关注和控制的基本“格局”。如何立足审判职能的“此时此地”，在目力所及的范围识别、控制并阻断矛盾纠纷的进一步演进，是进行审判管理的意义所在，否则，即使是“不作为”都有可能成为“推波助澜”的力量。

3.“案—件比”与“案—件差序格局”互为表里

就本质而言，“案—件差序格局”所描摹的就是纠纷从中心出发扩散而出的程序圈层，因为各个圈层的距离和数量不同，可能的影响范围各有不同；而“案—件比”则是高度抽象之后，整体司法程序消耗与具体矛盾实质的量化比值。两者在形象上具有高度的一致性，也可作为对于司法实践和司法规律一体两面、互为表里的描摹和展示。“案—件比”是对案件程序宏观角度的统计和测量，能够客观展现综合质效情况，并基于能以具体数值量化而具有可比性；而“案—件差序格局”所指称的既可以是某一具体案件的情况，也可作为一定范围内矛盾纠纷集合情况的展示，具有立体直观的特点，并可以从不同维度进行解析和测量，能够进一步将“案—件比”落实到各个层次的实际应用中。

（二）何以必要：“案—件差序格局”的现实意义

《人民法院第三个五年改革纲要（2009—2013）》指出，要“着力解决人民群众日益增长的司法需求与人民法院司法能力相对不足的矛盾”。[⑤] 历经多年努力，人民群众司法需求增长与人民法院司法供给不足的主要矛盾虽然仍未改变，但司法供需矛盾中关注的焦点层次却明显历经了由低到高的变化。

1．从“均码正义”向“高级定制”的必然要求

近年来，法院在持续推进审判现代化的过程中，采取很多改革和举措设计很好也很重要，但法院办案压力与日俱增、各项工作日益繁重，人民群众对公平正义的“体感”却不强反弱，很大一部分原因就在于法院内部管理视角与人民群众外部视角产生了认知差异，导致主观感受的错位。法院总是倾向于将有限的精力投入管理“特别”的案件，如主体特殊、标的巨大、关联案件多、审理时间长等类型的案件。而绝大多数真正与广大群众的民生攸关的案件，却属于法院管理视野中的“普通案件”。群众作为案件当事人可能一辈子唯遇一个诉讼，自希望法官全心全力以待，支持自己眼中的“正义”；而法官所给出的是经过事实裁剪和法律涵摄之后的其眼中的正义。尽管法律是适用于不特定人的抽象的规范，某种程度上讲所有法律规范都属于均码规范，[⑥] 因此对正义判断具有客观标准，但关于公正的主观感受亦客观存在。如何能够在不增加法官额外负担的基础上，实现统一规范尺度下对不同的案件的“量体裁衣”，是实现正义“高级定制”必须研究的课题。而这种“高级定制”并非要求法院对当事人要求的全面满足，而是使当事人基于对司法公正与效率的认同，和即使败诉也能够坦然接受的“熨帖”。“案—件差序格局”则可以提供宏观至省级区域综合审判态势、微观至具体个案演进的模型，形成有效的内外联通管理工具。

2．从“零敲碎打”到“系统集成”的应有之义

中国特色社会主义的法治道路无经验可循，司法体制改革也并非简单的堆砌叠加。以体系化思维引领和确保各个机构设置、各项改革措施和管理手段不交叉、不重复、不缺位、不冲突，才能避免“今天的改革成果，成为明天的改革对象”。[⑦]“体系”集中体现了司法的秩序性和统一性，“秩序”是一种可

⑤ 《最高人民法院关于印发〈人民法院第三个五年改革纲要（2009—2013）〉的通知》（法发〔2009〕14号）。

⑥ 蒋惠岭：《“均码”正义》，载《法制日报》2007年8月12日第14版。

⑦ 何帆：《积厚成势——中国司法的制度逻辑》，中国民主法制出版社2023年版，第28页。

以被理性把握的内在的、从事物本身加以证立的一致性；“统一性”则使“秩序”不会分裂为毫无关联的具体问题。[⑧]就司法体制而言，其具有非封闭和可变迁的特征，在每一项重点改革任务尚未理顺、未有机地成为体系一部分时，就会像散落的“木板”，位置放得不好或者不对，就会成为压在法官身上的负担，甚至成为打在身上的“板子”。唯有在体系性思维的引领下，将法院各项重点工作置于容量足够大、层次足够丰富的模型中，并进行自上而下的统一设计，才能让每一项重点工作的“木板”有序搭建成为实现司法公正与效率的“平台”。通过“案—件差序格局”中所蕴含的体系化思维，能够有效消弭改革“零敲碎打”所产生的张力，强化系统性协同的聚合度，形成系统集成效应。

二、模型：“案—件差序格局”的基本要素与认识维度

由“案”到“件”的管理和应对是复杂的系统工程，既涉及主体之间的权责博弈，也是主客体相互作用的结果，既涉及诉讼进程衍进和延伸，还涉及风险的评估与管理的介入，甚至还与时间空间相互关联，具有多维度和立体性的特征，有必要从基本要素入手，在不同的维度拆解“案—件”的演进逻辑和关联因素，搭建案—件差序格局“水波纹”状立体动态模型。

（一）“案—件差序格局”的基本要素

法院作为国家司法机关，主要就是围绕司法职能由“人（和组织）”来处理“案（事）件”。“人（组织）”为主体，“案（事）件”为客体，相互之间的关系中会存在具体的场景和映射关系，如何做好相互关系的正向促进与反向控制，是法院得以良性运行的重要因素。

1. 主体：以人（组织）为核心平衡“权与责”

作为法院职能基本样态中的主体，“人（组织）”在此处仍是从抽象类别上的描述。而这些主体基于角色位置，围绕“权与责”会形成盘根错节的关系，并在不同主体之间的关系中形成要素的体系框架。从法院视角，主要体现在如下三个层面：（1）互动：法院与诉讼参与人。基于案（事）件的化

⑧ 参见［德］克劳斯·威廉·卡纳里斯：《法学体系中的体系思维与体系概念——以德国私法为例（第2版）》，陈大创译，北京大学出版社2024年版，第5页。

解，以权利义务体系的应用为目的，法院作为一个整体，以职权为“外衣”将其内部人员的权责划分包裹起来，与诉讼参与人之间发生互动，是司法职能的集中体现，也是主客体关系中最为核心的内容。（2）内观：法院组织架构。法院是司法机关，但同时也是“人”的集合，本身就是一个复杂的系统。例如，基于审判人员、审判辅助人员和司法行政人员的分类管理模式下，还存在职责部门的划分和权责的区分，让每个具体的人成为国家机器能够铆合和运行的“零件”，其运行是否顺畅，直接关系到法院工作的效率和质量。（3）外照：群众与其他组织。除了涉及具体案（事）件的主体，法院也与人民群众或其他组织基于组织运转、社会治理和法律服务等方面存在联系，共同构成社会系统治理的重要组成部分。

2．客体：以案（事）件为依据连接“审与管”

法院行使司法职能的客体就是案（事）件，其中“案”是审判权运行的具体表征，亦是审判管理的对象。矛盾纠纷的产生和发展、案（事）件的处理都需要时间和过程，并呈现较为显著的规律性特征。（1）案（事）件演进的规律性。通常，在没有恰当介入因素予以调处干预的情况下，矛盾纠纷的发酵一般遵循从潜在矛盾发展为显性矛盾，从小矛盾发展为大矛盾的规律。能否提前发现和介入，是防止其进一步演进的基础。（2）案（事）件特定的时空性。矛盾纠纷的产生和演进往往黏附于具体地点和具体的时间，即其存在依附于特定的空间和时间环境。案件事实的发生发展本身具有相应的“事实坐标”，亦会在矛盾化解过程中，因管辖、诉讼时效、审理流程等获得“法律坐标”，而具备双重时空“坐标”。（3）案（事）件化解的程序性。当矛盾纠纷无法实现内部调和，需要司法力量介入化解，其化解和处理往往都具有固定的流程。

3．关系：以主客体映射为基础贯通“人与案”

主客体之间的关系通过映射体现于具体的场景之中，既有因关联而生的固有关系，也会产生为增强或者校正作用力和反作用力而产生的管理关系，能有效将主客体贯通起来。（1）因联系而生的固有关系。基于实现司法职能和目的，主客体之间存在天然的联系和因之而生的固有关系，例如法院与诉讼参与人之间的关系、法院内部组织管理关系以及法院与其他组织和群众的关系等。（2）顺应规律的正向促进关系。在理想状态下，通过各方合力以及管理机制的运作，应当正向促进主客体之间关系在契合审判权运行规律的情境下良性运转。（3）“反管理”倾向的负面干扰关系。基于个体成长与组织原则存在冲突、传统科层管理模式存在不足以及指标体系不等于个案质量等因素，可能产生“反管理现象”。⑨实践中既不存在“标准案件”，也没有绝对科学有效的审判管理方式和管理人员。作为阳光之下“阴影”的反管理倾向或者措施会产生负面作用，对不当管理措施的“反弹”。

（二）“案—件差序格局”的认识维度

基于纠纷演进的规律性、特定的时空性和化解的程序性，主体之间、主客体之间存在固有的或正向、负向的作用关系，“案—件差序格局”形成的是一个非封闭、立体化的模型，在横向、纵向和时间维度均能找到相应的“截面”。

1．横向维度：“同心圆”式的影响范围扩展

如果取该立体模型的横向截面，所得到的就是以同一“圆点”为核心的

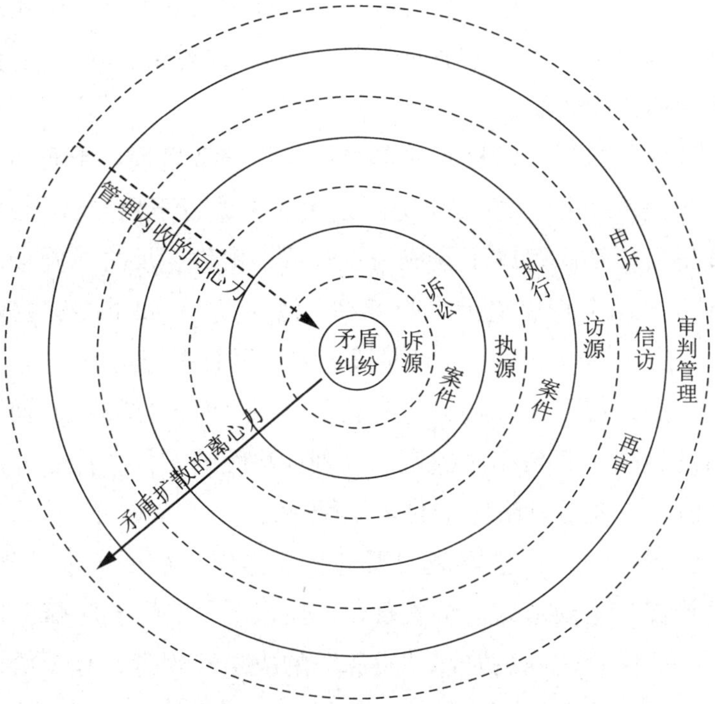

图1　“案—件差序格局”横向截面示意图

⑨　参见冯丽君：《金字塔原理在案件质量主要指标体系中的运用——兼谈检务管理中反管理现象反制》，载《人民检察》2023年第20期。

程序圈层。以矛盾潜在性为虚线、实际形成的案件为实线，就会形成虚实交替的“同心圆”。

（1）以矛盾纠纷实质为“圆点”。“案—件比”指标的设置旨在推动矛盾纠纷一次性解决，而暗含的现状和问题，则是由于没有精准识别矛盾实质而出现多个衍生案件；或一个纠纷历经多道诉讼流程未得以妥善解决，出现“程序空转”等问题。因此，在纠纷差序格局中，首先就要准确定位和把握该矛盾的核心和实质，形成唯一、确定的“圆点”。

（2）从“案”到“件”的层层推开。从纠纷到案件，由虚到实的“同心圆”一层层推开、扩展，如果未在上一层次妥善化解，在矛盾扩散“离心力”的影响下，层次会越推越多，范围也会越推越大。法院审判管理则旨在施加内收的“向心力”，试图通过有效的管理手段限制矛盾扩散范围。

2．纵向维度：“波浪线”状的风险管控延伸

从纵向截面来看，从中间向两侧呈现对称波浪状展开，以实质矛盾为中心，以水平线为界分，潜在矛盾为“谷”，显性纠纷为“峰”，将会形成阶段性、高低不同的波浪曲线。

（1）“峰”与“谷”：潜在矛盾与显性纠纷交替呈现。矛盾纠纷的发生具有客观性，拟进入诉讼程序的纠纷，会在水平线以下以“谷”的形态呈现。如果该阶段得妥善解决，则不会成为正式诉讼案件，反之，则会成为显性的“峰”。正式进入每个程序之前，都存在“潜伏期”，如果能够在前端妥善化解，则不会发展延续至下一个显性阶段。习近平总书记指出，“法治建设既要抓末端、治已病，更要抓前端、治未病”。⑩ 但何为“前端”、何谓“未病”，并没有绝对的界限，而是相对的概念。进入法院的案件，控制并阻断矛盾纠纷的进一步演进，就是对该理念的诠释和落实。

（2）“高”与“低”：主客观因素的相互作用与表征。进一步分析“峰”与“谷”的构成与呈现形式，会发现每一阶段的“高”与“低”决定了波纹走向与展开。而决定“峰高”和“谷深”的决定性因素，是矛盾纠纷形成和发展的主客观因素，介入其中的管理等行为也会对其产生影响。在各种因素

⑩ 习近平：《坚定不移走中国特色社会主义法治道路，为全面建设社会主义现代化国家提供有力法治保障》，载《求是》2021 年第 5 期。

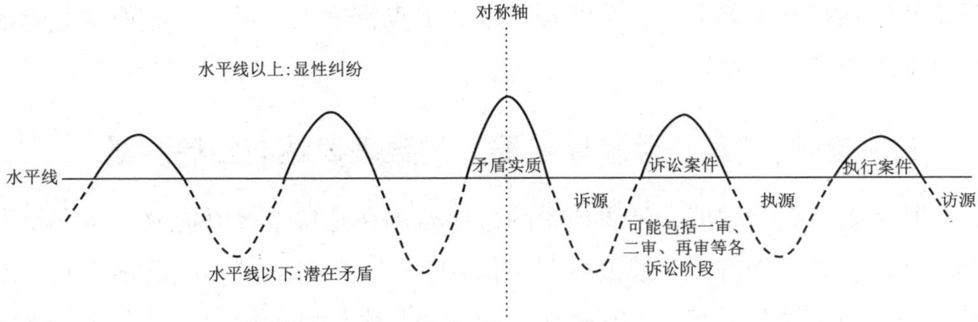

图 2 “案—件差序格局”纵向截面示意图

共同作用之下，决定其为一个风险较低的一般案件，还是风险较高的重大敏感案件。

（3）“缓”与“陡”：矛盾风险的消除、积累与反弹。和“高”与“低”相匹配，坡度的“缓”与“陡”也能够客观反映矛盾纠纷能否化解以及化解难易。矛盾化解的过程，就是一个“削峰填谷”的过程，如果通过前一阶段不断消除矛盾风险因子，使之愈发趋于平缓，也就意味着在下一个阶段浮出“水面”时峰高降低、坡度变缓；反之如果矛盾进一步积累叠加，则可能会使坡度越来越陡峭，而变为显性纠纷时，则会峰高进一步增长、坡度进一步变陡峭，也即矛盾不仅没有被消解，反而呈现反弹趋势。

3．时间维度：“坐标轴”样的流程节点推衍

非诉方式具有可协商、可跳跃、可并行和可反复的特征，而诉讼程序则必须按照法律规定的步骤和方式严格按照时间秩序和流程规定朝着固定向度推进。流程的时序性与具备法律意义的事实相结合，形成可识别和标记的节点。从矛盾实质的“圆点”出发向外延伸时间坐标轴，以流程推进为线轴，形成“同心圆”的最大半径，也决定了矛盾纠纷的影响范围；以节点间隔为标记，线轴与每个圈层、与波浪线都会形成交点，而这一系列“交点”，就是

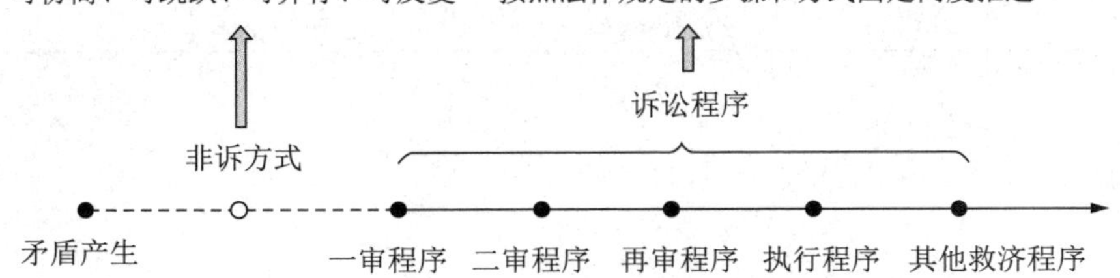

图 3 “案—件差序格局”时间坐标轴示意图

诉讼纠纷推衍的重要节点，从线轴长度和节点密度上，可以一定程度上标记案件办理的进程和效率。

三、量化："案—件差序格局"的数理表达与经验测量

基于上述三个维度，矛盾纠纷的差序格局在意象上可以构成横向维度为"同心圆"、纵向维度为"波浪线"、时间维度为"坐标轴"，以及整体上立体动态的"水波纹"样态。尤其是在纵向剖面与坐标轴的结合，具有显著的分段二次函数特征，也具有结合经验测量进行数理表达的可能性，能够在静态和动态、平面和立体、时间和空间上，对由"案"到"件"的发展进行可视化的预警、跟踪、管理和评价。

（一）构建以分段二次函数为基础的数理模型

在意象上纵向截面总体呈现"波浪线"形结构，具有分段二次函数数理特征。但基于矛盾发展的不同，又会呈现截然不同的曲线表达。例如，通常情况下随着案件化解的有效推进，总体曲线形态应当呈现一种越推越缓、越推越薄的状态，这是司法实践中的基本常态，也是我们想要达到的效果，可以定义为"正差序格局"；但也会存在一些个别的情形，因为某些因素或环节处理失当，反而会连锁引起难以预料的"惊涛骇浪"，呈现"乱序"或"逆序"的状态。

1. 基本模型：正差序格局的图像与表达

在整个立体结构中，如果以差序格局的"圆点"为"原点"构建坐标轴，

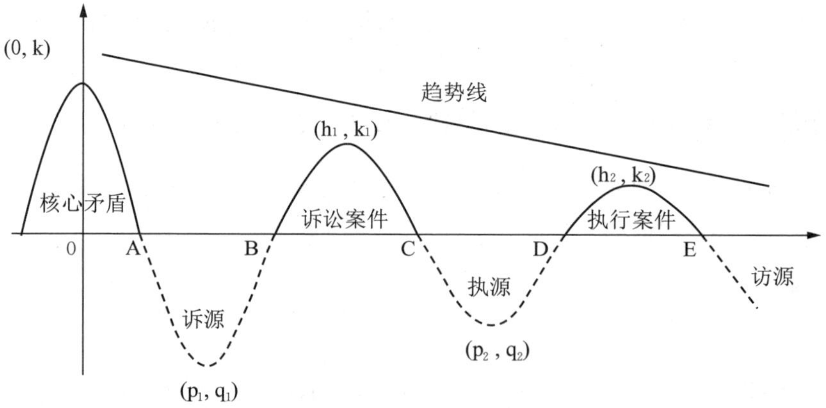

图4 "正差格局"模型示意图

各阶段曲线会呈现分段二次函数 $y = ax^2 + bx + c$ 的样态。鉴于二次函数的顶点式 $y = a(x - h)^2 + k$ 在图形和数字表达的结合上更为直观，后文主要整理为顶点式呈现。因审判程序中可能涉及一审、二审及审判监督程序，执行中也可能会有不同程序和阶段，实际可能会存在或多或少的波段。

2．衍生模型：乱序格局和逆差格局形态

尽管实践中大多数案件的化解也符合正差序格局的形态，但也有不少案件伴随波峰和波谷起伏，趋势线会呈现波折的乱序格局甚至趋势线上扬的逆序格局，其风险和影响都可能一再扩大和发酵。此类情形虽未必是多数或者常态，却是最需要引起重点关注的案件，必须做好矛盾风险的发现、跟踪和管控。需要设置一条或数条风险提示基准线，对矛盾风险发展超过预先设定的基准量时即触发管理提示，通过施加审判管理的“向心力”来抑制矛盾扩散的“离心力”，使纠纷始终能够处于法院的可控范围内。

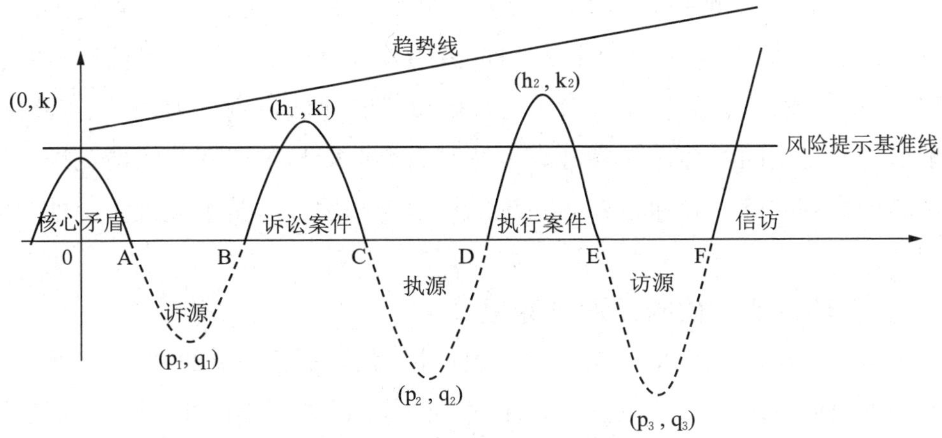

图 5 “逆差格局”模型示意图

（二）完善以基本要素为影响因子的参数设置

结合上述模型的图像性质解构，案件相关的常数和系数等参数的设置是准确描摹纠纷发展进程和状态的基础，并与案件相关的主体、客体和映射关系与作用形成量化对应关系。在要素基础上实现参数的具体量化与对应，为通过数值变化动态直观感受整个案件进程的演进提供了可能。

1．案件特征参数的设置与标记

世界范围内对案件进行标准化测算实践时间较长、影响较大的是美国的“权重工作量法（Weighted Caseload）”。该方法主要由两步组成，第一步是把某类型案件所花费法官的平均工作时长与所有案件的平均工作时长作对比，得出此类案件相对于所有案件的工作量权重；第二步通过“德尔菲法（Delphi）”，邀请一定数量的法官与专家，把复杂程度等因素纳入工作量权重的考量，出于避免极端“唯数据化”目的，再次对工作量权重进行纠偏。[11]上海法院权重工作量以案由和程序为基础，以庭审时间、笔录字数、审理天数、法律文书字数四项要素为计算依据确定案件权重系数，辅以固定系数和浮动系数的补充和调整，亦提供了一套可行的权重工作量计算方法。

2．主体特征参数的设置与标记

矛盾纠纷的处理具有一定的客观性，但是也在很大程度上取决于参与其中的主体，既包括案件当事人，也包括审理案件的法官。根据最高人民法院《关于进一步完善“四类案件”监督管理工作机制的指导意见》（法发〔2021〕30号）第2条相关规定，“本意见所称‘四类案件’，是指符合下列情形之一的案件：……（二）涉及群体性纠纷或者引发社会广泛关注，可能影响社会稳定的……（四）有关单位或者个人反映法官有违法审判行为的”。实践中，各地纷纷建立“四类案件”参考库，并对两类可能与主体有关的情况进行进一步的细化和明确，并通过办案系统的提示与触发，已基本实现“定性”的识别。

3．管理特征参数的设置与标记

对案件的管理和介入，是矛盾纠纷向外扩张时不断施加的“向心力”，能够调整各段函数对称轴的位置，并压缩“同心圆”的范围。推进司法责任制监督留痕等问题，在“纸质化”办公时代长期难以解决，而依托信息化技术，审判工作全流程都可以在办案平台运行，全程留痕基本可以实现。[12]

（三）形成量化触发与层次管理的可视化应用

基于客观情况的复杂性，绝对精准的量化是不存在的，但根据经验和司

⑪ 参见黄海锭：《美国州法院法官工作量评估方法》，载《人民法院报》2017年3月24日第8版。

⑫ 参见何帆：《全面准确落实司法责任制的三个维度——兼论中国特色司法责任体系的形成》，载《中国法律评论》2023年第1期。

法规律可以得出相对具有可比性的数值作为管理的参考和依据。也即上述参数量化的目的，不在于精准赋值，而在于科学比较。通过办案系统对基于案由和程序的案件特征、基于当事人和法官的主体特征以及各类管理手段进行系统化的具体量化，设置一条或数条风险提示基准线，即可在达到量化标准时，触发相应的管理措施。事实上，只要案件数据信息扎实或者获取数据信息的途径便捷，系统计算的方法可以非常简单。只是因为数据信息不全面、不精准，所以需要用各种“科学的”方法论来弥补，做统计学上的操作化。⑬当矛盾纠纷推进过程中相关数值达到参考线数值，即触发相应的预警机制由承办组织予以确认并落实具体措施，并可将触发情况同步推送给相应的管理主体。在动态发展中，如果风险程度降低至管理线以下，也可允许降低监管等级，形成分层、动态、可进可出的可视化管理。甚至还可以关联形成关于人民法院案例库的要素定位和量化管理，通过要素的分类归拢，使入库案例为案件办理提供强大参考引擎。

四、应用：“案—件差序格局”的整体驱动与四维面向

“案—件差序格局”本身是一个兼具动态与静态、平面与立体、时间和空间的模型，在整体驱动的思路下，还要特别关注系统性应用过程中的不同层次和维度，实现以“器、术、道、势”所表征的技术基础、管理手段、司法规律和治理生态的统一。

（一）利“器”：夯实信息数字化测量基础

技术创新是推动经济社会发展的关键变量，也是司法大数据服务法院数字化变革的逻辑起点。与艺术作品的独创性不同，科学技术之所以成为生产力，源于技术可复制和可推广，故而为“器”，也使审判管理得以从模糊管理向精准管理转变，从被动堵漏洞向主动防风险转变。以全流程网上办案为基础，无论是案件信息还是审判指标，均能具体为系统数据；无论是当事人、法官、具体案件或一定时空范围内的案件集合，甚至管理行为都可以被大数

⑬ 参见程金华：《法院案件工作量测算的“中国方案”——司法大数据时代的探索方向》，载《法律适用》2020 年第 3 期。

据描摹。如果案件数据颗粒度过粗，仅仅勾勒出作为一个案件的最基本特征，是无法从细节上描摹整个案件推进过程并进行数字化处理的。而司法审判中恰恰需要的是对细枝末节、微小差异的区分和精准量化。从零星数点或者粗线条的匹配，到精确像素化的匹配，需要全面夯实案件信息数据化基础，这也是实现“案—件差序格局”数字化应用的前提。

（二）优“术”：串联全流程管理配套措施

在有效识别、定义前端矛盾的基础上，更需要通过具体的管理举措解决如何将矛盾纠纷纳入可控范围内，有效防止其进一步发展演变扩大的问题。“案—件差序格局”本身所讨论的就是矛盾纠纷从产生到了结的全生命周期，相应的管理配套举措也应当涵盖整个管理流程。把原本分属由不同牵头部门负责的事项从顶层设计角度进行统筹，有利于提升管理效能。在体系化思维的引领下，从进入法院视野开始，将诸如“程序空转”的识别管理、“四类案件”的标记管理、“阅核制”的流程管理、“三同步”的发现与启动等通过“案—件差序格局”系统化串联在一个量化触发和管理的体系内，形成关联互动的应用模式，甚至也对基于案例要素的归拢，形成更加智能有效的案例库构建和应用方案。

（三）明“道”：解析体系联动的司法规律

规律是事物之间的内在的必然联系，决定着事物发展的必然趋向。如何深层次把握和平衡各项重点工作之间的关系，是用好规律实现系统性良性运转的关键。法律作为一般性的行为准则，旨在进行类型化的判断，个案的特殊性没有摒除其性质上归属于某一类别的可能性。[14]“案—件差序格局”不仅能体现于具体个案的演进链路，还能展现更广阔范围内趋势和状态，并进行测量和比较。通过对“人与案”“审与管”“权与责”的关系与互动规律的解析和认识，实现“案—件差序格局”从个案到类案、从局部到整体多层次精准描摹，能够进一步强化并扩展司法大数据在审判和管理等场域的作用。

---

⑭ 参见陈景辉：《同案同判：法律义务还是道德要求》，载《中国法学》2013年第3期。

（四）乘“势”：融入社会综合治理生态圈

矛盾纠纷的综合治理是一个复杂的系统工程，关涉到社会方方面面治理主体和治理资源的配置和综合运用，要求每个治理主体专注于视野范围内的矛盾纠纷，还要从系统性做好衔接、处理好相互之间的关系。既需要自上而下的整体设计，又要在法治化轨道上创造局部环境，共同推动治理生态良性循环。司法的被动性决定了法院在社会综合治理中既表现总体上的谦抑性，又要有所作为在其目力所及范围内尽量控制阻断矛盾的扩大和演进。在实现社会各个治理主体数据流通基础上，扩展与“案—件差序格局”模型关联的社会综合治理生态圈，能进一步提高社会治理的效率和精确性，加强跨部门、跨业务、跨系统的协同治理。这也是乘“数字中国”建设之势，顺全国法院“一张网”建设要求而为的必然之举，也是数字时代以审判工作现代化支撑和服务中国式现代化的重要引擎。

（责任编辑：张　俊）

民事诉讼政策与民事司法裁判

赵言荣*

民事诉讼政策作为国家法律政策的重要组成部分，对民事诉讼实践有着巨大影响，其实施将直接影响民事诉讼法规范的适用和民事裁判方法的选用，进而影响司法个案裁判。然而，作为民事诉讼与政策相互交叉的领域，学界对之并未进行深入研究和讨论。何谓民事诉讼政策，其外延为何、具有何种特征，与法律政策、司法政策等相关概念的关系如何，为什么要在民事诉讼中适用民事诉讼政策，其在民事诉讼中发挥何种功能，种种问题都需要系统研究以寻求答案，从而在民事诉讼实践中正确处理政策与法律的关系。

一、民事诉讼政策的含义

（一）政策

在界定民事诉讼政策的含义之前，首先要界定何谓政策。张嘉军教授认为，政策系某种组织或机关为实现一定时期内的目标而制定的用以指导和规范人们行为的准则或者隐含在有关文件中的国家或领导者的一种态度。① 首先，政策的制定是为了实现一定的目标。其次，政策是为了实现一定时期的目标而制定，因而政策具有易变性，随着形势的发展，目标可能会改变，政策也会相应改变。最后，政策的内容是指导和规范人们行为的准则，或者隐

* 赵言荣，法学博士，中国政法大学民商经济法学院副教授。本文系 2019 年国家社科基金年度项目“影响我国法官裁判方法选用的因素及制度、程序规制研究”（项目编号：19BFX025）的阶段性研究成果。

① 张嘉军：《政策抑或法律：民事诉讼政策的概念界定》，载《河北法学》2014 年第 11 期。

含在有关文件中的国家或领导者的一种态度，因此，政策具备权威性或强制性。

基于以上政策的特点，政策与法律存在本质不同。首先，二者形成、制定主体不同。法律由立法机关制定，政策的形成主体是除立法机关之外的其他机关。其次，二者效力不同，法律代表了国家的意志和全体人民共同利益，对全社会具有普遍约束力。政策在特定领域和时期也能发挥重要作用，可对法律进行补充和细化，或者在法律空白处进行先行探索，但最终仍要在法律的框架内运行。最后，二者的稳定性也不同。法律具有稳定性的特点，对法律的修改需要经过严格的程序；而政策会因社会形势的发展以及新的政治需要的出现而发生变动。

（二）法律政策

关于法律政策概念的界定，学界有广义和狭义两种。就广义法律政策来看，其涵盖立法、司法与执法等环节，为此可以分为立法政策、司法政策以及社会政策的一切领域。而狭义法律政策仅指立法政策，即“在立法上为解决各种社会问题、达到一定社会目的而采取的对策”，② 并不包括司法政策和社会政策。张嘉军教授持相对广义法律政策概念，认为法律政策不仅包括立法政策、司法政策还包括执法政策。③

（三）司法政策

“司法政策”是官方文件中经常使用的词语，但目前尚无官方对司法政策的权威界定，导致理论研究界和司法实务界对其适用语义也并不统一。分歧点首先体现在司法政策的发布主体。有的学者认为“司法政策”可以理解为特定的党和国家机构发布的、旨在指导一定时期司法工作的方针政策，④ 即司法政策就是“关于司法的政策”，⑤ 由此认为司法政策的发布主体是党和国家机构，当然也包括最高人民法院和最高人民检察院。而有的学者则认为党和

② 舒国滢：《战后德国法哲学的发展路向》，载《比较法研究》1995 年第 4 期。
③ 前引 ①，张嘉军文。
④ 李红勃：《通过政策的司法治理》，载《中国法学》2020 年第 3 期。
⑤ 宋菲：《论中国式现代化进程中的司法政策》，载《东岳论丛》2025 年第 2 期。

国家有关司法的方针、政策等为党和国家的政策，而司法政策是仅指“国家司法机关”，一般指最高人民法院和最高人民检察院为了实现一定的目的所采取具体的、积极的司法策略和措施。⑥

其次，对于司法政策外延的理解在学界也有争论。有的学者认为司法政策就是司法解释，只不过是司法解释中“突破诠释法律边界”的所谓规范创制型司法解释。⑦有的学者则认为司法政策性文件有广义和狭义两种分类。广义的司法政策性文件包括司法解释以及各类规范性文件，但狭义的范围仅包括内容较为抽象、集中体现法院某一领域内政策导向的文件，因其形式上不采用类似法律条文式的表述而明显区别于司法解释和裁判规则性文件。⑧

对司法政策语义适用上的混乱根源在于缺乏对政策、法律政策、司法政策含义及相互关系的权威界定，如果持广义法律政策说，则法律政策为司法政策的上位概念，司法政策的发布主体即可限定为人民法院和人民检察院，特别是最高人民法院和最高人民检察院。如果认为法律政策仅指立法政策，则司法政策的发布机关指包括司法机关在内的特定的党和国家机构。本文采广义法律政策说，认为法律政策为司法政策的上位概念，司法政策是法律政策的一部分，司法政策的发布主体限定为司法机关，也包括司法机关和其他国家机关联合发布的与司法有关的政策。同时，司法解释不能等同于司法政策，但是是体现和适用司法政策的一种有效途径。

（四）民事诉讼政策

基于以上概念的界定，民事诉讼政策是法律政策的一部分，是指党和国家、人大及其常委会、法院和检察院等在一定时期为实现民事诉讼目标所发

⑥ 江必新：《构建和谐社会与司法政策的调整》，载《人民论坛》2005年第11期。焦洪昌、潘堃：《论司法政策的规范内涵、适用范围和实际功效》，载《北京行政学院学报》2021年第5期。

⑦ 宋亚辉：《公共政策如何进入裁判过程——以最高人民法院的司法解释为例》，载《法商研究》2009年第6期。

⑧ 余韬：《司法政策个案实施的困境与出路——以最高人民法院政策性文件的实施为例》，载《司法体制综合配套改革中重大风险防范与化解——全国法院第31届学术讨论会获奖论文集（上）》，人民法院出版社2020年版，第125—126页。

布的行为准则和指南或者针对民事诉讼行为的一种态度。⑨ 而从立法、司法和执法的不同阶段来看，民事诉讼政策包括民事诉讼立法政策、民事诉讼司法政策和民事诉讼执行政策。一般而言，民事诉讼司法政策是学界和实务界关注的重点，因此本文也主要关注民事诉讼司法政策。

二、民事诉讼政策存在的基础

作为党和国家宏观政策在民事司法领域的具体体现，民事诉讼政策一直对我国的民事司法领域发挥重要的引导作用，深刻影响我国民事司法的发展。民事诉讼政策之所以能发挥如此重要的作用，源于我国长久以来形成的政法体制、党和国家对法院的职能定位以及人民对司法的期待等因素。

早在20年前，由中央政法委审定的“社会主义法治理念”即强调社会主义法治要在党的领导下，政法工作要服务于党和国家工作大局的需要，即在不同的阶段致力于保障社会主义经济、政治、文化与和谐社会建设。⑩ 因此，社会主义法治最关键的一点是党的领导下的法治建设与法律活动，共同服务于党和国家经济、政治、文化与社会建设。因此，法律是社会治理的一种工具。⑪

（一）民事诉讼政策存在的体制基础：法院在中国权力结构中的定位

在当前社会主义法治阶段研究民事诉讼政策在民事审判中的地位时，需要跳出具体领域和特定个案，将法院审判权置于国家的整体权力结构中进行研究，根据党和国家对审判权功能的定位研究民事诉讼政策存在的基础及其功能。

与社会主义法治阶段相适应，在新中国成立之后，我国在司法体制建设方面逐步形成了有中国特色的“政法体制”或者“政法传统”。这种体制是在坚持党的领导的前提下，要求法律的制定及实施要服从和服务于党和国家的根本目的和总体任务。因此，人大的立法权、政府的行政权、法院的审判权、

⑨ 前引①，张嘉军文。

⑩ 张文显：《服务大局是社会主义法治的重要使命》，载《人民日报》2006年12月4日。

⑪ 李林主编：《中国特色社会主义法治发展道路》，中国法制出版社2017年版，第225页。

检察院的监督权以及监察委员会的监察权，均统一于党的领导之下。各种权力必须互相配合，共同服务于国家的总体政治目标。

在这样的权力架构和司法体制中，“各级司法机关必须在党的统一领导下履行法定职权，在依法审判的同时，还需要贯彻党的主张，实现国家总体目标”。⑫ 相应地，人民法院不仅是司法机构，在功能上还要履行好维护国家政治安全、确保社会大局稳定、促进社会公平正义、保障人民安居乐业的职责任务。民事诉讼政策即党和国家意志在民事诉讼领域的体现，因而在民事审判中运用和贯彻民事诉讼政策，便是中国司法的应有之义。

（二）民事诉讼政策存在的思想基础：党对人民实质公正期待的满足

作为人民民主专政的国家，党和国家一直强调司法系统人民司法的属性，强调司法应该“努力让人民群众在每一个司法案件中感受到公平正义”，这就更多涉及实质正义实现的问题。进入新时代后，民事诉讼政策更加强调对案件事实的发现以及实体正义的实现。这就意味着司法在实体正义与法律、法规以及程序相冲突时选择实体正义。⑬ 而在弥补形式主义司法的局限和推动实质正义的实现中，“司法政策具有独特优势”，因为它“可以根据形势变化，及时提出方向性意见，引导法院在审判中进行综合性、实质性考虑，鼓励法官在审判中平衡各方利益，实现法律效果与社会效果的统一”。⑭

（三）司法政策存在的社会基础：转型时期的风险社会

研究司法政策的学者们大都强调我国正处在传统向现代过渡的社会转型期这样一个客观现实与历史背景。社会转型期频繁的经济、政治体制改革使得社会利益格局发生变动，社会矛盾加剧。同时基层政府治理能力的不足以及公民权利意识的增强使得司法机关承担了大量的纠纷解决任务，也承担更大的压力。因而，面对社会剧烈变动的现实，法院作为国家设定的社会纠纷解决机关，不单单是一个“纠纷裁判性法院”，还必须成为一个“风险化解型

⑫ 李红勃：《通过政策的司法治理》，载《中国法学》2020 年第 3 期。

⑬ 张卫平：《起诉难：一个中国问题的思索》，载《法学研究》2009 年第 6 期。

⑭ 前引 ⑫，李红勃文。

法院”，发挥促进社会良性治理的功能。⑮

面对这样的角色设定，使得具有稳定性以及程序性的严格适法的纠纷解决方式无法全面应对现实的挑战。司法审判不能仅仅追求“事实清楚、程序正当、法律正确”的法律效果，还要根据党和国家的全面部署，考虑政治效果和社会效果，进行效果导向的思维，争取实现案结事了，发挥“超个案治理功效”。⑯而所谓的政治效果和社会效果，其含义与法律政策的内容是一致的。因此，有学者指出，法律效果更多地侧重于对法律规范的常规适用，反映法律适用的一贯性与恒定性；而社会效果更多地侧重于特殊情形下的政策考量，反映法律适用的灵活性和应变性。⑰因而司法裁判追随公共政策就显得颇具合理性。

总之，在社会主义法治时期，司法系统是国家治理体系中的一员，必定要在国家统一任务的号召下，在司法裁判中以结果为导向，考虑裁判的法律效果与社会效果的统一，甚至在产生冲突时更加注重社会效果，从而维护整个社会的稳定和公共秩序的实现。

三、民事诉讼政策进入民事裁判领域的路径

（一）民事诉讼政策通过司法解释的路径进入民事裁判领域

学者们对于民事诉讼政策通过司法解释的路径进入民事裁判领域有较多研究。一般认为，民事诉讼政策最终以司法解释方式进入民事裁判领域的方式有三种。第一种是党和国家政策首先在最高人民法院的工作报告或有关会议后转化为法律政策或者司法政策，然后根据这一法律政策或司法政策的精神，最高人民法院会出台相关的通知、意见等司法解释，然后通过司法解释对裁判的约束性，最终在民事裁判中被法院适用。相较于第一种方式，第二种方式的不同点在于相关政策转化为司法解释后，最终会上升到立法层面并固定下来成为法律。第三种方式则是在党和国家政策经过最高人民法院转化为法律政策或司法政策后，很快被直接写入立法，之后再转化为司法解释从

⑮ 王彬：《司法裁决中的政策考量——以后果主义为分析视角》，载谢晖、陈金钊主编：《民间法（第31卷）》，北京研究出版社2023年版，第11—20页。

⑯ 前引⑤，宋菲文。

⑰ 前引⑦，宋亚辉文。

而对这一政策进行细化。[18]

基于以上三种转化方式，可以发现司法解释承载了绝大部分民事诉讼政策合法化的转化功能。司法解释之所以可以担此重任，是由于在许多情况下，运用不同的解释方法可以得出不同的结论。在将民事诉讼政策转化为司法解释的过程中，正如有的学者所言："法律解释的问题不在于寻求对法律文本的正确理解，而在于为某种具体的司法裁判提出有根据的且有说服力的法律理由。"[19]为了执行民事诉讼政策，司法解释已经不单单是一个法律解释问题，而成为一个有关价值衡量的综合性判断问题，在强调"社会效果"时，可以根据案件的具体情况，妥善运用适当的法律解释或者漏洞弥补方法，将公共政策引入裁判过程之中，于是司法解释便超越了法律规范的表面含义，[20]导致一些解释突破了诠释法律的边界。

（二）民事诉讼政策在转化为司法政策性文件后，以通知等方式要求法院系统贯彻落实相关政策

除了通过司法解释的方式对民事诉讼政策进行合法性转化以外，很容易被忽视的一种路径在于，党和国家政策转化为法律政策或者司法政策后，并没有制定司法解释，而是在最高人民法院制定政策性文件后，以在法院系统层层转发的形式，通知各级法院贯彻落实，引导法官在具体案件的裁判中适用民事诉讼政策。

（三）单纯通过发布司法政策性文件通知各级人民法院适用

首先由最高人民法院直接向全国各高级人民法院提出贯彻落实的要求，各地高院再按照几乎相同的路径，将文件层层转发。在各级法院内部，主要通过"院长——庭长——法官"逐步推进并予以监督其在法院的日常工作和个案审判中得以实现。有学者实证研究证实，单纯通过文件通知的方式发布的司法政策，"一线法官对各类司法政策性文件内容非常清楚和比较清楚的占

⑱ 前引①，张嘉军文。
⑲ 苏力：《解释的难题：对几种法律文本解释方法的追问》，载《中国社会科学》1997年第4期。
⑳ 前引⑦，宋亚辉文。

比仅有约四分之一，大部分是略有所知”。[21] 相应地，在裁判中参照落实政策性文件要求的积极性也总体较低。

四、民事诉讼政策的功能

对于民事诉讼政策的功能问题，学界一直存在不同的观点。在法理学界，近几十年来学者们一直对政策入法抱有极大警惕。当然也有很多学者基于现实的考虑，认为民事诉讼政策“作为一种具有时代性和地方性特色的司法机制”，在民事司法中发挥了积极的作用，“回应了来自政治、形势和民意的需求”，并且“补充了法律规范的缺陷和不足”。[22]

（一）在司法中沟通了政治与法律的关系

如上所述，人民法院作为国家治理的工具，必须在党的领导下，与其他国家机构之间密切配合，共同服务于党和国家的总体任务和目标。而司法政策则是党实现对司法机构领导的主要途径。通过民事诉讼政策尤其是民事诉讼司法政策的实施，引导法官在个案审判中综合考虑各方因素，寻求法律效果与社会效果的最佳平衡，从而克服法官对于法律条文的机械适用，实现个案结果的实质公正。[23]

（二）弥补法律的缺陷和不足

成文法国家的固有缺陷在于制定的法律规范总有局限和漏洞，没有任何一个国家的法律体系是逻辑自洽的完美法律体系。因此，即使在法治成熟的国家，也有法律政策存在的空间。因此，政策的出台可以弥补法律的不足。同时，成文法一方面具有稳定性的特点，另一方面导致其在适应社会发展变化方面缺乏灵活性、存在滞后性。因此，灵活的司法政策可以引导新旧法律之间的过渡。

（三）弥补法官司法能力的不足，引导法律在全国范围内统一适用

我国法官司法能力存在地区差别。为此，可以通过司法解释的方法引导

㉑ 前引⑧，余韬书，第130页。
㉒ 前引④，李红勃文。
㉓ 前引④，李红勃文。

法官对法律的正确适用。但是司法解释的出台有着严格的程序规定。因此，灵活的司法政策，尤其是针对一定时期的类案发布的内化为裁判规则的司法政策可以引领法官正确行使自由裁量权，也有利于法律在全国范围内的统一适用。

五、民事诉讼政策在民事诉讼领域重要体现的例证

（一）起诉难及问题的解决

在过去民事诉讼程序运行的过程中，各地不同程度存在"起诉难"问题。主要体现在起诉虽然符合法律、司法解释的规定，但依据相关文件等司法政策性规范对某些案件的起诉予以限制。

在国家的权力结构中，法院的民事审判权行使范围是党和国家对权限进行配置的结果。针对特定时期的特定案件或某个类型的案件，党和国家利用民事诉讼政策对案件受理进行总量控制。对于一些复杂的，特别是具有政治敏感性的案件，法院基于自身解决能力的考量，也会出台相应的司法政策将其排除出法院受理范围之外，从而"等待政府或政府有关部门的政策处理"。[24] 对此，有学者评论说，"基于我国法院所掌握的司法资源和所具有的司法能力，对于有压力的群体性纠纷，法院的现行司法政策是可以接受的。对中国法院来说，通过控制受案范围，保持与相关部门的沟通、协调来处理那些涉及政策调整、影响社会稳定的群体性纠纷，是没有选择的选择"。[25]

随着党的十八届三中、四中全会的召开，党和国家全面推进依法治国基本方略的实施，通过法治保障全面小康社会的建设，决定进行立案制度改革，使法院成为纠纷解决的领导力量。面对新时代党和国家的法律政策，最高人民法院适时发布相关司法政策和司法解释，全面推动立案登记制改革。起诉难问题在法律和政策层面得到很大程度的解决。

（二）民事诉讼政策演变与民事诉讼纠纷解决方式的变更

在民事诉讼领域，以调解为主的"马锡五审判方式"是革命战争年代民

㉔ 前引⑬，张卫平文。

㉕ 吴泽勇：《群体性纠纷的构成与法院司法政策的选择》，载《法律科学》2008年第5期。

事诉讼纠纷解决的主要方式。与现代化民事审判方式相比，“马锡五审判方式”主要通过调解的方式，根据党的方针、政策解决争议，最终不仅达成双方都满意的纠纷解决结果，从而彻底解决纠纷、案结事了，而且通过纠纷解决的过程宣传了党的方针政策，争取更多的群众支持党的革命战争这一中心任务。

1978年12月18日，中国共产党在北京召开十一届三中全会。这次会议实现了新中国成立以来中国共产党历史上具有深远意义的伟大转折，确定全党工作重点转移到“社会主义现代化建设”上来。在改革开放的过程中，民事纠纷日益增多。面对现实需要，1997年党的十五大确定依法治国作为党领导人民治理国家的基本方略，1999年依法治国正式写入宪法，司法体系的职业化、正规化建设开始加速。

随着政治经济体制改革的深入，20世纪初，党中央再次强调司法工作要加强党的领导，走群众路线，建设“和谐社会”。反映到对审判方式的影响上，从2005年最高人民法院工作报告提出“能调则调、当判则判、调判结合、案结事了”，到2009年工作报告提出“调解优先、调判结合”，可以视为法院调解的一次全面“回归”或“复兴”。㉖

在党的十八届三中全会发布的《中共中央关于全面深化改革若干重大问题的决定》中，设专章规定“推进法治中国建设”。随后，党的十八届四中全会召开，意味着党在法律政策上再次强调依靠法律作为解决中国面临问题的主要方式。

随着党的法律政策的调整，法院体系加强法院的正规化、专业化、职业化发展，推出员额制改革。同时，在纠纷解决方式上，最高人民法院发布《关于人民法院进一步深化多元化纠纷解决机制改革的意见》，明确规定要推动符合案件特点的多元化纠纷解决机制的建设，完善和解、调解、仲裁、公证、行政裁决、行政复议与诉讼的有机衔接、相互协调的多元化纠纷解决机制，从而为促进经济社会持续健康发展、全面建成小康社会提供有力的司法保障。

㉖ 陈杭平：《社会转型、法制化与法院调解》，载《法治与社会发展》2010年第2期。

六、结语

在 2024 年 1 月 14 日召开的全国高级法院院长会议上，最高人民法院院长张军特别强调了司法政策问题，提出“要注重发挥司法政策作用，强化司法政策供给和运用的政治自觉，敏于对接其他政策，善于通过个案办理传递司法政策导向，实现司法政策与其他政策协同发力”。㉗ 司法政策下的民事诉讼政策作为法律和政策、法学与政治学相结合的领域，是传统民事诉讼理论之外又一新的理论体系。在以上研究的基础上，民事诉讼政策对民事诉讼领域存在的积极和消极影响仍有待更深入的研究，如何处理法律与政策的关系也有待更加体系化的研究成果。

（责任编辑：董　燕）

㉗ 《最高法：善于通过个案办理传递司法政策导向》，载光明网 https://legal.gmw.cn/2024-01/15/content_37089660.htm，2025 年 2 月 11 日访问。

连续状态跨越刑罚执行完毕前后之罪是否成立一般累犯

——王某某非法吸收公众存款案

尹逸斐*

【裁判要旨】

A罪刑罚执行完毕后，发现行为人犯有B罪，而B罪属于连续犯，其连续状态跨越A罪刑罚执行完毕前后，此时应根据B罪实施时主客观方面的具体连续样态、A罪与B罪的罪数关系及罪刑相适应原则综合判断。如B罪开始实施时处于A罪刑罚执行完毕之前，行为人实施B罪并非无视前次犯A罪的刑罚体验，且两罪之间还存在牵连关系等罪数关系，对于跨越A罪刑罚执行完毕前后的B罪在事实上无法进行割裂评价，则对行为人不应认定为一般累犯。同时，对于非法吸收公众存款类案件，应根据同案平衡及罪名自身特点等决定具体刑罚制度的适用。

【案情】

公诉机关：上海市静安区人民检察院

被告人：王某某

2014年7月，张某某注册成立并实际控制Y公司，在上海市静安区设立公司总部，伙同邱某某、吴某某、叶某某等人用投资养老项目等名义，以高额利率及承诺还本付息为诱饵，向社会不特定公众非法吸收资金。2014年10

* 尹逸斐，法学硕士，上海市第二中级人民法院刑事审判庭法官助理。

月至2018年8月，被告人王某某入职Y公司并先后担任业务总监、分部总经理、总部财务管理经理，其间带领下属团队以上述方式对外吸收资金。经审计，被告人王某某及其团队吸收资金人民币3亿余元，造成投资人损失人民币8300余万元。2019年11月22日，被告人王某某主动至公安机关接受调查，第一次讯问时未能如实供述自己的罪行，后如实供述自己的全部罪行。一审审理阶段，被告人王某某退缴人民币130万元。

【审判】

上海市静安区人民法院经审理认为，被告人王某某与他人共同违反法律规定，非法吸收公众存款，扰乱金融秩序，数额巨大，其行为已构成非法吸收公众存款罪。王某某系从犯，依法应当从轻处罚。王某某到案后如实供述自己罪行，退缴违法所得，弥补了集资参与人部分经济损失，可依法从轻处罚并适用缓刑。经查，王某某2014年10月至2018年8月在Y公司从事非法吸收公众存款犯罪活动，在此期间，其因为公司购买公民个人信息用于非法吸收资金在2016年11月被判处有期徒刑，2017年1月刑罚执行完毕后仍在原公司继续从事犯罪活动。王某某参与非法吸收公众存款的行为具有连续性，其犯罪时间开始于2014年10月，不符合累犯规定中刑罚执行完毕后再犯罪的时间要求，故王某某不构成累犯。2019年11月22日，王某某主动向上海市公安局黄浦分局投案，但在讯问中未能如实供述主要犯罪事实，同日，王某某被采取取保候审措施。2019年12月，王某某在上海市公安局静安分局向其讯问中如实供述指控事实。王某某如实供述自己罪行时因已被采取强制措施而失去自动投案的条件，故不能认定为自首。综上，以非法吸收公众存款罪判处被告人王某某有期徒刑三年，缓刑四年，并处罚金人民币五万元；退缴的违法所得，按比例发还集资参与人，不足部分，责令继续退赔。

一审宣判后，上海市静安区人民检察院提出抗诉，认为原判适用法律错误、量刑畸轻，王某某在犯侵犯公民个人信息罪刑满释放后五年内又犯非法吸收公众存款罪，且被判处有期徒刑以上刑罚，应认定为累犯；王某某参与非法吸收公众存款人民币3亿余元，未兑付人民币8300余万元，对王某某适用缓刑属于量刑畸轻。上海市人民检察院第二分院支持抗诉认为，王某某所犯非法吸收公众存款罪系连续犯，其在犯侵犯公民个人信息罪刑满释放后五年内又从事非法吸收公众存款罪，应认定为累犯；原判对王某某量刑失衡。

被告人王某某未上诉，在二审中辩称其在案发后退赔违法所得人民币130万元，原判对其量刑适当。王某某的辩护人认为，王某某的非法吸收公众存款行为应作整体评价，王某某系从犯，具有认罪认罚、双倍退赔等情节，请求二审法院驳回抗诉、维持原判。

上海市第二中级人民法院经审理认为，原判认定王某某犯非法吸收公众存款罪的事实清楚，证据确实、充分，定罪量刑并无不当。对王某某实施的非法吸收公众存款犯罪行为应整体评价，原判对王某某适用缓刑并非量刑畸轻。遂裁定驳回抗诉、维持原判。

【评析】

本案的争议焦点在于：一是王某某实施的非法吸收公众存款行为跨越其先前因侵犯公民个人信息罪被判处的刑罚执行完毕前后，王某某是否成立一般累犯；二是对王某某犯非法吸收公众存款罪适用缓刑是否属于量刑畸轻。

一、教义审视：连续状态视阈下累犯认定的规范判断

成立一般累犯，必须是被判处有期徒刑以上刑罚的犯罪分子，刑罚执行完毕或者赦免以后，在五年以内再犯应当判处有期徒刑以上刑罚之罪。成立连续犯，必须存在数个行为，且前后行为之间存在一定的时间间隔，呈现一定程度的连续状态。由此可知，一般累犯的成立条件中对于犯罪发生时间的要求与连续犯的成立条件中对于数个行为连续状态的要求具有一定程度的关联。本案之所以存在一般累犯是否成立的争议，其症结之一正在于此。

王某某2016年11月因侵犯公民个人信息罪被判处有期徒刑，2017年1月刑罚执行完毕。经查，王某某还于2014年10月至2018年8月间从事非法吸收公众存款犯罪活动。王某某系基于同一或者概括的非法吸收公众存款的故意，连续实施数个性质相同的行为，触犯同一具体罪名，故其数个非法吸收公众存款行为构成连续犯。与此同时，其因侵犯公民个人信息罪被判处的刑罚执行完毕时间恰好处于非法吸收公众存款犯罪连续状态之间，如果将侵犯公民个人信息罪的刑罚执行完毕时间作为分界线，则非法吸收公众存款罪的连续状态被一分为二，一部分非法吸收公众存款犯罪事实处于侵犯公民个人

信息罪刑罚执行完毕之前，另一部分非法吸收公众存款犯罪事实处于侵犯公民个人信息罪刑罚执行完毕之后。从教义学的角度看，此种情形下如何判断行为人是否构成一般累犯？

对于是否成立一般累犯进行规范判断，需要审视一般累犯的成立标准和内在实质。一般累犯对于后罪发生时间的要求是，在前罪刑罚执行完毕或者赦免以后五年内“再犯”应当判处有期徒刑以上刑罚之罪。“再犯”如何界定？如果后罪系单纯一罪，“再犯”是指实行行为的开始还是实行行为过程中的任意一个时间点？如果后罪系连续犯，“再犯”是指连续状态开始之时还是连续状态过程中的任意一个时间点？

一般累犯的结构为前后两个故意犯罪的罪刑体系，只有再犯罪的罪刑体系在前判决所确认的罪刑体系结束后的限定时间内发生的才能将其认定为一般累犯。[①] 从文义解释的角度来说，“再犯”是指限定时间内犯罪的再次发生，而再次发生的时间点一般是实行行为或者连续状态开始之时。实行行为或者连续状态通常表现为一个持续的时间段，如果截取其中任意一个时间点并将其定义为“再犯”，则对何时“再犯”的认定将处于变动不居的状态。

从体系解释的角度来说，参考刑法的类似规定，也可以得出上述结论。以《刑法》第71条为例，“判决宣告以后，刑罚执行完毕以前，被判刑的犯罪分子又犯罪的，应当对新犯的罪作出判决，把前罪没有执行的刑罚和后罪所判处的刑罚，依照本法第六十九条的规定，决定执行的刑罚”。该条是关于判决宣告后刑罚执行完毕前又犯新罪的规定，其中“又犯”“新犯”也是指实行行为或者连续状态开始之时。

本案中，行为人的非法吸收公众存款行为在主客观方面均呈现出连续状态，其主观上具有数次实施同一犯罪的非法吸收公众存款的故意，客观上数个行为性质相同、手段类似、前后具有连续性。同时，非法吸收公众存款行为也有其自身特点，行为人吸收的资金无论是否取出，往往继续滚动投入，在规范上行为具有一体性，在事实上法益侵害结果和法益侵害状态持续发生，无法在连续状态下任意选取一个时间点从而将犯罪事实截然分开。行为人开始实施非法吸收公众存款行为或者非法吸收公众存款行为开始呈现连续状态

① 张淼:《一般累犯的结构解析及完善进路》，载《法学杂志》2014年第4期。

的时间点处于侵犯公民个人信息罪刑罚执行完毕之前，其开始实施非法吸收公众存款犯罪时并非无视前次犯罪的刑罚体验，不具有特殊预防必要性，故不应以一般累犯论处。

二、罪刑考量：罪数关系影响下累犯认定的刑罚判断

认定是否成立一般累犯的前提是行为人触犯了前后两罪。如果不考虑刑罚执行完毕的因素，对行为人所犯数罪需要从罪数关系方面进行评价。也就是说，从实质解释的层面看，在一般累犯是否成立这一问题的背后，隐藏着罪数关系的影响，而对罪数关系与累犯的判断又都与刑罚的裁量密不可分。

如果改变司法判断的时间点，或者说，在判决宣告以前或者刑罚执行完毕以前发现行为人实际上犯有数罪，则涉及罪数的判断问题。本案中，王某某犯有侵犯公民个人信息罪和非法吸收公众存款罪，如果不是先对侵犯公民个人信息罪进行司法判断，不是在侵犯公民个人信息罪的刑罚执行完毕以后才发现其还犯有非法吸收公众存款罪，而是在判决宣告以前或者刑罚执行完毕以前发现其犯有两罪，则需要对侵犯公民个人信息罪与非法吸收公众存款罪之间的罪数关系进行评价。

之所以作出上述假设，是因为在实质层面有助于对一般累犯是否成立进行分析。接下来的问题是，王某某所犯两罪之间是什么样的罪数关系？笔者认为，上述两罪属于牵连犯的罪数形态。无论是采取折中说还是类型说，都可以得出该两罪构成牵连犯的结论。折中说认为本罪与方法行为或结果行为的牵连关系，应当从主客观两方面考察，即行为人在主观上具有牵连的意思，在客观上具有通常的方法或结果关系。[②] 类型说认为只有当某种手段通常用于实施某种犯罪，或者某种原因行为通常导致某种结果行为时，才宜认定为牵连犯。[③] 本案在案证据表明，王某某购买他人个人信息的目的是招揽业务，方便开展非法吸收公众存款活动，其侵犯公民个人信息行为与非法吸收公众存款行为之间存在手段与目的的关系，王某某实施侵犯公民个人信息罪在主

② 高铭暄、马克昌主编：《刑法学》，北京大学出版社、高等教育出版社 2019 年版，第 191 页。

③ 张明楷：《刑法学》，法律出版社 2021 年版，第 651 页。

观上以实施非法吸收公众存款罪为目的，且行为人在实施非法吸收公众存款的目的行为时通常会使用侵犯公民个人信息的手段行为，因此，王某某所触犯的侵犯公民个人信息罪与非法吸收公众存款罪之间属于牵连关系。

如果在判决宣告以前发现该两罪，按照牵连犯从一重处罚或者从一重从重处罚的处断原则，应按照非法吸收公众存款罪一罪进行处断。果如此，则不符合构成一般累犯的前提条件。本案中，对被告人已依照侵犯公民个人信息罪判处刑罚且已执行完毕，如对其刑罚执行完毕前就已开始实施的非法吸收公众存款的事实再进行定罪量刑，同时成立一般累犯，则一方面因司法机关未能在刑罚执行完毕以前及时发现两罪导致出现此种情况，另一方面在量刑上对被告人似有过重处罚的嫌疑。

即使认为该两罪各自独立，如在判决宣告以前或者刑罚执行完毕以前发现该两罪的，不按照牵连犯处理，而是数罪并罚，也会出现类似问题。在刑罚执行完毕以前发现该两罪，如按照数罪并罚进行处理，则是以侵犯公民个人信息罪与非法吸收公众存款罪两罪并罚。因司法机关未能在刑罚执行完毕以前及时发现两罪，导致被告人在已依照侵犯公民个人信息罪被判处刑罚且已执行完毕的情况下，又要就其在刑罚执行完毕前已开始实施的非法吸收公众存款的事实被定罪量刑，并成立一般累犯，则在刑罚裁量方面对被告人亦有过重处罚的嫌疑。与此同时，如果坚持认为成立一般累犯，应仅就刑罚执行完毕以后的非法吸收公众存款犯罪而言，此时应对被告人侵犯公民个人信息犯罪及刑罚执行完毕前后的两个非法吸收公众存款犯罪分别论处，果如此，被告人实际上将承担三罪并处的后果，并且附加累犯情节，同时失却限制加重的限制，在刑罚裁量方面被告人的负担似乎过重。

由此观之，如在判决宣告以前即发现行为人犯有数罪，对其不存在一般累犯是否成立的判断问题，但由于在A罪刑罚执行完毕后才发现在刑罚执行完毕前就已开始实施的B罪，A、B两罪之间还存在牵连关系，则从罪数关系的角度对刑罚裁量进行考察，并结合罪刑相适应原则进行分析，对行为人不应以一般累犯论处。

三、实践观察：数额计算分析下累犯认定的事实判断

本案中，行为人的非法吸收公众存款犯罪不仅构成连续犯，亦成立数额

犯。一般累犯是否成立，同样影响着事实层面犯罪数额的计算。如果认定一般累犯成立，则无法回避的问题是，是否将非法吸收公众存款犯罪事实以侵犯公民个人信息罪刑罚执行完毕的时间点作为分界线划分为两部分，非法吸收公众存款罪的犯罪数额亦分成两部分进行计算。

在行为人已经执行了有期徒刑以上刑罚的情况下，考虑后罪应否判处有期徒刑时，不能将前罪与执行前罪刑罚的事实作为量刑情节；只有当后罪本身的罪行与再犯罪可能性决定应当判处有期徒刑以上刑罚时，才符合累犯的条件。④ 同理，如果要认定成立一般累犯，则只能对行为人 A 罪刑罚执行完毕后的 B 罪事实进行认定，而不能对 A 罪刑罚执行完毕前的 B 罪事实进行认定。但是将原本属于连续犯的 B 罪进行人为拆分，既不符合累犯适用于所犯新罪而不适用于部分事实的制度设计，也突破了连续犯将数个独立成罪的行为以一罪论处的价值初衷。

在事实层面，如将上述情形认定为一般累犯，还将面临以下问题：一是 A 罪刑罚执行完毕后的 B 罪犯罪数额往往难于计算，以本案中的非法吸收公众存款罪为例，其吸收金额通常滚动计算，并不能非常明晰地进行割裂计算，割裂计算的后果也常常是后半部分的数额其实依然包含前半部分的数额；二是 B 罪可能因作为连续犯处断而累积计算犯罪数额，该数额正好符合入罪标准，如将 A 罪刑罚执行完毕后的 B 罪犯罪数额单独计算，可能因无法达到入罪标准而不构成犯罪，因此最终导致一般累犯反而无法认定。

由此可知，即使从事实层面的数额计算来看，对于跨越 A 罪刑罚执行完毕前后的 B 罪事实也无法割裂评价从而认定为一般累犯。

四、同案平衡：案情罪名评判下缓刑适用的均衡判断

作为一种刑罚执行制度，缓刑的适用对象一般是所处刑罚和犯罪情节较轻、有悔罪表现、没有再犯罪危险、宣告缓刑对所居住社区没有重大不良影响且不构成累犯和犯罪集团首要分子的犯罪人。在判断对行为人能否适用缓刑时，需要综合多种因素，并参照其他同案犯的犯罪事实、情节及所处刑罚进行分析评价。

④ 参见前引 ③，张明楷书，第 729 页。

在本案非法吸收公众存款犯罪中，王某某担任的职务系公司中层，违法所得为人民币 70 余万元，其系从犯，到案后如实供述且退赔人民币 130 万元，退赔金额将近违法所得的两倍，对比与王某某同级别的公司其他犯罪分子，王某某具有积极弥补损失的情节，结合缓刑的其他适用条件，最终决定对王某某适用缓刑，原判量刑并无不当。

由此可知，对于非法吸收公众存款类案件，行为人在犯罪实施过程中所起的作用、担任的层级、犯罪的金额、退赃退赔的数额、弥补损失的大小在决定能否对行为人适用缓刑时需要着重考量。与此同时，也不能忽视与其他同案犯之间的量刑平衡，这也是罪刑均衡的应有之义。

（责任编辑：潘庸鲁）

“全面评价原则”在侵犯著作权罪客观构成要件要素选择中的逻辑体现和应用
——王某某、武某甲侵犯著作权案

陆光怡　江　帆*

【裁判要旨】

为充分评价行为人的犯罪行为，作为侵犯著作权罪客观构成要件要素的“违法所得数额”“非法经营数额”“复制品数量”在定罪量刑时应遵循以下认定思路：对涉及被告人的非法经营数额、违法所得、侵权复制品数量的证据进行充分审查，判断相关客观构成要件要素能否被证明，能否全面评价被告人的行为，正确认定案件事实。对于有充分证据证明的客观构成要件要素，就高选择适用某一客观构成要件要素，在相应的法定刑范围内确定基准刑。将有证据证明的其他客观构成要件要素作为酌定量刑情节，在自由裁量权的范围内调整基准刑。

【案情】

公诉机关：上海市浦东新区人民检察院

被告人：王某某、武某甲

迪士尼企业公司于2021年3月12日创作完成“玲娜贝儿”美术作品。经授权，以该美术作品原形设计制作的“玲娜贝儿”玩偶于2021年9月29

* 陆光怡，法学硕士，上海市浦东新区人民法院知识产权审判庭审判员。江帆，法学硕士，上海市浦东新区人民法院刑事审判庭审判员。

日由上海国际主题乐园有限公司运营的上海迪士尼度假区首次发表。2021年10月起，被告人王某某伙同武某乙（另案处理）以营利为目的，未经“玲娜贝儿”美术作品著作权人许可，指使他人生产制作仿冒迪士尼“玲娜贝儿”玩偶，指使被告人武某甲在仿冒的迪士尼“玲娜贝儿”玩偶上贴附吊牌及收发货，后通过线下、线上方式对外销售。2021年10月至案发，袁某某、陈某某（均另案处理）为被告人王某某等人制作仿冒迪士尼“玲娜贝儿”玩偶共计25000余件。2021年12月24日，公安机关先后将被告人王某某、武某甲抓获，并分别查获仿冒“玲娜贝儿”玩偶成品、半成品、商标及手机、账本等物品。将现场查获的仿冒“玲娜贝儿”玩偶与著作权权利人创作的“玲娜贝儿”美术作品及玩偶正品相比，经相关公众的视觉观察，两者仅有细微差别，本案被控侵权产品是“玲娜贝儿”美术作品的复制品。公诉机关认为，被告人王某某、武某甲以营利为目的，未经著作权人许可，复制发行他人美术作品，情节特别严重，应当以侵犯著作权罪追究其刑事责任。

被告人王某某、武某甲对起诉书指控的犯罪事实、罪名无异议，表示自愿认罪认罚。被告人王某某的辩护人对公诉机关指控被告人王某某生产仿冒迪士尼“玲娜贝儿”毛绒玩偶的数量及销售金额有异议，认为我国《刑法》关于侵犯著作权罪的规定以“违法所得数额”或“其他严重情节”作为量刑标准，“其他严重情节”是在无法查明“违法所得数额”的情况下才适用，故本案应以非法经营数额作为量刑依据。

【审判】

上海市浦东新区人民法院经审理认为，涉案《审计报告》、同案关系人武某乙提交的1688网络店铺销售记录，无法证明被告人王某某销售仿冒迪士尼“玲娜贝儿”毛绒玩偶的全部金额，亦未能完整评价其复制行为。综合全案证据，能够证明被告人王某某指使袁某某、周某为其生产仿冒迪士尼“玲娜贝儿”毛绒玩偶的数量，且在案证据能够证明被告人王某某等人已完成对涉案迪士尼“玲娜贝儿”美术作品进行复制（即生产）的行为，公诉机关以被告人王某某、武某甲复制侵害迪士尼“玲娜贝儿”美术作品的数量来指控其二人构成侵犯著作权罪，具有事实和法律依据，而辩护人提交的交易记录体现的销售金额无法完整、全面评价被告人王某某的全部犯罪行为。从我国刑法对侵犯著作权罪的罪状描述来看，如能查明被告人因犯罪行为所获得的违法所得，则以违法所得为标准定罪科刑，但若综合全案证据，无法查明被告人的违法所得或适用违法所得标准不能全面评价被告人犯罪行为的，则以能够查明的复制品数量作为定罪量刑的标准，并不违反法律规定。本案中，在案证据无法证明被告人王某某因仿冒迪士尼“玲娜贝儿”形象的玩偶而获得的全部违法所得及销售该仿冒玩偶的非法经营数额，故公诉机关以被告人王某某复制仿冒迪士尼“玲娜贝儿”毛绒玩偶的数量指控其构成犯罪，具有法律依据。涉案美术作品“玲娜贝儿”的著作权人对该作品享有的著作权受《中华人民共和国著作权法》的保护。被告人王某某、武某甲以营利为目的，未经著作权人许可，生产仿冒迪士尼“玲娜贝儿”毛绒玩偶25000余件，并通过线上、线下方式销售，其行为均已构成侵犯著作权罪，且属于有其他特别严重情节。结合两名被告人的犯罪性质、情节、对社会的危害程度及认罪、悔罪态度，对被告人王某某判处有期徒刑三年三个月，并处罚金人民币二十万元，对被告人武某甲判处有期徒刑一年，并处罚金人民币三万元，并判决没收已退出的违法所得、侵犯著作权的玩偶、主要用于制造侵权产品的材料和工具、供犯罪所用的本人财物，对两名被告人未退出的违法所得继续予以追缴。

一审判决后，被告人王某某、武某甲均未提出上诉，公诉机关亦未提起抗诉，一审判决已生效。

【评析】

本案的主要争议焦点在于：公诉机关以被告人王某某、武某甲已完成生产的侵权复制品数量指控其二人构成侵犯著作权罪，是否具有事实和法律依据？

知识产权兼具公利性与私利性，与特定时空下只能为某一特定主体使用或者消费的物质化私人产品有本质不同。[①] 因此，知识产权刑法保护的制度设计既要防止“搭便车”行为影响市场创新激励导向，同时也要充分考虑权

① 参见宁立志：《知识产权权利限制的法经济学分析》，载《法学杂志》2011年第12期。

利人的利益损失。在对侵犯知识产权犯罪定罪量刑时，不仅要从行为人的角度考察行为恶性和完整性，也要从权利人的视角分析对危害结果的评价是否充分，甚至要从法经济学角度考虑犯罪成本与权利人机会利益。

一、侵犯著作权罪的入罪模式分析

“长期以来，我国刑法存在一种迷思，即认为对于侵犯财产犯罪、职务犯罪以及经济犯罪而言，数额是其社会危害性严重程度最直接甚至是惟一的征表形式，以至于在刑法规范的罪量设置上以及司法实践中将数额作为衡量犯罪社会危害性轻重的惟一或最主要标准”，[②] 即“数额中心论”或“数额优先论”，其不利后果在于对犯罪社会危害性的评价不够充分，从而导致其他犯罪构成要件要素被选择性地忽略，最终在司法层面表现为定罪失准或量刑失衡，不利于全面发挥刑法机能，有违实现公平正义的法治目标。当然，在经济犯罪中数额是衡量犯罪社会危害性的重要指标，但仍需要以情节为杠杆衡平社会危害性评价标准。侵犯知识产权犯罪属于有被害人的经济犯罪，侵权行为往往导致具体权利人的知识产权权益受到损害，对于侵犯著作权罪而言，该罪的客体或被保护的法益包括国家的著作权管理制度以及他人的著作权和与著作权有关的权益，在评价侵犯著作权犯罪行为时，既要考虑行为对国家著作权管理秩序的破坏，也要兼顾权利人的实际损失。

在刑事立法层面，我国《刑法》第217条对侵犯著作权罪作了明确规定，即以营利为目的，侵犯著作权或与著作权有关的权利，违法所得数额较大或者有其他严重情节的行为，法律条文对构成该罪的各种情形进行了列举。从入罪方式上看，侵犯著作权罪采取“数额+（概括式）情节”的二元化入罪模式，“我国现行刑法关于数额犯的规定，在定罪量刑标准方面，已经从一元化的数额模式转型为数额和其他情节的二元化模式。即使在刑法条文中对某个具体犯罪定罪量刑标准规定的是一元化的数额模式，但有关司法解释也根据罪责刑相一致原则并结合《刑法》第61条规定的量刑原则，[③] 引进了二元

② 于志强、王鼎：《情节要素的适用路径变革与探索》，载《政法论坛》2019年第2期。

③ 《刑法》第61条规定，对于犯罪分子决定刑罚的时候，应当根据犯罪的事实、犯罪的性质、情节和对于社会的危害程度，依照本法的有关规定判处。

化模式。”[④] 二元化入罪模式的优点在于全面发挥刑法的机能，在侵犯知识产权犯罪中具体体现为：一方面，织密刑事法网，严堵治罪死角，防止因入罪模式的单一而放纵犯罪，实现对知识产权犯罪行为的否定性评价和谴责。另一方面，全面、合理地评价行为人因犯罪所获利益、知识产权权利人因犯罪行为所遭受的损失，实现对知识产权的严格保护。其中，对于数额和情节的性质，在理论上有不同的认识：第一种观点认为，数额或情节属于提示性规定，并非犯罪构成要件；[⑤] 第二种观点认为，数额或情节属于犯罪构成量的构成要件；[⑥] 第三种观点认为，数额或情节属于犯罪构成要件要素。“刑法条文规定了概括性情节，就表明了已由该条文明文规定的犯罪构成要件和要素并不完整，必须结合其他犯罪构成要件要素才能组成完整的犯罪构成要件，进而有机统一为完整的犯罪构成，并据此认定犯罪。”[⑦] 笔者认同第三种观点，数额和情节作为客观构成要件要素，一方面可以作为并列选择项，从而完整地描述侵犯著作权罪法益侵害的样态，另一方面则清晰地标明了罪与非罪的分界，有利于在司法实践中进一步细化、量化入罪标准。

在刑事司法层面，最高人民法院、最高人民检察院《关于办理侵犯知识产权刑事案件具体应用法律若干问题的解释（二）》第 4 条规定，对于侵犯知识产权犯罪的，人民法院应当综合考虑犯罪的违法所得、非法经营数额、给权利人造成的损失、社会危害性等情节，依法判处罚金。《关于办理侵犯知识产权刑事案件具体应用法律若干问题的解释（三）》第 10 条再次强调了上述规定。足见，刑事司法层面同样重视对侵犯知识产权犯罪的社会危害性作出全面、充分的评判，定罪量刑的视角不能局限于行为人的营利行为，还须同时分析具体侵权行为对权利人的利益造成的损失及社会效果等，具体到侵犯著作权罪中，包括违法所得数额、非法经营数额、复制品数量以及与前三者具有等价性的其他情节。

④ 刘德法：《数额犯定罪量刑标准宜适用二元选择模式》，载《检察日报》2018 年 7 月 9 日第 3 版。

⑤ 参见高铭暄：《中国刑法学》，中国人民大学出版社 1989 年版，第 83 页。

⑥ 参见张明楷：《刑法学》，法律出版社 2007 年版，第 108—109 页；刘艳红：《情节犯新论》，载《现代法学》2002 年第 5 期。

⑦ 闵凯：《经济犯罪的情节和数额》，载《政治与法律》2009 年第 10 期。

"'情节+数额'的混合结构，绝非立法者的心血来潮，而是立足于对情节既有司法困境的深刻剖析。"⑧ 在司法适用时，数额和情节基于不同的"观罪"视角而互为补充，以实现优势互补的理想效果。

二、违法所得数额与犯罪情节之间系并列选择关系

侵犯著作权罪将犯罪客观构成要件要素分为"违法所得数额"与"其他严重情节""其他特别严重情节"，将相关情节进一步细分为"非法经营数额"和"复制品数量"。本案的重要争议焦点是，在被告人的违法所得数额无法查清的情况下，能否以其已完成复制的复制品数量对其定罪科刑。辩方认为，违法所得数额、非法经营数额、复制品数量三种情形的位阶不同，应当递进适用，即在无法查明"违法所得数额""非法经营数额"的情况下才适用"复制品数量"。对此，笔者认为：

其一，从文义解释的角度来看，《刑法》第217条使用"或者"来连接"违法所得数额"和"其他严重情节"；最高人民法院、最高人民检察院《关于办理侵犯知识产权刑事案件具体应用法律若干问题的解释》第5条使用"具有下列情形之一的"表述，将非法经营数额和复制品数量明确规定为侵犯著作权罪的犯罪情节内容。"或者"和"之一"在立法用语技术层面均无法得出辩方所称递进适用的结论。相反，"或者"和"之一"在词义上表示选择和并列，说明违法所得数额、非法经营数额和复制品数量三者是"等价"的，只是从不同侧面评价犯罪行为的社会危害性，不存在适用的先后问题。

其二，从体系解释的角度来看，作为《刑法》第三章第七节侵犯知识产权罪同一类罪下的销售假冒注册商标的商品罪，销售侵权复制品罪，非法制造、销售非法制造的注册商标标识罪，均采用"数额+情节"的二元入罪模式，且将违法所得数额、非法经营数额（销售金额）、标识数量等并列为入罪的客观构成要件要素，共同构成评价犯罪行为社会危害性的尺度。以假冒专利罪为例，最高人民法院、最高人民检察院《关于办理侵犯知识产权刑事案件具体应用法律若干问题的解释》第4条将假冒他人专利情节严重的类型以列举的方式规定为：非法经营数额；违法所得数额；专利权人直接经济损失；

⑧ 前引②，于志强、王鼎文。

假冒专利数量与非法经营数额、违法所得数额结合四种情形。前述第四种情形是在综合前三种情形的基础上，结合假冒专利数量作出同类解释，足见上述四种情形的并列选择关系。在类罪范畴内对侵犯著作权罪的客观构成要件要素的理解不应特殊化，而应置于侵犯知识产权犯罪的体系内作体系化解释，即对侵犯著作权罪客观构成要件要素间的排列逻辑也应解释为并列选择关系。

其三，从历史解释的角度来看，侵犯知识产权犯罪的立法和司法向着严厉的方向发展。在立法层面，1997 年《刑法》设立侵犯著作权罪后，经 2020 年《刑法修正案（十一）》修订，扩大了犯罪对象，在第一档法定刑中删除了拘役刑，同时在第二档法定刑中将 7 年提高至 10 年有期徒刑，从罪状和法定刑两个角度加大了对侵犯著作权罪的打击力度。在司法层面，最高人民法院、最高人民检察院 2004 年 12 月 8 日颁布的《关于办理侵犯知识产权刑事案件具体应用法律若干问题的解释》与最高人民法院 1998 年颁布《关于审理非法出版物刑事案件具体应用法律若干问题的解释》相比较，侵犯著作权罪的起刑标准中，非法经营数额从 20 万元降到 5 万元，违法所得数额从 5 万元降到 3 万元。与财产型犯罪和其他经济犯罪不同的是，随着经济社会的发展，侵犯著作权罪的入罪门槛不断降低，刑事司法打击的力度持续加大。因此，在解释侵犯著作权罪客观构成要件要素之间的逻辑关系时也应全面、从严把握，织密刑事法网。

三、贯彻“全面评价原则”完整评价犯罪行为及其社会危害性

通常情况下，违法所得数额、非法经营数额是评价行为人实施侵犯知识产权犯罪行为社会危害性以及权利人实际损失的重要标准，但仅考虑违法所得数额或者非法经营数额可能导致对犯罪行为过程以及社会危害性的评价不充分，具体到侵犯著作权罪，可能存在以下定罪量刑失准、失衡的情况：

其一，行为人因仿冒成本较高而侵权复制品的非法经营数额较高，但其销项减去进项后的违法所得数额尚未达到或者刚刚达到入罪门槛，而非法经营数额或者侵权复制品的数量则已达到情节严重或情节特别严重的标准，此时若仅以违法所得数额为标准来定罪量刑，将导致无法评价非法经营数额高和侵权复制品数量大的问题。

其二，行为人因仿冒成本较低而侵权复制品的非法经营数额较低，未达

到或者刚刚达到入罪门槛，但侵权复制品的数量达到情节严重或情节特别严重的标准，此时若以非法经营数额或违法所得数额为标准来定罪量刑，将导致无法评价大量侵权复制品流入市场后给权利人造成的损失。

其三，行为人囤积大量侵权复制品准备销售，复制品数量已达到情节严重或情节特别严重的标准，因意志以外的原因尚未销售或仅销售了一小部分即被抓获，其违法所得数额或者非法经营数额无法固定或者刚刚达到入罪门槛，此时若以违法所得数额或者非法经营数额来定罪量刑，将导致无法定罪或者量刑畸轻，同时也无法评价侵权复制品大量囤积以待销售的犯罪停止形态问题。

因此，为充分评价被告人侵犯著作权的犯罪行为，作为客观构成要件要素的违法所得数额、非法经营数额、复制品数量应当在定罪量刑时遵循如下认定思路，即：首先，对涉及被告人的非法经营数额、违法所得、侵权复制品数量的证据应进行充分审查，判断相关客观构成要件要素能否被证明，能否全面评价被告人的行为，正确认定案件事实。其次，对于有充分证据证明的客观构成要件要素，就高选择适用某一客观构成要件要素，在相应的法定刑范围内确定基准刑。最后，将有证据证明的其他客观构成要件要素作为酌定量刑情节，在法官自由裁量权范围内调整基准刑。

本案中，在案证据无法证明被告人王某某、武某甲销售“玲娜贝儿”毛绒玩偶侵权复制品的违法所得，可以查明的非法经营数额又无法全面评价其二人的犯罪行为，但综合全案证据，能够证明被告人王某某指使他人为其生产仿冒迪士尼“玲娜贝儿”毛绒玩偶的侵权复制品数量，故控方以被告人王某某已完成生产的侵权复制品数量指控其构成侵犯著作权罪，于法有据。

（责任编辑：王　静）

合同诈骗罪与诈骗罪的区分

——侯某某诈骗案

李杰文　李　凤*

【裁判要旨】

合同诈骗罪和诈骗罪是特别法条与一般法条的关系，两罪根本区别在于侵害法益不同。合同诈骗罪主要侵害合法有序的市场经济秩序，诈骗罪主要侵害公私财产所有权。可从市场主体、合同内容、合同目的等角度实质判断行为人是否参与市场经济活动，是否破坏正常的市场经济秩序。如果签订合同仅是诈骗的手段，未实质参与市场交易，未破坏市场经济秩序的行为，应构成诈骗罪。

【案情】

公诉机关：上海市嘉定区人民检察院

被告人：侯某某

2018 年 8 月至 10 月，侯某某参加周某（另案处理）组织的诈骗团伙，以虚构的文玩藏品公司以及上海禹鸿信息认证中心等名义对外招揽客户，在刘某某（另案处理）等人将持有文玩艺术藏品并有对外出售意向的被害人骗至上海市后，配合刘某某等人或者充当买家助理角色谎称买家有意购买藏品，诱骗被害人至上海市嘉定区德富路某号某室，由刘某（另案处理）假装对藏品进行信息认证，从而骗取被害人支付所谓的认证费。

* 李杰文，法学硕士，上海市第二中级人民法院刑事审判庭审判员。李凤，法学硕士，上海市第二中级人民法院刑事审判庭法官助理。

上海市嘉定区人民检察院认为，侯某某与他人结伙，以非法占有为目的，在签订、履行合同过程中，采用虚构事实、隐瞒真相的方式骗取对方当事人财物，数额较大，应当以合同诈骗罪追究其刑事责任。

被告人侯某某及其辩护人对侯海洋犯合同诈骗罪的事实和定性均没有异议。

【审判】

上海市嘉定区人民法院认为，合同诈骗罪是指行为人在签订、履行合同中，采取虚构事实、隐瞒真相的方法骗取被害人财物，即行为人骗取被害人财物的手段是以签订具有市场经济活动为内容的合同为条件，以该合同为依据骗取财物，是平等主体之间为商品或服务交易而规定的双方权利义务的协议，合同的内容要反映是通过市场行为来获取钱财的，该罪不仅侵犯财产所有权，还侵犯社会市场经济秩序。本案中，被告人侯某某与他人结伙的诈骗行为完全是虚构事实、隐瞒真相，而不是通过市场行为来获取钱财，也不存在具有市场经济活动为内容的合同，不符合合同诈骗罪的构成要件，依法不能认定为合同诈骗罪，应以诈骗罪定罪处罚。上海市嘉定区人民法院作出判决：一、被告人侯某某犯诈骗罪，判处有期徒刑三年六个月，罚金人民币一万元。二、责令被告人侯某某与同案犯共同退赔诈骗犯罪所得人民币五万二千八百八十八元，发还被害人韩某某人民币一万八千八百八十八元，发还被害人夏某某人民币三万四千元。

一审宣判后，上海市嘉定区人民检察院提出抗诉，认为侯某某伙同他人虚构文玩藏品交易公司，私设不具备认证资质的认证公司，与被害人口头约定具有财产内容的协议，在不具备履约能力的情况下，未按照约定实际履约，从而骗取被害人的钱款，应构成合同诈骗罪。上海市人民检察院第二分院支持抗诉意见认为，本案存在具有市场经济活动为内容的合同；侯某某等人以公司名义与各被害人达成委托认证服务协议，以公司名义通过市场行为骗取被害人的认证费，其行为不仅侵犯他人的财产权，更侵犯收藏品交易的市场秩序，破坏社会主义市场经济秩序，其行为应构成合同诈骗罪。

侯某某未提出上诉。

上海市第二中级人民法院审理后认为，侯某某等人既无从事文玩交易的真实意图，也无参与市场经济活动的实质行为，所谓的信息认证公司及虚假认证书只是其从事诈骗活动的幌子和工具，其行为不符合合同诈骗罪的构成要件。故裁定驳回抗诉，维持原判。

【评析】

本案是典型的“文玩交易类”诈骗案件，在司法实践中较为多见，但也最易出现法律适用不统一现象。通过案例检索，发现此类案件包含三种典型形态：一是行为人以单位名义实施诈骗行为，单位通常具备相应资质，属于市场经济主体，此类案件认定为合同诈骗罪通常无争议；二是行为人以自然人名义实施诈骗行为，其并非市场经济主体，大多系口头约定，此类案件多认定为诈骗罪，个别案件认定为合同诈骗罪；三是行为人以个人或虚构的单位名义实施诈骗行为，采用书面或口头形式签订所谓合同，此类案件认定为诈骗罪还是合同诈骗罪，较为混乱，存在大量同案不同判现象。笔者认为，造成此现象的根本原因系未从合同诈骗罪的本质特征进行分析。判断某一行为是否构成合同诈骗罪，不能仅凭是否以公司名义、有无合同这一表象，而应实质考察行为人是否属于市场主体，是否参与市场经济活动，是否破坏正常的市场经济秩序。如果只是以“合同”作为诈骗的幌子和工具，则应认定为诈骗罪。

一、法益侵害：诈骗罪与合同诈骗罪的本质区别

通说认为，诈骗罪与合同诈骗罪具有逻辑上的包含关系。诈骗罪是一般条款，合同诈骗罪是特殊条款，其适用范围具有限定性。合同诈骗罪除符合一般诈骗要件外，最重要的是其发生在“签订、履行合同过程中”，侵害了市场经济秩序这一特定法益。法益具有解释论机能，刑法的目的是保护法益，因此必须根据各罪所要保护法益的内容来解释犯罪构成要件。① 故需从法益角度对合同诈骗罪和诈骗罪进行区分。

从立法渊源上看，合同诈骗罪并不是从一开始就存在于刑法中，其是随着社会主义市场经济的发展从诈骗罪中分离出来的罪名。改革开放之前，我

① 张明楷：《刑法学》，法律出版社 2007 年版，第 87—88 页。

国实行计划经济体制，当时的合同基本发生在国有企业和集体企业之间，主要目的是为完成国家下达的经济建设任务，而非追逐经济利益，所以当时利用合同诈骗财物的行为很少发生，故1979年《刑法》未对利用合同进行诈骗的行为规定单独的罪名。② 改革开放后，私营企业、民营企业和个体工商户逐渐成为重要的市场经济主体，追逐利润是其存在和发展的基础和动力，在此背景下利用合同进行诈骗的行为不断出现。但1985年7月最高人民法院、最高人民检察院出台的《关于当前办理经济犯罪案件中具体应用法律的若干问题的解答》，以及1996年12月最高人民法院出台的《关于审理诈骗案件具体应用法律的若干问题的解释》，均规定利用合同诈骗他人财物的，应以诈骗罪追究刑事责任。可见，在当时的法律逻辑中，利用合同诈骗和使用其他方式进行诈骗，侵犯的都是他人的合法财产权，均属于典型的财产犯罪。

1997年《刑法》修订时，恰逢国家正式确立社会主义市场经济体制，为发展市场经济，遏制利用合同实施的诈骗犯罪，维护社会主义市场经济秩序的稳定，立法者便将合同诈骗行为从诈骗罪中剥离出来，独设罪名，并置于《刑法》第三章“破坏社会主义市场秩序罪”中的第八节“扰乱市场秩序罪”中。此时，合同诈骗罪便具备了明显区别于诈骗罪的特征，即其不仅侵犯了他人的合法财产权，更重要的是扰乱了社会主义市场经济秩序。

从法律演进路径可以看出，合同诈骗罪带有典型的侵犯市场经济秩序特征，其主体、主观故意以及客观行为方面，均体现了对市场经济秩序的侵犯。相反，即使行为人的行为具备“合同”“诈骗”等要素，但如果在本质上并未参与市场经济活动，并未破坏正常有序的市场交易秩序，则不宜以合同诈骗罪定罪处罚。

二、实质判断：扰乱市场经济秩序行为的司法认定

从罪刑法定原则出发，刑法应坚持形式入罪与实质出罪相结合。就合同诈骗罪而言，对于表面符合合同诈骗的行为，还应从实质角度分析其是扰乱

② 参见许仁富：《合同诈骗罪的立法价值取向及其误区》，载《湖北社会科学》2007年第3期。

了市场经济秩序，还是仅侵犯了他人的财产权。所谓市场经济秩序，是指在市场经济中，市场主体在进入市场，参与市场交易，进行市场竞争中必须遵守的经济准则和由此形成的有序状态。[③] 因此，判断行为是否扰乱市场经济秩序，需从合同主体、内容和目的等角度进行综合分析。

（一）合同的一方需为市场主体

市场主体是以营利为目的，在市场上从事经常性经营活动或者商业活动的组织和个人。主要包括投资者、经营者、劳动者、消费者等，其实施的投资、经营、劳动、消费等市场行为，才真正关系到市场秩序的稳定。从实然角度分析，扰乱市场经济秩序，既可以由市场主体实施，也可以由其他主体实施。市场主体实施的扰乱市场秩序行为，典型的如合同诈骗、非法经营等；其他主体实施的寻衅滋事、欺行霸市等行为，在客观上也会扰乱市场秩序。但就不同罪名所调整的主要客体而言，合同诈骗罪应主要调整市场主体实施的或通过作用于市场主体而扰乱市场秩序的行为。除此之外，其他扰乱市场秩序的行为，并不能纳入合同诈骗罪的调整范畴。

司法实践中，有观点认为《刑法》第224条并未对合同诈骗罪的犯罪主体作出特殊限制，只要行为人利用合同进行诈骗，均构成合同诈骗罪。但亦有观点提出市场秩序是对真正的市场交易主体的行为规范，而像虚构公司或冒用公司名义等此类非真正的市场交易主体从一开始就不具有真实市场交易的意图，不具备进入市场的前提，所以市场秩序也不存在对其进行规范的必要性。[④] 笔者认为，第二种观点对市场主体和市场活动进行了实质解释。需指出的是，《刑法》第224条第1项规定“以虚构的单位或者冒用他人名义签订合同”，属于合同诈骗罪的行为方式之一。对此应进行实质解释，即合同双方应当实质性参与市场交易过程，从事市场经济活动，若合同双方均不是市场主体，合同内容不体现市场交易活动特征，则不宜用合同诈骗罪进行规范，符合诈骗罪等其他构成要件的可依法处理。

③ 李少平：《扰乱市场秩序犯罪的法律适用》，人民法院出版社2001年版，第12—13页。

④ 参见刘春兰：《合同诈骗罪的主体要件探讨》，载《山西省政法管理干部学院学报》2011年第3期。

（二）合同的内容需体现市场经济关系

“合同”是合同诈骗罪法益侵害性的核心载体，其必须体现市场经济关系，反映并规范市场交易秩序和财产流转关系。关于合同诈骗罪中的“合同”，有观点认为此罪中的“合同”仅指经济合同；有观点认为此罪中的“合同”应当限于以财产权利为内容的合同；还有观点认为此罪中的“合同”是指犯罪行为人利用合同形式，骗取他人财物，且扰乱市场秩序的合同。⑤

笔者认为，合同诈骗罪中的“合同”是指平等的市场主体在市场经济活动中签订的，用以规范双方的交易秩序和财产流转关系的协议。社会生活中主要规范人身关系的婚姻、监护、收养、继承协议以及主合同等，都不属于合同诈骗罪中的“合同”。⑥ 首先，合同应立于市场经济活动，体现市场交易秩序。若合同双方不存在交易关系，如主要规范行政管理关系的行政协议、主要规范劳动管理关系的合同，便不存在市场交易秩序问题。其次，合同应以财产权利为主要内容，体现双方的财产流转关系。财产流转是市场经济活动的基本属性，不具有财产权利和财产流转关系的合同，就不能实现行为人通过“签订和履行合同”来“骗取对方当事人财物”的“非法占有目的”。最后，合同应体现平等互利、等价有偿、营利目的等合同要素。这些要素体现了基本的市场交易准则，体现了价格和价值的互动关系。⑦

（三）合同目的系基于市场交易活动而营利

有观点认为，区分诈骗罪与合同诈骗罪的关键在于双方是否存在合同形式。⑧ 笔者认为，两罪的区分，除考证上述合同主体、内容等要素外，应着重考证行为人的目的要素，即其是将签订、履行合同作为诈骗的一种手段和工具，还是真正有意义地参与市场经济活动。在普通诈骗罪中，也可能存在

⑤ 参见郭大磊：《论合同诈骗罪与诈骗罪的区分标准》，载《西安石油大学学报（社会科学版）》2011 年第 4 期。

⑥ 参见黄伯青、李杰文：《利用房屋征收补偿协议骗取补偿款构成诈骗罪》，载《人民司法》2020 年第 5 期。

⑦ 参见鞠佳佳：《合同诈骗罪与诈骗罪的双层界分》，载《中国刑事法杂志》2013 年第 6 期。

⑧ 参见栗畅：《诈骗罪与合同诈骗罪的区别》，载中国法院网 http://www.chinacourt.org/html/article/201002/24/396500.shtml，2022 年 7 月 30 日访问。

所谓的“合同”，毕竟体现双方合意的约定均可以称为“合同”。因此，不能将有无合同作为区分诈骗罪与合同诈骗罪的特异标准。

首先，合同的形式包括书面、口头或其他形式。《中华人民共和国民法典》第469条规定，当事人订立合同，可以采用书面形式、口头形式或者其他形式。若当事人选择非书面形式订立合同，从外在表象看虽然不存在实体合同，但只要具备合同的本质特征，便与订立书面合同具有同等的法律效力，双方成立合同关系。故不能将口头合同等合同形式排除在合同诈骗罪之外。

其次，诈骗罪中也不排除存在合同，甚至书面形式的合同。原因在于诈骗罪的经典结构是“行为人虚构事实（要约）——被害人陷入错误认识（承诺）——被害人处分财物（履行合同）——行为人取得财物”，在这一经典结构中，必然存在事实上的“合同关系”。

最后，在合同表象之外，应着重考察行为人的合同目的。有观点认为，合同诈骗罪的本质在于利用合同进行诈骗，合同诈骗等于合同加诈骗，而诈骗等于欺诈加非法占有为目的。⑨这一观点忽视了合同目的性。在诈骗罪中，行为人为使被害人陷入错误认识并交付财物，也可能会利用合同这一形式骗取被害人的信任，从表象上看其与合同诈骗罪的构成要件是相符合的，但因其不具备通过参与市场经济活动而获取利润的目的，而只是将合同作为诈骗的工具和手段，故其应以普通诈骗罪定罪处罚为妥。此外，还可从导致被害人陷入错误认识的因素是合同本身还是合同以外的因素进行辅助判断。所谓利用合同，是指合同在被害人作出错误财产处理过程中发挥了主导作用，被害人正是基于合同约定的利益内容以及合同的保障功能，才作出相应的财产处分，即被害人系出于履行合同的目的才交付约定的财物。若被害人陷入错误认识并处分财产，主要是基于合同以外的其他认识错误，则不构成合同诈骗罪。

三、刑事政策：合同诈骗罪的合理适用

从立法渊源可以看出，立法者之所以将合同诈骗罪从普通诈骗罪中独立

⑨ 徐立、周铭川：《试论合同诈骗罪的本质》，载《律师世界》2002年第11期。

出来，目的是适应社会主义市场体制的发展，提高对破坏市场秩序行为的打击力度。但从实践来看，合同诈骗罪的定罪量刑标准均高于普通诈骗罪，即合同诈骗罪的处罚实际上比诈骗罪轻，导致实践中从有利于被害人角度出发会不断扩大合同诈骗罪的适用范围，只要与合同有关，甚至出现合同字样，即认定为合同诈骗罪。故有论者认为，将合同诈骗罪独立出来，从根本上背离了危害社会行为入罪的规律，充分展示了刑事政策的硬性弯曲倾向。这必然导致司法实践和学术理论研究的困惑。应当恢复合同诈骗罪本质上属于侵害财产所有权的面目，通过立法的方式使合同诈骗罪重新归类于侵犯财产罪。⑩ 也有论者认为，两罪法定刑及犯罪数额的不同，使得合同诈骗罪成为诈骗罪的翻版，但处罚上却明显轻于诈骗罪，这也是合同诈骗罪打击不力的重要原因。

笔者认为，上述观点在一定程度上反映了合同诈骗罪的司法适用现状，具有一定合理性。但是，如果因此而取消合同诈骗罪，则不利于在破坏社会主义市场经济秩序罪中进一步严密刑事法网，充分发挥刑法的预防和保障机能，也不利于构建与高度发达的市场经济相适应的刑事法律体系。理论和实践中需要进一步努力的方向，是通过合理的法律解释，来提高合同诈骗罪适用的科学性，一方面改变合同诈骗罪和诈骗罪罪行轻重的倒挂现象，另一方面从市场主体、合同内容、合同目的和客观行为等方面合理解释合同诈骗罪的构成要件，使得合同诈骗罪真正用于规范破坏社会主义市场经济秩序的犯罪行为，并逐步破除司法实践中同案不同判现象。

四、实践回归：基于本案的分析

回归到本案，从合同主体、内容、目的以及侵害法益等方面分析，侯某某等人以虚构的公司名义从事文玩诈骗的行为未扰乱市场经济秩序，不构成合同诈骗罪，应以诈骗罪对其定罪处罚。具体分析如下：

第一，从合同主体来看，侯某某等人为犯罪对外谎称的文玩拍卖、鉴定公司未经过工商注册登记，没有法定代表人，也没有营业执照，公司名称也

⑩ 参见许仁富：《合同诈骗罪的立法价值取向及其误区》，载《湖北社会科学》2007年第3期。

系编造的，仅是其犯罪方法中的一环，作为合同双方的虚假公司和被害人均不是以营利为目的，从事经常性经营活动或者商业活动的，故双方均不属于真正意义上的市场主体。

第二，从合同内容来看，侯某某等人自始至终没有真实交易的意图，也不存在交易的事实和可能性，其与被害人之间未形成真实的交易关系，涉案的合同内容无法通过真实的市场交易行为取得利润，而是直接以虚构事实、隐瞒真相方式骗取对方财物，不具有经济合同特征。因此，该合同不属于合同诈骗罪中的“合同”。

第三，从合同目的来看，侯某某等人虽然借用虚假公司名义与被害方签订书面或口头的收藏品拍卖、鉴定“合同”，但其并不具备参与文玩交易市场活动的真实目的，也不具备从事市场交易活动的实际行为，且其实施了一系列诈骗行为，包括以拨打电话、网络联系等方式招揽被害人，谎称有买家购买藏品，冒充买家及助理进行见面谈价格，对藏品虚假认证等。在这些欺诈行为的共同作用下，被害人才对交易藏品的真实性陷入错误认识，从而支付钱款。

第四，从侵害法益来看，虽然本案中双方形成了书面式“口头合同”，并对合同内容如购买物品、价格、附加条件等有明确的合意，看似具备“合同”要素，但从前述市场主体、合同内容及目的来看，侯某某等人本质上并未参与市场经济活动，并未破坏正常的市场交易秩序，其行为仅侵害了他人的财产权利。

综上，本案中侯某某的行为应认定为诈骗罪。

（责任编辑：潘庸鲁）

帮信罪与电信网络诈骗犯罪共犯的区分规则
——蔡某某、易某诈骗案

潘庸鲁　饶伊蕾*

【裁判要旨】

帮助信息网络犯罪活动罪属于堵截式、后置式罪名，只有在案证据尚不足以证明被告人行为构成诈骗罪的共犯时，才能适用帮助信息网络犯罪活动罪进行评价。行为人为获取高额报酬，采取隐蔽方式与固定上家频繁联系、多次协作，专门准备大量犯罪工具，按照上家指示，在上游诈骗分子拨打电话时提供远程通讯连接服务。犯罪过程中多次收到手机运营商反诈预警短信及封卡通知，仍频繁变更地点继续实施犯罪，可以认定行为人与诈骗团伙之间形成较为稳定的配合关系，即使上游诈骗分子未明确告知拨打电话的用途和目的，也可以认定行为人对诈骗犯罪“心知肚明”，从罪责刑相适应、主客观相一致的角度出发，宜认定为诈骗共犯。

【案情】

公诉机关：上海市浦东新区人民检察院

被告人：蔡某某、易某

2023 年 1 月起，被告人蔡某某、易某为牟取非法利益，主动通过蝙某软件寻找上家，与固定的上家形成合作关系。为完成上家的任务，购买大量手机、手机卡及数据线作为犯罪设备，后按照上家指示，用数据线连接两部手

* 潘庸鲁，法学博士，上海市高级人民法院刑事审判庭审判员。饶伊蕾，法学硕士，上海市浦东新区人民法院刑事审判庭审判员。

机（一部插电话卡，一部不插卡），登录上家提供的“云某”软件账号，再由上家借助远程控制软件操控插卡的手机拨打电话，过程中保持手机连接畅通，为上家提供通讯连接服务。任务完成后，上家每日根据被告人的连接时间，按照每小时几百元标准，通过欧易软件以“USTD”虚拟币的形式支付报酬。其间，多次收到手机运营商反诈预警短信及封卡通知，为规避调查，两名被告人频繁更换酒店，因手机卡多次被封，又从蝙某软件上寻找卡商高价购买多张电话卡。

经查，上述设备被用于网络诈骗犯罪活动，致多人被骗，被骗金额合计人民币 100 余万元。后被告人蔡某某、易某被抓获到案。公安机关从两名被告人处扣押了移动电话 18 部、电话卡 43 张、音频线、银行卡若干等物。

两名被告人到案后曾辩解，上家未明确告知拨打电话的用途和目的，也无法知晓上家通话的具体内容，主观上仅认为是为催款或者广告宣传提供服务，没有诈骗的犯罪故意，后在庭审过程中对公诉机关指控的诈骗罪没有异议。

两名被告人的辩护人提出，被告人的行为仅构成帮助信息网络犯罪活动罪，不成立诈骗共犯，主要理由是：第一，从共同犯罪的角度看，两名被告人既没有事前与上家共谋犯罪，也没有在事中与诈骗分子形成双向犯意联络，无法认定具有共同诈骗的犯罪故意。第二，从客观行为方面看，两名被告人提供的通讯连接方面的技术支持并非诈骗犯罪的实行行为，不符合诈骗罪的构成要件。被告人犯罪行为独立性强、可替代性高，与上游犯罪割裂明显，不宜认定为诈骗共犯。

【审判】

本案争议的焦点是，被告人蔡某、易某某为上游犯罪提供通讯连接服务的技术支持行为，是构成上游诈骗犯罪的共犯还是帮助信息网络犯罪活动罪？

上海市浦东新区人民法院经审理认为，两名被告人的主观认知程度、参与深度、获利程度等与一般的出售银行卡提供支付结算帮助或者提供互联网接入、通讯传输等技术支持的帮助信息网络犯罪行为明显不同。被告人深度参与上游诈骗犯罪，与上游犯罪分子形成较为稳定的分工、配合关系。虽然双方没有就犯罪的具体细节进行直接商议，但是被告人多次收到手机运营商反诈预警短信及封卡通知，在参与过程中能够掌握共同犯罪的主要内容和基本性质，为追求高额报酬，彼此心照不宣，形成默示的双向犯意联络。同时，考虑到被告人主要是受上家安排、指使而实施犯罪行为，仅提供后台技术支持，可依法认定为诈骗罪的从犯。

综上，上海市浦东新区人民法院作出判决：一、被告人蔡某某犯诈骗罪，判处有期徒刑三年六个月，并处罚金人民币四万元。二、被告人易某犯诈骗罪，判处有期徒刑三年八个月，并处罚金人民币四万元。三、扣押在案的作案工具予以没收。四、退缴在案的违法所得发还被害人，不足部分继续追缴或责令退赔。

一审宣判后，二名被告人均未提起上诉，检察机关亦未抗诉。判决已发生法律效力。

【评析】

本案的争议焦点是行为的定性，这个问题一直困扰着司法实践，也是控辩双方的主要争议之处，因为帮助信息网络犯罪活动罪（以下简称帮信罪）和诈骗罪的最高刑期分别为有期徒刑三年和无期徒刑，在有罪定性结论无法改变的前提下被告人更愿意选择帮信罪，这是人的本性。对于帮助行为已然正犯化，在证据符合标准的基础上，原则上就应适用正犯化后的罪名。同时，既然是为他人利用信息网络实施犯罪提供辅助性帮助行为，那必然意味着行为人与电信网络诈骗犯罪活动存在千丝万缕的联系，或者可以说帮信行为在某种程度上是电信网络诈骗犯罪的一部分，只不过在关联性、参与度和明知程度等方面存在明显差异。

对于本案的定性主要有两种观点：第一种意见认为，本案应构成帮信罪，被告人明知上家利用信息网络实施犯罪，仍通过数据线连接手机，登录上家提供的“云某”软件账号和密码，为上家拨打电话提供通讯连接服务，显然提供了一种帮助行为，对上家的行为参与度不深，也缺乏明显的通谋。第二种意见认为，不能以帮信罪降低对被告人的惩罚，本案应认定被告人构成诈骗罪的共犯，被告人根据上家指令从事犯罪活动，从提供通讯连接服务、购买多部手机和多张电话卡以及获取较多非法利益来看，双方之间已心照不宣，形成事实上的稳定分工协作关系，被告人的多个异常行为可以认定其明知上家实施电信网络诈骗犯罪活动，以共犯处理才能符合罪责刑相适应原则。

笔者同意第二种意见。

一、帮信罪与诈骗罪共犯的区分标准

网络、通信、智能设备等现代技术在极大便利民众工作生活的同时，也成为犯罪分子实施违法犯罪的重要借力。随着信息网络犯罪的规模化、产业化和链条化，为其提供技术支持或者其他帮助的行为日益成为犯罪活动的重要环节，由于此类"帮助行为"缺少或难以查证与相关信息网络犯罪具有必要的意思联络或共同的犯罪行为，难以作为共同犯罪处理。打击电信网络诈骗活动，必须依法严惩上下游关联犯罪，斩断电信网络诈骗犯罪的帮助链条。为此，有必要将帮助行为正犯化。

2015年《刑法修正案（九）》增设帮信罪，是指行为人明知他人利用信息网络实施犯罪，为其犯罪提供互联网接入、服务器托管、网络存储、通讯传输等技术支持，或者提供广告推广、支付结算等帮助，情节严重的，处三年以下有期徒刑或者拘役，并处或者单处罚金。既然帮信罪已纳入刑法体系，那么帮信罪与诈骗罪的共犯应有相对明确的适用界限，否则将会虚置帮信罪的独立价值，而当前帮信罪的案件数量已位列刑事案件前位，愈发凸显两者区分的必要性，以避免打击对象的模糊性以及处罚的失衡性。由于电信网络诈骗犯罪链条较长，行为人之间沟通联络相对松散，对于诈骗罪共犯认定标准不易把握，笔者认为可以从以下几个方面予以考量。

（一）意思联络的明确性和互动性

行为人应与他人就帮助实施电信网络诈骗犯罪活动有意思联络，意思联络是彼此把各自行为意图让对方知道或应当知道，这个意思联络并非单向输出或者是一种片面帮助行为，往往表现为多次沟通并具有一定的互动性，才能展现行为人的参与性。意思联络在电信网络诈骗的事前或事中通谋，这种联络相对紧密和固定，联络内容也相对具体，或者至少是"心照不宣"，才有可能构成诈骗罪的共犯。而帮信罪往往是因犯罪链条比较复杂，被害人也具有不特定性，不同环节人员之间往往互不相识，没有明确的犯意联络，因而此种情形一般认定为帮信罪。最高人民法院陈攀法官认为，对于行为人事前或事中未与被帮助对象进行通谋，仅单纯向他人实施信息网络犯罪提供帮助的，即使其在提供帮助时明知被帮助对象实施犯罪的具体性质，原则上也不宜以被帮助犯罪的共同犯罪论处。例如，被告人违法售卖改号软件且主观上已明知他人利用改号软件用于电信诈骗，仍提供改号软件及服务器存储等技术支持，造成多人被骗，但因双方之间缺乏通谋，仍应认定为帮信行为。

（二）帮助对象的稳定性和长期性

行为人一般服务于特定电诈集团、团伙，或者“一对一”多次提供帮助，明知对方实施电信网络诈骗犯罪，参加诈骗团伙或者与诈骗团伙之间形成较为稳定的协作关系，长期为特定对象提供支付结算、转账取现等服务，形成一个相互配合、相互作用的利益整体，此种情形可按照诈骗犯罪共犯处理。例如，行为人既非诈骗团伙成员，也未与诈骗分子有直接的事前或事中联系，但是在较长时间内相对稳定地帮助诈骗团伙实施特定行为（如提供转移支付、套现、取现的工具、提供个人信息、引流推广等），已经成为整个诈骗链条上的固定环节，行为人对诈骗犯罪行为“心知肚明”，应以诈骗罪共犯论处。最高人民法院喻海松法官认为，对于明知他人实施电信网络诈骗犯罪，与之事前通谋，参加诈骗团伙或者与诈骗团伙之间形成较为稳定的配合关系，长期为其提供银行卡或者转账取现，甚至参与利益分成的，可以诈骗罪共犯论处。反之，若频繁地更换服务对象或者对象的不特定性，意味着行为人对上游电信网络诈骗犯罪的明知程度降低，也会弱化联系的紧密性和稳定性，此时不宜认定为诈骗罪共犯。

（三）分工的明确性和配合性

在电信网络诈骗犯罪共犯中，提供帮助的行为人在共同犯罪活动中主要从事次要活动，并非从事诈骗核心环节，但行为人的帮助行为又是诈骗既遂必不可少的一个环节，例如，行为人明知上游犯罪实施电信网络诈骗犯罪时依然多次提供互联网接入、服务器托管、网络存储、通讯传输、支付结算、银行卡转账取现等环节性的配合工作，在犯罪过程中与诈骗分子紧密联系、频繁沟通，进而从中分得与地位作用相符合的违法利益，行为人的配合性体现了主观的主动性，环节性体现了行为的配合性，即诈骗罪共犯的行为方式与犯罪团伙的粘连性较高，客观上参与程度深，犯罪作用大，双方形成分工配合关系，宜认定为诈骗罪共犯。相反，帮信行为参与被帮助的犯罪行为程度不高，在犯罪过程中与诈骗分子沟通次数及内容有限，合作程度松散，距离诈骗罪的核心行为较远，在诈骗犯罪中发挥的作用有限，尚未达到与上游犯罪形成共犯勾连及互相促进的程度，以帮信罪处理更符合犯罪的罪质。

（四）明知的确切性和程度性

就确切性而言，明知他人利用信息网络实施犯罪和明知他人利用信息网络实施诈骗犯罪存在明知程度的差异，帮信行为人的主观明知通常是或然明知或概括明知，至于上游犯罪具体是诈骗、赌博还是其他网络犯罪其不需要明知，也不关心、介意其所提供的银行卡具体被用于哪个犯罪阶段，仅单纯提供银行卡、电话卡的行为人一般只能预见到“两卡”被帮助对象用于网络犯罪的可能性，往往是一种或然性的认知而非确定性的认知，此时认定帮信罪较为妥当。如果行为人根据犯意通谋或者行为异常等综合判断上游行为人实施犯罪的确定性，仍然积极参加，此时认定为诈骗罪共犯更为妥当。例如，对于向电信网络诈骗团伙提供特定支持帮助的黑灰产团伙中的组织者、领导者和骨干分子一般与诈骗分子联系紧密，对其所帮助的行为有着相对明确的认识，综合在案证据可以诈骗罪共犯论处。2016 年最高人民法院、最高人民检察院、公安部《关于办理电信网络诈骗等刑事案件适用法律若干问题的意见》规定，明知他人实施电信网络诈骗犯罪，具有下列情形之一的，以共同犯罪论处，具体包括提供信用卡、资金支付结算账户、手机卡、通讯工具的；非法获取、出售、提供公民个人信息的；制作、销售、提供“木马”程序和“钓鱼软件”等恶意程序的；帮助转移诈骗犯罪所得及其产生的收益，套现、取现的等共八条，上述规定的“明知他人实施电信网络诈骗犯罪”，应当结合被告人的认知能力、既往经历、行为次数和手段、与他人关系、获利情况、是否曾因电信网络诈骗受过处罚、是否故意规避调查等主客观因素进行综合分析认定。

综上，电信网络诈骗犯罪的共犯是以非法占有为目的作为关键性标准，需要行为人深度的参与性、行为的环节性和主观明知的确定性。行为人必须明知他人实施电信网络诈骗犯罪，并希望骗取财物的结果发生，通常事前或事中有意思联络。而帮信罪因侵犯的客体首先是社会管理秩序，特别是在“一帮多”的情形下，侵害的法益表现为多元化，进而诈骗故意的确定性和紧密性就会明显降低。另外，罪责刑相适应原则也是准确适用罪名的客观标准，从刑罚设置看，刑法对帮助信息网络犯罪活动罪设置了较低法定刑，反映出立法者对帮信行为的非难程度不高，正如“刑随罪至，罪因刑显”，背后深刻反映出帮信罪的社会危害性远远低于诈骗罪共犯。在复杂案情下需要综合行为人提供两卡的数量、与上游犯罪人的紧密程度、给被害人造成的损失、非法获利的多少以及有无被处理的前科等主客观情节，如果以帮信罪判处三年以下有期徒刑明显不当，可考虑定掩隐罪或者是诈骗罪的共犯。为此，法官办案不能仅凭感觉，感觉仅是法官办案的第一要素，是多年审判经验的条件反射以及下一步审理的方向，所以不能把法官的审判感觉认定为非理性，需要结合案件事实和证据，遵循证据裁判规则和逻辑法则，进行验证和校验。

二、本案应认定为诈骗罪的共犯

本案中，被告人蔡某某、易某并非为了寻求工作而误入歧途，两名被告人为获取高额利润，主动在黑灰软件蝙某上寻找需要提供技术支持的上游犯罪分子，后经过商议，双方就合作模式、价格等细节达成一致意见，与固定的上家形成稳定合作关系，本案以诈骗罪共犯认定并无不当。

（一）被告人主观明知参与上游诈骗活动

本案中，针对被告人蔡某某、易某辩称主观并不明知上家实施的是诈骗犯罪，在上家未到案、被告人又否认具有直接的事前或事中共犯沟通时，应结合案件情况审查被告人与上游是否形成默示的共犯故意。上家仅要求被告人提供通话连接服务，就愿意支付每小时几百元的报酬；被告人在实施犯罪过程中多张手机卡被电信运营商封停，并且收到多条涉电信网络诈骗的预警短信，但未找上家了解拨打电话的对象、内容，也未向相关职能主管部门询问原因，反而采取继续高价购买新手机卡、转移酒店等方式逃避监管。尽管缺少被告人的供述和聊天记录等直接证据，但是在案证据足以证实两名被告人与上家频繁沟通、多次协作过程中，对于实施的诈骗犯罪心知肚明，但为了实现非法利益，彼此心照不宣，已形成默示的双向犯意联络，可以成立诈骗共犯。

（二）被告人实施了积极的共犯客观行为

一是与上家进行了紧密联系。从与上家的联系情况来看，被告人与上家通过蝙某软件联系，任务结束后及时撤回聊天记录，联络方式隐蔽，查处难度高。上家每次拨打诈骗电话前，均通过蝙某软件向被告人提供“云某”软件的登录账户和密码（每次不同）。过程中如果出现手机卡被封或者软件运行故障，上家会通过蝙某软件联系被告人处理，双方密切联系、相互配合。二是作案次数多、频率高。两名被告人与上家达成合作以后，按照上家的要求从老家驱车赶往上海，租住地理位置偏僻的酒店，购买大量的手机、手机卡及连接设备，在酒店内 24 小时待命，专门从事犯罪行为。从 2023 年 1 月两人开始实施犯罪，到 2 月被抓的两个月时间内，两名被告人除回老家过年的几天，每天都在持续作案。三是在参与过程中已逐步掌握共同犯罪的主要内容。两名被告人虽然对诈骗分子如何寻找诈骗对象、诈骗理由及诈骗后钱款去向等具体细节不知晓，但是其等人在提供通讯连接服务的过程中，频繁收到电信主管部门的涉诈短信预警及封卡通知，结合目前国家广泛开展的涉诈宣传以及其等人获取的高额报酬，应该意识到上游分子拨打的是诈骗电话。四是行为方式具有高度隐蔽性。本案中上家要求两名被告人租住比较偏僻、安全一点的酒店，其两人到上海以后通过地图软件专门搜索偏远的酒店，在收到涉诈短信后，频繁更换位置偏僻的酒店。手机卡被电信主管部门封停后，两名被告人并未去查询封卡原因，反而直接弃卡再通过卡商高价购买新卡继续犯罪。通过上述手段，躲避数据筛查和技术定位。五是行为人实施的行为紧密伴随主行为。上游诈骗分子主要通过拨打电话实施诈骗，被告人登录拨号软件后，上家通过远程控制软件操控被告人的手机拨打电话。在被告人提供的通讯连接技术支持下，被害人接听电话来电显示为被告人购买的手机卡号。上家拨打诈骗电话的过程中，两名被告人需要保持手机网络畅通、软件正常运转以及排查其他技术故障。此外，根据本案被害人的陈述，其等人在接到诈骗电话时，看到显示的是私人手机号码而非虚拟号码，在一定程度上也降低了警惕性。可见，被告人的帮助行为紧密伴随上家的主行为，有力助推了犯罪结果的发生。

（三）非法获利数额巨大

被告人只需在接到上家指令后，用数据线连接两部手机，并且在手机上登录指定账号，就能按照每小时数百元的标准当日结算报酬。任务完成后，上家通过某软件往被告人的账户打入“USTD”虚拟币，然后被告人再转换为人民币提现到支付宝账户，违法所得预估高达20余万元。

从整体上看，两名被告人与上家各有分工，上家负责拨打电话，被告人提供通讯连接，双方共同参与、相互配合，共同实施利用通讯手段骗取被害人钱款的行为，导致诈骗结果发生。被告人提供的技术支持是电信网络诈骗犯罪重要的一环，应将被告人的行为作为电信诈骗不可或缺的组成部分予以评价。

综上，行为人主观上对于被帮助人所实施诈骗行为的性质、手段、后果具有确切认识，客观行为与正犯行为具有紧密关联，应认定为诈骗罪共犯。审判实践必须坚守基本立场，即帮信罪的立法初衷旨在打击犯罪产业链中的线上帮助行为，其立法定位是补充条文，只有在无法认定为诈骗罪共犯或者掩隐罪等罪名时，才有适用帮信罪的余地，如果把帮信罪作为打击电信网络诈骗犯罪的主要罪名运用不符合设立的初衷，显然是一种本末倒置的选择。

（责任编辑：俞小海）

公募基金从业人员与私募基金从业人员双向交流股票信息并从事相关交易行为的认定

——姜某某、柳某利用未公开信息交易案

张亚男*

【裁判要旨】

判断公募基金从业人员与私募基金从业人员双向交流中涉及的股票信息是否属于未公开信息，应当结合双方的专业能力、交流内容、交流后的行为表现、交流程度、异常情况等进行实质判定。

如果公募基金从业人员与私募基金从业人员作为利益共同体，由私募基金从业人员利用公募基金从业人员职务便利获取的未公开信息从事相关证券交易行为的，则构成利用未公开信息交易共同犯罪。鉴于私募基金从业人员在作为身份犯的利用未公开信息交易共同犯罪中，分担实行了部分构成要件行为，并对犯罪结构的产生起到积极推动作用，具有与公募基金从业人员同等的正犯性与法益侵害性，故可认定二者成立实行共同正犯。

【案情】

公诉机关：上海市人民检察院第一分院

被告人：姜某某、柳某

2010年12月，被告人姜某某设立云腾公司。2011年3月，姜某某设立“云腾一期”私募基金，并通过该私募基金从事证券交易。2009年4月至

* 张亚男，法学硕士，上海市第一中级人民法院刑事审判庭法官助理。

2015 年 1 月，被告人柳某担任泰信基金公司（公募基金）基金经理，管理泰信蓝筹基金，负责该基金的运营和投资决策。

2009 年 4 月至 2013 年 2 月间，被告人姜某某频繁与被告人柳某交流股票投资信息。柳某明知姜某某经营股票投资业务，仍将利用职务便利所获取的泰信蓝筹基金交易股票的未公开信息泄露给姜某某；或使用泰信蓝筹基金的资金买卖姜向其推荐的股票，并继续与姜交流所交易的特定股票，从而泄露相关股票交易的未公开信息。姜某某则利用上述从柳某处获取的未公开信息，使用所控制的证券账户进行股票交易。上述时间段内，姜某某控制的“杨某某”“金某”“叶某”证券账户及“云腾一期”私募基金证券账户与泰信蓝筹基金账户趋同买入且趋同卖出股票 76 只，趋同买入金额人民币 7.99 亿余元，趋同卖出金额 6.08 亿余元，获利 4619 万余元。2015 年 11 月，被告人柳某在接受证券监管部门调查时如实供述主要犯罪事实。

【审判】

上海市第一中级人民法院经审理认为，被告人姜某某、柳某违反规定，共同利用柳某担任基金管理公司从业人员职务便利获取或形成的未公开交易信息，从事相关证券交易活动，情节特别严重，应以利用未公开信息交易罪追究刑事责任。综合考虑二人具有的犯罪事实、情节等，以利用未公开信息交易罪对被告人姜某某判处有期徒刑六年六个月，并处罚金人民币四千万元；对被告人柳某判处有期徒刑四年六个月，并处罚金人民币六百二十万元；违法所得予以追缴。

一审宣判后，被告人姜某某、柳某不服，提起上诉。

上海市高级人民法院经审理认为，原判认定上诉人姜某某、柳某利用未公开信息交易犯罪的事实清楚，证据确实、充分，适用法律正确，审判程序合法。鉴于姜某某二审期间检举揭发他人诈骗犯罪经查证属实，构成立功；姜某某、柳某二审期间又退出部分违法所得，可依法对二人在原判基础上从轻处罚。故对上诉人姜某某犯利用未公开信息交易罪，改判有期徒刑五年九个月，并处罚金人民币四千万元；对上诉人柳某犯利用未公开信息交易罪，改判有期徒刑四年，并处罚金人民币六百二十万元。

【评析】

本案系一起公募基金从业人员与私募基金从业人员以“双向交流”方式利用未公开信息进行交易的案件，其特点在于公募基金从业人员并未指使对方进行相关证券交易活动，而是以双方交流各自看好的股票基本面、波段以及交易时机等信息为行为方式，其中，既包括公募基金从业人员将公募基金投研信息泄露给对方的情形，也包括采纳对方的投资建议进行公募基金投资的情形。本案涉及的争议焦点主要包括：一是公募基金从业人员与私募基金从业人员相互交流、提供的个股信息与投资建议是否属于“未公开信息”；二是私募基金从业人员是否属于未公开信息交易犯罪的适格主体；三是如何评价公募基金从业人员与私募基金从业人员“双向交流”股票信息并从事相关交易的行为性质。

一、“双向交流”情形中传递未公开信息的认定

对于公募基金从业人员与私募基金从业人员相互交流、提供各自看好的股票信息与投资建议，是否属于我国《刑法》第180条第4款中规定的“内幕信息以外的其他未公开的信息”，实践中存在争议。一种观点认为，“未公开信息”是指基金公司的股票交易信息，而非推荐股票的信息，交流、推荐股票的内容不能认定为“未公开信息”；另一种观点则认为，能否将交流、推荐的股票内容认定为未公开信息，应当结合双方的领悟能力、行为表现等进行实质判定。笔者同意第二种观点。分析如下：

“未公开信息”是指证券期货交易活动中，除内幕信息以外的对证券期货市场价格有重大影响的其他尚未公开的信息，具有“未公开性”与“价格敏感性”两个特征。在2019年最高人民法院、最高人民检察院《关于办理利用未公开信息交易刑事案件适用法律若干问题的解释》施行之前，理论界、实务界对于将涉及金融机构证券、期货投资决策、交易动向信息纳入“未公开信息”范畴已达成共识，主要原因就在于这类信息在一定时期内并不为公众所知悉，且一旦公布将对相关证券交易价格以及其他投资者是否作出相关交易行为产生较大影响。之后，司法解释在提炼和总结司法经验的基础上，采用“列举+兜底条款”的方式，明确“未公开信息”主要包括：证券、期货的投资决策、交易执行信息，证券持仓数量及变化、资金数量及变化、交易

动向信息，以及其他可能影响证券、期货交易活动的信息。

本案中，公募基金从业人员柳某与私募基金从业人员姜某某主要就各自看好的个股进行信息交流、提供投资建议。交流中涉及的相关信息是否属于未公开信息范畴，应当结合双方的专业能力、交流内容、交流后的行为表现、交流程度、异常情况等进行实质判定。第一，从专业能力看，双方均具有专业的证券从业经历或丰富的证券投资经验，对于股票信息的敏感和理解程度远高于普通投资者，能够从对方对股票的看法中判断出相关投资决策或交易动向。第二，从交流内容看，双方交流的个股信息并不局限于基本面信息（如财务指标、股东情况、公司概况等），更涉及波段信息、交易价格与时机等细节内容，有助于获悉彼此的投资意向、计划。第三，从交流后的反应看，在姜某某向柳某推荐股票后，柳某即通过所任职的基金公司对有关股票进行调研，并将包括相关基金投资计划的研究报告结论告诉姜某某。第四，从交流程度看，双方在长达四年的时间里，频繁深入地交流股票投资信息，对彼此的交易习惯、投资思路与决策动向能够心领神会。第五，从异常情况看，柳某在工作过程中违规使用多个临时号码与姜某某交流股票实时行情，存在实时交流的违规行为。从上述一系列行为能够看出，双方的交流行为明显超出正常业务交流的范畴，交流内容涉及金融机构实质性投资交易的信息，具有“未公开性”和“价格敏感性”特征，可以认定为传递“未公开信息”。

此外，需要说明的是，目前将私募基金从业人员认定为利用未公开信息交易罪的适格主体还存在较大争议（详见下文分析），出于刑法谦抑性原则的考虑，私募基金从业人员向公募基金从业人员反向提供的股票信息与投资建议，不宜认定为刑法意义上的未公开信息。但如果公募基金从业人员采纳了其建议，并将公募基金投资、交易股票的情况反馈给私募基金从业人员的，此时该投资、交易信息便构成未公开信息。而且，即使公募基金从业人员作出相关投资决策借助了私募基金从业人员的相关建议，也不影响未公开信息的认定。

二、“双向交流”情形中犯罪主体的认定

在判断公募基金从业人员与私募基金从业人员双向交流股票信息并从事相关交易行为性质之前，有必要对交流双方的主体身份，尤其是私募基金从

业人员是否属于利用未公开信息交易罪的适格主体进行剖析，为准确认定共同犯罪的形态、成立共同犯罪的范围打下基础。

根据我国《刑法》第180条第4款的规定，利用未公开信息交易罪属于身份犯，其适格主体包括两类：一是证券交易所、期货交易所、证券公司、期货经纪公司、基金管理公司、商业银行、保险公司等金融机构的从业人员；二是有关监管部门或者行业协会的工作人员。如证监会、银保监会等具有金融证券监管职能的监管部门和证券业协会、银行业协会等接受金融监管部门监督管理和业务指导的自律性金融行业协会的工作人员。而关于私募基金从业人员是否属于利用未公开信息交易犯罪的适格主体，实践中争议较大。

笔者认为，目前尚不宜将其单独认定为本罪的适格主体。主要考虑是：第一，私募基金管理机构尚不宜认定我国《刑法》第180条第4款规定的金融机构，该款规定的金融机构应当经过批准成立。从该款规定的金融机构情形看，明确列明了证券交易所、商业银行、基金管理公司、保险公司等七种情形。根据我国《银行业监督管理法》《商业银行法》《证券法》《保险法》《信托法》《证券投资基金法》等法律规定，上述金融机构均应当经央行、证监会、银保监会等国家指定的主管机关批准才能成立。而根据国务院2023年7月发布的《私募投资基金监督管理条例》第10条的规定，私募基金管理人依法向国务院证券监督管理机构委托的机构登记备案即可成立，无须上述主管机关批准。第二，相关规定将私募基金管理人纳入金融机构范围有其独特考虑。如《非居民金融账户涉税信息尽职调查管理办法》将私募基金管理人纳入金融机构范畴，是为了履行金融账户涉税信息自动交换的国际业务，与规范开展证券、期货核心业务无实质关联。第三，构成行政违法并不意味一定能够纳入犯罪规制。尽管《私募投资基金监督管理条例》第30条规定：私募基金从业人员不得泄露因职务便利获取的未公开信息，利用该信息从事或明示、暗示他人从事相关的证券交易活动。该规定意味着私募基金从业人员可以构成利用未公开信息行政违法，但纳入犯罪规制仍有待刑法条文的修改完善。

本案中，被告人柳某系公募基金公司基金经理，属于金融机构从业人员，是真正的身份犯；而被告人姜某某系私募基金从业人员，并非利用未公开信息交易犯罪的适格主体。鉴于利用未公开信息交易罪属于真正的身份犯，当前私募基金从业人员又并非本罪的适格主体，因此，在双方形成相互荐股故意的情形下，应当仅就私募基金从业人员利用公募基金从业人员提供的未公开信息并从事趋同交易的部分进行犯罪评价，而对于后者利用前者提供的与私募基金相关未公开信息进行趋同交易的部分不作为犯罪处理。

三、“双向交流”情形中私募基金从业人员利用公募基金从业人员传递的未公开信息从事相关交易行为的认定

关于“双向交流”情形中私募基金从业人员利用公募基金从业人员传递的未公开信息从事相关交易行为的认定，实践中亦存在不同观点。第一种观点认为，该情形下，公募基金从业人员的行为属于单纯的泄露未公开信息的行为，该行为并非利用未公开信息交易犯罪的实行行为，故不构成犯罪；而私募基金从业人员因不具有适格的主体身份，亦无法单独构成犯罪。第二种观点认为，公募基金从业人员的行为属于明示、暗示他人实施相关交易的行为，构成利用未公开信息交易罪；而私募基金从业人员作为无身份者直接从事相关交易的行为，属于对“明示或暗示的行为”的帮助行为，故可认定二者构成共同犯罪。第三种观点则认为，二者作为利益共同体，共同利用公募基金从业人员职务便利获取的未公开信息，从事相关交易活动，应认定构成共同犯罪。笔者同意第三种观点。分析如下：

第一，“双向交流”情形中公募基金从业人员传递未公开信息的行为并非单纯的泄露行为。从刑法罪状及罪名设置来看，尽管利用未公开信息交易罪与内幕交易、泄露内幕信息罪均规定在我国《刑法》第180条，但刑法对内幕信息与未公开信息的保护力度有所区别，导致两者最显著的不同之处在于，刑法并未就泄露未公开信息的行为设置独立的罪名以追究刑事责任，而是不作为犯罪处理。司法实践中，判断有身份者向特定对象传递未公开信息的行为系单纯的泄露行为，还是实施利用未公开信息交易犯罪行为的一个关键环节，应当根据泄露者的主观故意情况、泄露信息的具体内容、被泄露者的领悟能力及交易情况等进行实质判断。首先，从泄露者的主观故意分析，在单纯的泄露行为中，有身份者对于信息接收者是否利用其泄露的未公开信息进行相关交易往往并不关注或者无法控制，更没有从中获利的不法目的；反之，

如果泄露者积极追求信息接收者利用其传递的未公开信息实施相关交易行为，则不能认定为单纯的泄露行为。其次，从泄露信息的内容看，主要审查被泄露者能否从泄露的未公开信息内容中基本判断出交易品种与操作方向，如果无法锁定对应的证券期货交易对象与方法的，应认定为单纯的泄露行为而非明示或暗示他人从事交易的行为。再次，从被泄露者的领悟能力看，一般投资者与专业人员对未公开信息的领悟和判断能力具有较大差别，具体认定时需区别对待。最后，从交易情况看，关注被泄露者是否从事与未公开信息内容相关的证券、期货交易，即泄露行为是否对交易行为施加了影响，如果未从事相关交易行为的，泄露者与被泄露者均不构成犯罪。

本案中，柳某对于姜某某利用其传递的未公开信息进行交易持积极追求态度，且具有从中获利的目的；而姜某某作为专业人员，能够从柳某泄露的未公开信息中判断出相关交易策略，并借助柳某的泄露行为进一步从事相关交易，故不能将柳某的行为理解为单纯的泄露行为。

第二，将“双向交流”情形中公募基金从业人员传递未公开信息的行为评价为“明示、暗示他人实施相关交易的行为”，私募基金从业人员的交易行为对应评价为“明示、暗示行为的帮助行为”亦不妥当。主要理由是：其一，根据我国《刑法》第 180 条第 4 款的规定，“明示、暗示他人从事相关交易活动”系有身份者实施的一种正犯行为，即“建议交易”行为，如认定无身份者构成帮助犯，则应就“明示或暗示”这个正犯行为进行帮助，而不是针对交易行为进行帮助。也就是说，若无身份者仅按照有身份者的建议去从事交易，该交易行为只是对建议行为的执行或者落实，属于对犯罪结果的实现，并非对建议行为的帮助，因此难以将无身份者的行为认定为帮助犯。① 回归到本案，如果将有身份者柳某的实行行为评价为“明示、暗示他人从事未公开信息交易的行为”，那么将姜某某实施的交易行为评价为对“明示或暗示行为”的帮助行为，将面临理论上的障碍，进而出现无法对姜某某的危害行为进行定罪的困境。其二，即使将姜某某实施的“反向传递”行为即向有身份者柳某提供股票投资建议，促使柳某形成股票投资决策这一前端推荐行为解

① 王贤臻：《内幕信息以外的其他未公开信息的认定》，载《人民法院报》2017 年 5 月 12 日。

释为柳某作出后续“建议行为”的帮助行为，也会面临量刑不均衡的问题，无法实现罪责刑相当。在有身份者与无身份者共同参与的身份犯罪中，有身份者的身份要素表征违法性，不宜将其认定为从犯，而无身份犯由于不具有特定身份，无法直接造成对法益的侵害性，一般评价为起次要、辅助作用的从犯；但如果无身份犯主导或者深度参与犯罪行为，仍存在将其认定为主犯的空间。

本案中，姜某某实施的反向建议行为是引发未公开信息大量形成的根本原因，正是因为其实施的荐股行为，才导致柳某通过所任职的基金公司对有关股票进行调研，并与姜某某进一步进行交流，姜某某最终才能从中获悉未公开信息，从而实施趋同交易。由此可见，姜某某在本案中的地位和作用与柳某不相上下，如将其行为评价为“明示或暗示”行为的帮助行为，认定为从犯，则会出现与柳某量刑不均衡的问题，不能罚当其罪。

第三，“双向交流”情形中，公募基金从业人员与私募基金从业人员共同利用前者职务便利获取的未公开信息，从事相关交易活动，构成利用未公开信息交易罪的实行共同正犯。利用未公开信息交易罪属于真正的身份犯。实践中，对于无身份者与有身份者可以构成该罪的共同犯罪不存在任何争议，但正如上文所述，在“双向交流”情形中将私募基金从业人员姜某某评价为公募基金从业人员柳某的帮助犯存在诸多不妥的情形下，如何在现行刑法框架下合理解释二者成立共同犯罪的类型及共犯形态，是准确定罪量刑的关键所在。笔者认为，应当认定二者构成利用未公开信息交易罪的共同正犯。理由是：

其一，公募基金从业人员与私募基金从业人员具有共同利用前者职务便利获取未公开信息的主观故意，并从事相关交易活动的，成立共同犯罪。关于共同故意的判断，同样可结合双方的专业能力、交流内容、交流后的行为表现、交流程度、异常情况等进行推定。本案中，在案证据证实，柳某在与姜某某交流股票过程中会探讨个股调研情况，特别是在姜某某推荐股票后，柳某即通过基金公司对相关股票进行调研，从而泄露相关基金产品投资计划；而且，在交易时段柳某会通过手机与姜某某进行实时交流；姜某某获取未公开信息后，即实施趋同交易行为。双方保持了长达四年的股票交流时间，早已对彼此交易习惯、投资思路与决策动向心领神会，能够推定双方具有利用未公开信息进行交易的主观故意，应当认定构成共同犯罪。

其二，无身份者成立身份犯的共同正犯在理论上并不存在障碍。我国刑法条文虽未明确正犯的概念，但理论界普遍主张正犯是刑法分则规定的具体犯罪构成要件的行为人，且共同正犯包括实行共同正犯情形。尽管无身份者因欠缺主体要件，无法独立承担起身份犯所规定的全部实行行为，但是在共同犯罪中，无身份者完全可以通过分担部分实行行为的方式，参与到有身份者的实行行为中，而且在结果上与身份犯直接实施相应的实行行为并无本质区别。② 而且，从法益侵害性的角度看，无身份者虽无法独立引起有身份者才能实现的法益侵害，但在部分情形下，无身份者完全可以通过有身份者而介入，共同惹起身份犯所规定的该当事实，间接引起法益侵害。特别是在复合行为犯中，身份犯的行为类型包括数个不能独立构成犯罪的实行行为，部分行为与特定身份相关，部分行为则与特定身份无关。无身份者完全具有在事实上分担与身份无关的部分构成要件行为的基础，此时，应肯定无身份者与有身份者构成共同实行行为。在利用未公开信息交易共同犯罪案件中，交易行为与建议行为往往由不同行为人实施，其中建议行为仅能由有身份者实施，而交易行为却没有主体限制。当无身份者在利用未公开信息交易共同犯罪中利用有身份者传递的未公开信息实施了相关交易行为时，客观上已经完成对该罪构成要件行为的分担；又因为无身份者的交易行为对犯罪结果的产生起到积极推动作用，故其具有与有身份者同等的正犯性与法益侵害性，可以认定无身份者成立身份犯的共同正犯。

本案中，姜某某与柳某以分工的方式分别完成利用未公开信息交易罪实行行为的不同部分，两者的实行行为缺一不可，故应当认定为共同正犯。如此处理，才能合理评价两者在共同犯罪中的作用和地位，实现罚当其责。

（责任编辑：潘庸鲁）

② 参见徐岱、王沛然：《区分制下无身份者成立身份犯的共同正犯研究》，载《吉林大学社会科学学报》2023 年第 2 期。

减损规则在租赁合同解除后房屋占有使用费认定中的适用

——墨界公司诉鑫兆公司房屋租赁合同纠纷案

毛 焱 张冰玢*

【裁判要旨】

在承租人违约足以致使合同解除的事由发生时，出租人明知承租人不再使用租赁房屋后，应收回房屋，及时止损。如放任房屋处于无人管理状态而产生的占有使用费损失，属于放任损失扩大而产生的损失，对出租人主张承租人承担该期间房屋占有使用费的诉请，法院不予支持。

【案情】

原告：鑫兆公司

被告：墨界公司

鑫兆公司为系争房屋的权利人。2021 年 5 月，鑫兆公司与墨界公司签订《房屋租赁合同》，约定墨界公司承租系争房屋作为商铺使用，承租面积 944 平方米。租赁期自 2021 年 5 月 15 日至 2031 年 5 月 14 日，开业日为 2021 年 11 月 15 日。若墨界公司超过开业日 60 天仍未能正式对外营业，鑫兆公司有权选择要求墨界公司按合同约定支付租金、管理费及其他费用。合同 7.1 条约定，“墨界公司应在本合同的租期届满或本合同解除当日内返还该房屋，未

* 毛焱，法学学士，上海市第一中级人民法院民事审判庭租赁合同纠纷审判团队负责人。张冰玢，法学硕士，上海市第一中级人民法院民事审判庭法官助理。

经鑫兆公司同意逾期返还该房屋的，每逾期一日，应按39.00元/平方米支付该房屋占用使用费……租期届满或本合同解除后超过三十日仍未返还房屋的，鑫兆公司有权自行进入该房屋清场，如该房屋内有墨界公司遗留下的任何装饰、家具、装备、物件、物料、设备或其他任何物品，均视为墨界公司放弃前述物品，鑫兆公司有权以任何方式处理前述物品”。同时双方就租金支付的标准及时间、物业管理费及其他费用、税费、合同违约解除的情形及保证金没收等作出约定。之后，双方又签订《协议书》，将承租面积改为748平方米，将租赁期限改为2021年5月21日至2023年5月20日，并对租金、物业管理费、能耗费等另行约定。

2022年7月，鑫兆公司向墨界公司发送《催缴通知书》，要求墨界公司支付2022年2月至7月的租金。7月20日，墨界公司向鑫兆公司发送《撤店函》，告知已于4月22日完成装修，但由于疫情影响，无法正常开业。因双方沟通调整租金未果，为避免双方损失进一步扩大，墨界公司经决策自4月23日正式撤离，双方签署的《房屋租赁合同》自该日解除，并要求鑫兆公司尽快收回房屋。8月1日，鑫兆公司向墨界公司发送《解除合同通知书》，称自2022年2月1日起至今，墨界公司一直拖欠租金、物业管理费等各项费用，经多次催讨仍拒不支付；墨界公司又发送《撤店函》，擅自中途退租，已构成严重违约。现鑫兆公司行使合同解除权，租赁合同及协议书于2022年8月1日解除，要求墨界公司将房屋恢复原状，并支付拖欠的租金、管理费、能耗费、电费及相应的滞纳金等。该通知书于次日送达墨界公司。

因双方就合同解除时间、合同解除的责任归属及后果处理均存在争议，鑫兆公司因此诉至法院，请求判决双方之间的《房屋租赁合同》及《协议书》解除，要求墨界公司支付拖欠的租金、管理费、能耗费、电费及相应滞纳金、占有使用费等。其中占有使用费要求按每日每平方米39元的标准，自2022年8月1日起计算至2022年10月27日计250余万元。

【审判】

一审法院认为，双方签订的《房屋租赁合同》《协议书》系真实意思表示，合法有效。墨界公司承租房屋经营虽受影响，但并不直接导致双方之间的租赁合同无法继续履行。墨界公司发送《撤店函》，不享有法定或约定的单方解除权。墨界公司未履行承租人的主要义务，且明确表示不再继续履行合同，鑫兆公司享有单方解除权，故《房屋租赁合同》《协议书》自解除通知送达之日（2022 年 8 月 2 日）解除。合同解除后，双方应结清各项费用，租金、管理费、能耗费等均应按实结算。没收保证金及违约责任的承担根据合同约定酌情予以支持。关于占有使用费，合同解除后鑫兆公司负有相应的减损义务，但其未及时收回房屋，导致损失扩大，应由其自行承担损失。一审法院遂判决案涉合同于 2022 年 8 月 2 日解除；墨界公司支付鑫兆公司租金、管理费、能耗费、律师费等合计 258 万余元，并酌情支持房屋占用费 35 万元。

墨界公司不服一审判决，提出上诉，要求认定合同于《撤店函》载明的 2022 年 4 月 23 日解除，其也无需支付此后的房屋占有使用费、管理费、能耗费等各项费用。

二审法院认为，一审法院对于合同解除时间、租金、管理费、能耗费等各项费用金额认定均无误。关于房屋占用费，一审法院综合墨界公司撤店函件发出的时间、合同解除的时间以及涉案房屋的实际使用、返还情况等酌情认定亦无不当。遂判决驳回上诉，维持原判。

【评析】

一般情况下，房屋租赁合同解除后，出租人有权要求收回房屋并收取房屋腾退之前的房屋占有使用费，而本案关于房屋占有使用费认定的主要争议焦点在于对房屋占有使用费的认定中是否应适用减损规则。

一、减损规则在租赁合同解除后房屋占用费争议中的适用概述

在租赁合同解除后，承租人应尽快与出租人完成房屋交接，出租人有权收取承租人腾退之前的占有使用费。如果承租人怠于交还房屋，出租人作为减损义务人，应采取合理措施，尽快收回房屋，不能放任房屋处于无人管理状态，否则由此产生的房屋占有使用费属于因出租人自身原因导致的扩大损失，由出租人自行承担。

《民法典》第 591 条是关于减损规则的规定，要求违约方的相对方采取适当措施止损，否则不得就扩大的损失请求赔偿；因防止损失扩大而支出的

合理费用由违约方负担。该条源于原《合同法》第 119 条，系基于诚信原则、经济效益基础及近因理论基础而设立的规则，主要目的是促使权益受损方及时采取合理措施，避免损失扩大，尽量防止社会资源的浪费。[①] 减损规则主要有以下组成部分：

（一）违约方的违约行为已经造成损失

第 591 条规定中所指的扩大损失是指违约方的违约行为导致的损失基础上的扩大部分，因此基础损失已然存在，可以认为受损害方对于基础损失不存在过失。

在房屋租赁合同解除后，承租人有交还房屋的义务，继续占用房屋缺乏权力来源，属于没有法律上的原因但受有利益，构成不当得利，对于出租人而言则是构成权利侵犯，承租人应当赔偿相应损失。就合同解除到完成房屋腾退期间的房屋占有使用费而言，完全系由承租人不及时返还房屋所致，出租人对此损失的形成不存在过错。

（二）受损害方对于损失扩大的后果存在过错

在违约方行为造成的损失基础上，是受损害方未能及时采取合理措施而导致损失扩大，受损害方未能尽到减损义务，受损害方存在未能及时采取合理措施的过错。若受损害方不存在此等过失但损失仍然扩大，则不属于该条款约束的范围。

在房屋租赁合同解除后，出租人已经明知承租人无权占有使用房屋，继续占用房屋是对出租人权利的侵害，如果出租人放任自己的权利遭受侵害，显然其对损失的扩大存在过错。出租人负有减损义务，应催促承租人尽快办理房屋交接手续，双方对于房屋租赁合同解除后果存在争议并不是出租人放任房屋无人管理的理由。在承租人拒绝搬离或怠于腾退的情况下，出租人按照合同约定自行腾退或者采用合法的方式收回房屋；如果仍然无法收回，则其对于后续房屋占有使用费的产生，不存在过错，承租人仍应承担房屋占有

① 最高人民法院民法典贯彻实施工作领导小组编：《中国民法典适用大全·合同卷（二）》，人民法院出版社 2021 年版，第 40 页。

使用费。

（三）扩大的损失与受损害方未及时采取合理、适当的措施之间存在因果关系

损失的扩大实际上是受损害方未能及时履行减损义务的后果，因为与受损害方的过错存在因果关系，才导致受损害方自行承担扩大损失的法律后果。如在承租人根本违约并擅自搬离的情况下，出租人不应放任房屋处于无人管理的状态，否则出租人因此遭受的权益减损实际上就是出租人怠于行使权利、放任房屋权利继续被侵害的后果，由此后续产生的房屋占有使用费与其怠于履行义务具有因果关系。

（四）减损需采取适当措施、支出合理费用

第591条规定实际上是一个“两害相权取其轻”的利益平衡过程，但如何判断减损措施是否“适当”“合理”还是要基于受损害方减损或应当减损时的具体情况，并着重考虑受损害方的主观状态，而不能仅局限于对客观后果的审视，一味要求受损害方行为的经济性、及时性。② 在承租人拒绝搬离或怠于腾退的情况下，出租人一般可以根据合同约定自行腾退，腾退过程中的装修、物品等处理也均可依约而为。在合同没有约定的情况下，出租人也应尽其所能催促承租人尽快完成房屋腾退、交接，对于双方之间尚存的纠纷可另行协商解决，协商不成也应及时主张权利。就“适当”“合理”而言，鉴于减损义务本身是一种强度较低的义务，学界称为不真正义务，③ 对出租人的要求不以其行为客观是否有效或者结果是否收回房屋等作为单一的判断依据，实践中对于适当措施、合理费用的审查规则将在下文中详述。

二、减损措施及时性、合理性的司法审查规则

本质上，对于减损措施适当性的判断是一种利益平衡，要兼顾受损害人的自由意志及违约方承担因其行为造成损害的范围。适当措施一般包含停止

② 前引①，第47页。

③ 黄薇主编：《中华人民共和国民法典释义及适用指南（中）》，法律出版社2021年版，第899页。

工作、替代安排、变更合同以及继续履行。④ 对于受损害人采取减损措施是否适当的审查还是要回归到减损规则的建立基础，即诚信原则。基于诚信原则，受损害一方不应对违约方造成的损失无动于衷，放任损失扩大。因此，对于减损措施适当性的考量主要审查受损害人是否及时尽自己的努力采取措施避免损失扩大，不能要求其采用严重损害自身利益或者违反秩序等的行为止损，也就是说要对减损措施的及时性、合理性进行审查。具体到案件审理，可以从以下几个方面考虑：

（一）对减损措施及时性的审查以受损害方明知作为判断要素

所谓及时止损，就是要在合理的时间内对于自身权益受到侵害作出反应。关于合理时间的判断，笔者认为，不能过于苛刻，在有明确的侵权外观出现后，也要给予受损害方反应的时间，还要结合对违约方消除侵害的过程的考量。对此，笔者认为受损害方向侵害方作出明确意思表示即可，双方可能通过协商解决，只要受损害方要求停止侵害或者主动与侵害方进行沟通，即可认为其已经对于侵害及时作出反应。

本案中，墨界公司拖欠租金达到违约解除合同的程度，又于鑫兆公司催讨租金后发出《撤店函》，表示 4 月即已撤店并明确告知鑫兆公司要求合同提前解除，也拒付相应租金、管理费等，鑫兆公司对墨界公司不再继续使用房屋应系明知。

（二）对减损措施合理性的审查应限于受损害方“尽其所能”

对于“尽其所能”的判断更偏重于对受损害人主观方面的审查，较难制定细化标准，一般而言只要求受损害人证明其作出止损的反应，比如积极沟通、协商，协商不成按约清场或提起诉讼等均可以作为受损害人已经尽力止损的考量依据。不能过分苛责受损害人，要求其精确地作出能够收回房屋的行为，也不能从客观结果倒推受损害人的行为是否经济、有效，应以需要减损的状况发生时作为考量合理性的时间节点。在房屋租赁合同纠纷中，时常会出现出租人确实无法收回房屋的情况，比如房屋在承租人控制下被查封、

④ 王洪亮：《债法总论》，北京大学出版社 2022 年版，第 420 页。

出租人行动受限等，此时就需要对出租人的行为是否已经达到尽力止损的标准进行判断。

本案中，墨界公司已于2022年7月20日发送《撤店函》，明确表示撤离，并要求鑫兆公司尽快收回房屋。鑫兆公司在此情况下，应及时止损收回房屋。因鑫兆公司拖延收回房屋、未妥善尽到减损义务所致的损失扩大部分，应由其自行承担。鑫兆公司主张其于2022年10月27日才收回房屋，并要求墨界公司支付自8月1日起截至该日的房屋占用费，收费时间近3个月、跨度过长，此项250余万元的诉请不宜获得全部支持。法院综合墨界公司发出《撤店函》的时间、案涉租赁合同解除的时间以及房屋的实际使用、返还情况，同时考虑到本案房屋清退所需的合理时间，对房屋占用费款项进行酌情认定，最终判决的数额从鑫兆公司主张的250余万元调整至35万元，较为合理，也有利于平衡双方利益。

三、减损规则与过失相抵规则的适用辨析

在根据上述规则判断减损措施的及时性、合理性后，对于受损害人未能及时止损而造成的扩大损失部分，应由其自行承担。具体扩大损失的范围应考虑其应作出反应的时间节点、止损措施的实施途径、止损所需的合理期限等综合进行考量。此外，实践中，承租人违约搬离，而出租人不解除合同继续收取租金的情况也不少见，此时应考虑合同的全面履行原则，结合实际情况如出租人是否明知合同无法继续履行仍拖延解除使得合同履行进入僵局、出租人是否存在无法及时管理房屋等情况，慎重对租金支付期限进行调整。

需要注意的是，在处理租赁合同解除的后果中，除了房屋占用使用费的认定之外，诸如滞纳金、房屋空置损失、装修损失等的处理与减损规则并不适配，而是要根据实际情况由过失相抵规则，即《民法典》第592条进行调整。笔者认为，减损规则和过失相抵规则的适用可以从损失的成因及规则适用的后果进行区分。从损失的成因来看，减损规则针对的是违约方造成的损失，守约方对基础损失没有过错，而是对后续扩大损失部分存在过错，有明确的时间界限；过失相抵规则针对的则是双方对同一损失均有过错，虽然过错不一定同时发生，但时间顺序不影响损失的性质。从规则适用的后果来看，减损规则是用来判断扩大的损失由谁承担，而过失相抵规则是用来划分双方

责任的比例。

本案中，房屋占有使用费的认定根据减损规则作出调整。对于租金、管理费、能耗费等各项费用的滞纳金，则是根据双方过错程度进行调整。

（责任编辑：张心全）

公序良俗规则下“搜索引擎优化”服务合同的效力认定

——P公司诉X公司服务合同纠纷案

杨　敬*

【裁判要旨】

网络搜索引擎的网络生态秩序关系到广大不特定经营者与消费者用户的利益，属于《中华人民共和国民法典》所规定的公共秩序。“搜索引擎优化”服务合同如将实现“关键词霸屏”等非法效果作为主要目的，并通过规避搜索引擎反制算法等方式履行合同，则应认定合同目的及实际履行行为均已违反公共秩序，应属无效。

【案情】

原告：P公司

被告：X公司

2021年6月15日，P公司（乙方）与X公司（甲方）签订《SEO优化合同》，约定乙方根据甲方业务需求提供网站技术开发与SEO技术支持，合同期内建设运营24个网站，要求关键词霸屏，并对合同金额14.4万元及分期付款方式、违约责任进行了约定。其中“合同期内建设运营24个网站”“要求关键词霸屏”的条款由X公司负责人手写，并由P公司专门加盖公章。

合同履行过程中，P公司建设了21个网站，其ICP备案主体均为X公

* 杨敬，法学硕士，上海市闵行区人民法院审判监督庭法官助理。

司的关联公司。P 公司曾在发给 X 公司的函件中建议对网站内容填充“伪原创”内容，在面对 X 公司问询如何迅速实现“霸屏”效果时，又表示“人为的抄袭没有那么严重，机器弄的危险”“如果实在要用，可以拿少量的网站尝试”“最近百度升级了蓝天算法，对抄袭打击得厉害”。案涉营销网站曾经被百度搜索引擎认定有大量转发低质量文章的“站群”违规行为，并采取了降权措施。2021 年 9 月 16 日，X 公司向 P 公司发送《终止合同告知》，称由于 P 公司原因导致其若干网站被百度黑了，给其造成重大经济损失，核心关键词也没有任何排名，要求终止合作。X 公司支付 P 公司共计 3.6 万元后再未付款。

P 公司诉称，其已建设 21 个网站并提供了除建设网站外其他技术支持服务。X 公司支付 36000 元，剩余款项经催告后一直未付，且在合同期内无故向原告提出解除合同，属违约解除合同，应支付违约金。故请求法院判令被告支付服务费 108000 元，支付违约金 72000 元。

X 公司辩称，双方约定的“关键词霸屏”效果，违反了百度搜索引擎的平台规则，属于不正当的商业竞争行为，故本案合同属于无效。关于无效后果的处理问题，P 公司的实际投入很少，而 X 公司投入了大量人力物力，没有收到任何实际效果，实际损失是发生在 X 公司一方。

【审判】

一审法院经审理认为，P 公司与 X 公司所签《SEO 优化合同》系当事人的真实意思表示，未违反法律、行政法规中的效力性的强制性规定，当属有效。本案合同之服务内容主要在于由 X 公司为 P 公司建设 24 个网站，现 P 公司已经完成合同约定内容中 21 个网站的建设并交付。因公司已经完成绝大部分合同约定的服务内容，并提供了相应配套服务以及被黑网站恢复服务，且明确表示不同意 X 公司提出的终止合同，故 P 公司要求 X 公司支付服务对价之诉请具有事实及法律依据，予以支持。一审法院据此判决 X 公司支付 P 公司服务费 9 万元，违约金 3 万元。

一审判决后，X 公司以合同目的属于不正当竞争，合同应属无效为由提起上诉，请求撤销一审判决，改判驳回 P 公司的一审诉讼请求。

二审法院经审理认为，关于《SEO 优化合同》的合同目的认定的问题。双方在签约时特别注明了“要求关键词霸屏”的条款，且双方签约后的实际履行中X公司一再向P公司催促尽快实现“霸屏”效果，而P公司也主张部分网站曾经实现过短期的“霸屏”效果，双方沟通的核心围绕网站在网络搜索引擎中的排名结果问题。因此，《SEO优化合同》的合同目的在于实现在网络搜索引擎中的排他性排名结果，而非建设网站。

关于《SEO优化合同》的法律效力认定的问题。《SEO优化合同》明确将“关键词霸屏”作为主要目的，该合同目的与百度搜索引擎算法的基础逻辑相违背，脱离了正当商业竞争手段的范畴，引发了逾越合理边界的技术手段风险。从实际履行情况看，P公司已建设的21个网站均是以X公司为实际利益主体，明显是为了进行密集信息覆盖所作的基础准备。X公司在合同履行中有较强的通过抄袭手段迅速获得排名效果的意愿，而P公司作为当时网站的最终控制者，并没有反对抄袭行为，只是提出尽量规避被搜索引擎反制算法发现的风险。网络搜索引擎的网络生态秩序关系到广大不特定经营者与消费者用户的利益，属于《民法典》规定的公共秩序。《SEO优化合同》的合同目的及实际履行行为均已违反上述公共秩序，应属无效。

关于P公司已完成服务项目的金额认定问题。综合考虑网站建设的数量、质量、市场价格行情等因素，认定X公司已经支付的3.6万元已经足以补偿P公司的模板型网站建设费用。合同无效后的损失问题，鉴于双方均有过错，且对具体损失均缺乏举证，故认定即使有损失发生，也应由双方各自自行承担。

故二审法院撤销原审判决，确认双方签订《SEO优化合同》无效，改判驳回P公司的诉讼请求。

【评析】

互联网飞速发展的当下，“搜索引擎优化”服务作为新型互联网服务技术活跃在市场经济活动中，有部分服务提供者利用类似“关键词霸屏”“万词霸屏”等非法手段制造虚假排名，破坏网络生态、侵害社会公共利益。司法实践中，争议最大且难以认定的是“搜索引擎优化”服务合同的效力。本案充分梳理审查要点、裁判思路和举证责任分配，兼顾社会公众利益和公共秩序的考量。对类似“关键词霸屏”这类网络黑灰产业利用新技术手段进入新领域，作出了及时有力的司法表态，有利于维护网络用户的合法权益，保障搜索引擎生态和互联网秩序，推动互联网在法治轨道上健康运行。

一、争议梳理："搜索引擎优化"服务的合法性边界

（一）"搜索引擎优化"服务的"黑白"之分

搜索引擎优化（Search Engine Optimization，简称"SEO"）是指通过一定的手段使目标网站或目标信息更易于被搜索引擎抓取和编入索引的过程，从而获得较高的排名，吸引更多用户访问。

"SEO"技术分为白帽"SEO"和黑帽"SEO"，白帽"SEO"是通过发布原创文章等正常手段，提高网站关键字在搜索引擎排名，而黑帽"SEO"是一种使用作弊技巧和方法，误导搜索引擎的排序算法，使目标网站或网页"伪造"成优质网站，从而提高搜索引擎结果页排名。作为一种较为新型的互联网服务技术，在违约之诉中，法官往往难以识别出黑帽"SEO"，并出于对合同自由、契约精神的尊重，仅凭合同的标题及约定内容判断合同效力，造成大量黑帽"SEO"逃脱了法律的监督与管控。

（二）事实认定和法律适用上存在争议

笔者以"搜索引擎优化"作为关键词，将案件类型限定为民事案件，在中国裁判文书网上进行检索，共检索到相关判决书 148 篇。① 其中主要涉及服务合同纠纷（83 件，占比 56.08%）、不正当竞争纠纷（11 件，占比 7.43%）等。

在 83 件服务合同纠纷案件中，仅 2 件案件生效判决认定原被告签订的服务合同或约定的条款违背公序良俗而无效，其余案件均认定合同有效（见表 1）。对于"搜索引擎优化"服务行为的认定出现"同案不同判"的情形，如涉及"万词霸屏"的服务合同被认定为有效，② 而同样的"万词霸屏"服务在不正当纠纷中被认定为违反诚实信用原则与商业道德，应当受到反不正当竞争法规制。③

① 最后检索日期为 2024 年 6 月 16 日。

② 参见（2021）陕 0113 民初 35842 号判决书，法院认定原、被告签订的《【霸屏快推】服务协议》及《补充协议》，系双方真实意思表示，内容也不违反法律、行政法规的强制性规定，合法有效，具有法律约束力。

③ 参见（2021）苏 05 民初 1480 号判决书，法院认为"万词霸屏"服务扰乱了健康有序的搜索生态，破坏风清气正网络空间的行为，其行为违反诚信原则和公认的商业道德，对百度公司、网络用户、其他互联网经营者以及竞争秩序都造成了损害，且缺乏合理理由，具有不正当性，应受到反不正当竞争法的规制。

表 1　涉“搜索引擎优化”服务合同纠纷不同裁判观点

	法院	案号	裁判日期	查明事实	实现合同目的方式	裁判要点
合同有效	北京市第二中级人民法院	（2020）京02民终7528号	2020年9月15日	关于搜索引擎优化（关键词排名）项目期限，双方约定：（1）乙方针对甲方提供的含关键词在3—5个月内优化至百度首页，关键词出现在主搜索引擎百度左侧自然排名前10位即百度首页。	未查明	网站优化合同系双方当事人真实意思表示，不违反法律、行政法规的强制性规定，合同有效。
	山东省济南市中级人民法院	（2021）鲁01民终1809号	2021年3月3日	原告北京舜风公司作为乙方与陕西必康公司作为甲方签订了《【必康制药】品牌SEO信息服务合同》，内容为：甲方和乙方就甲方委托乙方为甲方提供SEO口碑信息服务等相关事宜、签订本合同、双方共同信守执行。	未查明	北京舜风公司与陕西必康公司签订的《【必康制药】品牌SEO信息服务合同》系双方当事人的真实意思表示，内容不违反我国法律、行政法规的强制性规定，故合法有效。
	西安市雁塔区人民法院	（2021）陕0113民初35842号	2022年4月15日	原告西安始于足国际贸易有限责任公司与被告西安万词霸屏软件有限公司签订《【霸屏快推】服务协议》，约定原告委托被告进行【霸屏快推】排名服务，合作价格13800元，合作期限2019年4月27日至2021年4月27日，并备注参加总部活动买一年送一年；被告帮原告在合作的媒体网站进行信息关键词发布，促进百度和手机移动的收录，合作期间最低确保500—50000个关键词以上在PC百度或手机百度首页排名。	未查明	原、被告签订的《【霸屏快推】服务协议》及《补充协议》，系双方真实意思表示，内容也不违反法律、行政法规的强制性规定，合法有效，具有法律约束力。

续表

	法院	案号	裁判日期	查明事实	实现合同目的方式	裁判要点
合同无效或部分条款无效	上海市长宁区人民法院	（2021）沪0105民初5915号	2021年7月16日	《委托合同》附件列明了乙方提供的服务内容如下： 一、乙方需根据甲方需求，为甲方提供甲方所需的百度优化，百度竞价、知乎优化服务、服务所有明细以甲方确认为准…… （1）官网关键词优化 一年内优化30个关键词汇，在百度端搜索相关××××辅助、××××辅助系统等词汇都可以在百度第一页找到“××××”的官网信息。 （2）软文优化 负面压制 对甲方指定关键词“××××”搜索引擎优化、实现百度前5页无明显负面内容负面压制期为30天，知乎优化期为90天。 （3）知乎优化 对甲方指定的知乎问题进行优化，使其在搜索“××××”关键词时显示在前5位优化位置。	实现“负面压制”的方法主要有三种：（1）发布有关“××××”的正面信息，百度在收录这些正面信息后，负面信息会相应后置；（2）向负面内容的发布平台进行投诉，要求平台断开链接或对负面内容进行降低权重处理；（3）如前述平台未按照投诉要求处理，通过技术操作，将负面信息与其他已被降权的内容链接进行关联，使二者产生捆绑，达到负面内容降权及后置的效果。	“负面压制”的目的，违背了诚实信用的基本法律原则，违反了《消费者权益保护法》和《反不正当竞争法》的基本原则，将会损害搜索引擎服务提供者的权利，系争“负面压制”条款的内容违法，应当在法律上认定为无效。 系争合同所包括的“官网关键词优化”“权重提升”“百度竞价”内容，均属于正常的商业营销活动，没有迹象显示其违反法律或法律原则。

续表

	法院	案号	裁判日期	查明事实	实现合同目的方式	裁判要点
合同无效或部分条款无效	上海市第一中级人民法院	（2023）沪01民终5140号	2023年7月3日	P公司（乙方）与X公司（甲方）签订《X文化营销型网站技术支持与SEO优化合同》（以下简称《SEO优化合同》）约定：乙方协助甲方进行营销型网站开发及相关的网络推广技术服务。乙方为甲方制定以下服务内容：1.工作内容及成果：乙方根据甲方业务需求提供网站技术开发与SEO技术支持，网站总体策划，网站技术开发，网站视觉指导，网站上线调试、网站安全维护，网站SEO技术支持，网络营销战，网站服务器、域名、源码，图文视频等所有权归甲方所有，合同期内建设运营24个网站，要求关键词霸屏。	P公司已建设的21个网站均是以X公司为实际利益主体，明显是为了进行密集信息覆盖所作的基础准备。P公司作为当时网站的最终控制者，并没有反对X公司抄袭行为，只是提出尽量规避被搜索引擎反制算法发现的风险。本案所涉营销网站曾经被百度搜索引擎认定有大量转发低质量文章的“站群”违规行为，并采取了降权措施。	本案《SEO优化合同》的合同目的及实际履行行为均已违反了上述公共秩序，应属无效。

认定合同有效的案件具有以下特征：（1）合同约定内容中仅提到关键词排名保持在一定顺位，对如何实现这一目标没有明确约定；（2）法院审理过程中，未对如何实现合同目的，即具体履约行为进行审查，仅审查合同约定内容是否实现。而认定合同无效的案件中：（1）合同约定内容中除对搜索引擎排名进行约定外，还出现了“关键词霸屏”或“负面压制”等敏感表述；（2）对合同目的实现方式，如技术内容、技术操作方式进行了详细审查；（3）运用诚信原则、公序良俗等标准对合同履行行为进行了评价。

二、成因剖析：法律的滞后与事实认定的困境

（一）法律框架与规则的滞后性

1．合同法规制路径

就合同效力的认定，鉴于现行法律、行政法规等缺乏对“搜索引擎优化”行为效力的明确规定，同时出于对民法合同自由、鼓励交易等原则和精神的遵守，法院一般不直接否定“搜索引擎优化”行为效力。就合同履约情况的认定，目前针对“搜索引擎优化”的主要途径，如关键词堆砌、大规模站群等行为的技术控制标准、法律评价边界并不明确。

2．反不正当竞争法规制路径

通过技术手段增加网站访问量使其获得搜索引擎较高排名的行为，是否属于《反不正当竞争法》第2章第8条明确规定的虚假宣传行为，抑或是属于第2条规定的“扰乱市场经营秩序，损害其他经营者或消费者合法权益的行为”存在一定的争议，关于黑帽“SEO”行为构成不当竞争的赔偿标准，都难以确定，无法量化也难以统一计算标准。

3．其他法律法规规制路径

一是网络安全法的规制思路。认定该行为危害国家利益、集体利益和公民合法利益。但网络安全法律主要规制的是危害网络安全的行为，黑帽“SEO”服务是否达到危害网络安全的程度，需要进行论证。

二是消费者保护法的规制思路。将黑帽“SEO”行为认定为欺诈，并适用惩罚性赔偿条款。但并非所有黑帽“SEO”行为都直接以欺骗消费者为目的，应采取严格审慎的态度以避免权益保障失衡。

（二）合同履约行为事实认定困难

1．纠纷主体之间存在信息和技术壁垒

由于原告基本不参与“搜索引擎优化”的过程，几乎不具备取证的条件，加之缺乏对“搜索引擎优化”所涉及的技术、设备、操作步骤等知识的了解，也缺乏取证的能力。服务提供者与服务对象之间的技术和信息壁垒，使取证举证更为困难。

2．技术标准不明确增加事实查明难度

技术手段的性质和用途及其在具体案件中的应用是此类“技术含量”较高的案件需要着重查明论证的问题，也是裁判难点。同时，技术手段的应用是否符合搜索引擎的算法规则也无行业准则。各种技术在不同场景的应用是否具有违法性、是否构成违约或侵权事实，行为与损害后果之间的因果关系证据链等均存在事实查明上的困难。

三、出路探寻：裁判的统一化与类型化建议

（一）判断效力之法：“目的＋行为”的双重考量

1．折中主义的合同目的判断

当事人订立合同均为达到一定目的，合同的各个条款及其用语均是达到该目的的手段。合同目的的解释路径主要包括以下三种：

一是客观主义解释路径。是指从客观立场上解释合同目的概念，在该解释路径下，法律行为的本质限定为其所表达的意思，而行为人内心的意思表示在所不问。二是主观主义解释路径。是指探究当事人内心真意以对合同文字进行解释，实际上是从当事人动机角度认定合同目的。三是折中主义解释路径。是指客观主义与主观主义综合适用于解释合同目的的一种方向。充分考量合同条款设定的具体情境，梳理合同语句的整体逻辑脉络，根据不同合同领域和阶段中合同目的的特定地位和功能，对合同目的进行综合判断。

笔者认为，针对合同目的的判断应当采用折中主义的解释路径，一方面需要分析合同条款记载的客观内容，通过条款的书面表达解释合同目的，必要时可参照同类典型合同进行解释。另一方面也需要结合合同履行过程中，

当事人对合同目的的主观表达，即通过分析当事人具体的履约行为，了解当事人订立合同时的主观动机。两者相结合分析双方订立合同的目的。

具体到本案中，一审裁判采用客观主义的解释方法，认定原被告签订的《SEO优化合同》应当参照技术服务合同这一典型合同的合同目的进行解释，确定由P公司为X公司建设24个网站是合同的主要目的。而二审裁判中采取折中主义解释路径，结合合同内容的约定与当事人的履约行为，对合同目的进行综合分析：第一，合同条款的客观表现。X公司签约代表特别注明了“要求关键词霸屏”的条款，P公司在该条款处盖章确认，双方以书面形式对服务效果这一合同目的进行重要补充，即使X公司网站持续在大型网络搜索引擎的关键词排名中占据前列，以吸引用户浏览，营销推广X公司的培训业务。第二，合同履行的主观表达。本案双方争议的核心是P公司提供的服务是否实现X公司在搜索引擎关键词排名中始终处于首页位置，即获得更多浏览量，实现“霸屏”。因此，从当事人内心真意角度出发，双方订立合同及履行过程中，动机在于实现X网站在搜索引擎关键词中排名优先，而网站建设在内的合同项下所有技术服务内容均是为了实现该目的。

2．积极与消极的履行行为

积极的履行行为是指当事人通过积极作为的方式来履行其法律义务，这种行为往往是显性的、可观察的。结合“搜索引擎优化”服务合同，法官应当审查其提升搜索引擎排名的具体方式及实现途径。例如，服务提供者通过发布原创文章、优化内容分类及内部链接、提升网页的加载速度等方式充分展示真实业绩与服务内容，吸引消费者的注意力，不违反平台规则取得搜索引擎排名提升的效果，则应被判定合法有效。而如果服务公司通过“关键词霸屏”“万词霸屏”等方式欺骗算法，实现虚假排名，恶意排斥他人的信息显示，则应认定该行为侵害了搜索引擎的正常网络生态，损害了消费者的群体利益。

消极的履行行为是指行为人通过不作为来履行合同义务，这种行为往往具有隐蔽性，但同样应注意并予以分析。在“搜索引擎优化”服务合同的履行过程中，服务公司除主动实施网络技术行为以达到合同目的外，往往需要服务需求方进行配合，例如对服务需求方提供的抄袭内容选择漠视，也应作为一种消极履行行为进行考量。

具体到本案中，P公司实施了如下履约行为：一是积极履约行为，P公司按照合同约定为X公司建立了21个网站，以为进行密集信息覆盖所作基础准备，即形成“站群”，一个作者利用一群网站发布大量类似同样的，且对用户体验没有增益的信息，欺骗排名算法以获得较高的排名展示。二是消极履约行为，在发现X公司采用抄袭等不正当手段时，并没有反对抄袭行为，而是建议补充“伪原创”内容，其消极行为使X公司尽量避免被搜索引擎反制算法发现的危险，旨在促成在网络搜索引擎中排他性排名的结果。

（二）查明事实之术：主动调查与举证责任的合理分配

1．积极引导举证与必要时主动调查

“搜索引擎优化”服务类案件中，当事人取证困难、证据不易留存、证明目的难以实现等问题较突出，法官可在不影响中立公正立场的前提下，适当引导当事人提出合理诉讼请求，加强对相关电子证据的提取和留存。对于当事人无法自行收集的证据，可申请法院调取相关证据，采取必要的证据保全措施，以保证实现充分举证质证，查明事实。必要时，法院也可请相关专家出庭，或主动走访调查以获得相关证据。

具体到本案，法院批准了X公司的申请，由百度在线网络技术（北京）有限公司工程师出庭作证，全面展现了百度搜索引擎的排名规则，在了解本案“搜索引擎优化”服务技术具体实现方式的基础上，对案涉“搜索引擎优化”行为进行了准确的定性。

2．灵活适用举证责任转移等民事证明责任

对于黑帽“SEO”行为当事人举证难度较大的事实，法官可采用高度盖然性标准。在主张存在黑帽“SEO”一方证明取证渠道单一、网站排名异常、损害事实、被告行为与损害结果之间因果关系等具有较高关联性的情况下，如对方当事人提出抗辩，则举证责任转移，要求服务提供方对搜索引擎排名提升实现的合理性或其他免责事由进行举证，如未提出有力反证，则可根据高度盖然性标准认定该项事实。

（三）利益衡量之道：公序良俗的价值判断

借鉴《反不正当竞争法》中扰乱市场竞争秩序的认定与规制，适用公序

良俗判断“搜索引擎优化”服务合同效力，应当着眼于公共秩序与公共利益两个维度对黑帽“SEO”行为进行评价。

1．市场竞争秩序与网络生态秩序

一是其他经营者利用网络开展搜索排序的秩序。黑帽“SEO”通过抄袭等行为，在有价值的关键词下欺骗算法，实现虚假排名，将其他通过苦心经营自身网站，以提高网站质量、网站内容的合法经营者挤压至搜索排序后位，将影响其他合法经营者本应获得的流量和收益，破坏公平竞争的市场秩序。

二是互联网自然排序秩序。假如黑帽“SEO”成功躲过互联网公司“蓝天算法”等技术，该网站因其靠前的排序被网络用户关注点击到，从而导致该网站在互联网搜索系统中的评价过高。长此以往，会影响站点质量高、用户体验好、站点时效性强的“高权重网站”正常的自然排序秩序。

三是互联网信息服务管理秩序。近年来，国家采取多种措施严厉打击“流量造假”等行为，2022 年 3 月 1 日起实施的《互联网信息服务算法推荐管理规定》第 14 条明确规定，算法推荐服务提供者不得利用算法虚假注册账号、非法交易账号、操纵用户账号或者虚假点赞、评论、转发，不得利用算法屏蔽信息、过度推荐、操纵榜单或者检索结果排序、控制热搜或者精选等干预信息呈现，实施影响网络舆论或者规避监督管理行为。黑帽“SEO”排序服务对网站流量的操控，就是对上述互联网秩序管理规定的根本违背。

2．网络用户的合法权益

一是网络用户信息获取成本。黑帽“SEO”服务极大干扰了用户的正常检索行为，使得网络用户无从辨别哪些是最相关的结果，无法轻易获得本应呈现在排序前列的自然搜索结果，从而被迫阅读了大量广告推广信息，增加了不必要的搜索成本，损害了网络用户的利益。

二是网络用户体验。由于用户在搜索结果排名中出于严重的信息不对称，很容易被人工干扰的自然排名结果欺骗和误导，误以为排名靠前的搜索结果是相关性和影响力最大的产品和服务提供商，从而上当受骗，影响网络用户利益。

三是网络用户的知情权。黑帽“SEO”实质上是以自然排名之表行竞价排名之实，而黑帽“SEO”推送出来的信息却未标注“商业广告”等字样，从而误导网络用户，严重侵犯网络用户的知情权。

综上，随着互联网经济的蓬勃发展，新型网络技术服务不断涌现，法律规制与裁判理念随之转圜的同时，也应注重审查路径、举证责任、价值判断方式的统一，审慎适当地对当事人之间的契约自由加以规制，以司法之力护航互联网健康发展。

（责任编辑：叶　佳）

对未载入调解主文的自行约定应进行法律风险提示
——上海某汇律师事务所诉张某法律服务合同纠纷案

李　露　戴逸婷*

【裁判要旨】

无法列入调解主文的自行约定条款，通常是缘于无法强制执行，该约定的实现与否亦不作为调解协议的生效条件。律师作为诉讼案件当事人的法律服务提供者，通常以诉讼过程为合同义务的履行期限，为当事人提供诉讼方案并提示法律风险。对未载入调解主文的约定之风险提示能否构成法律服务义务履行的过错应视诉讼过程、法律风险释明程度、合同目的等因素综合认定。

【案情】

原告（反诉被告）：上海市某汇律师事务所

被告（反诉原告）：张某

2018 年 11 月 19 日，张某与上海市某汇律师事务所（以下简称某汇所）签订《聘请律师合同》，约定某汇所律师作为张某离婚案件的一审代理人，律师费共计 110000 元，在签订该合同当月月底支付 60000 元，一审结束后再支付 50000 元。2018 年 11 月 29 日，张某按约支付了律师费 60000 元。

2019 年 9 月 4 日，上海市普陀区人民法院（以下简称普陀法院）开庭审理陆某某与张某的离婚纠纷案件。庭后，在法院主持下，双方达成调解协议，约定陆某某与张某自愿离婚，约定陆某某于调解书生效之日起六个月内自愿

* 李露，法学硕士，上海市黄浦区人民法院商事审判庭庭长。戴逸婷，法学硕士，上海市黄浦区人民法院审判监督庭法官助理。

给付张某补偿费150000元，并就两套房产、各自名下存款、股票、公积金等作出处理。根据调解笔录记载，张某要求陆某某配合其做胚胎移植手术，陆某某对此表示同意，并同意给付张某150000元补偿款（如果胚胎移植成功，该款作为孩子的抚养费，如果不成功，该款为本次离婚陆某某给付张某的补偿款）。陆某某、张某及双方代理人在该笔录上签字。

2019年11月20日，普陀法院安排与张某谈话，张某称陆某某于2019年9月21日陪同其前往医院配合签字，但其需要时间治疗腰椎，无法确定胚胎移植手术的时间。因调解协议没有处理胚胎问题，且已经离婚的夫妻不能办理胚胎移植，故申请撤销调解协议。

2019年12月18日，普陀法院作出判决，准予双方离婚，并对夫妻共同财产作出处理。张某不服该判决提起上诉。

2020年4月23日，二审法院以一审法院认定事实不清裁定发回重审。2022年10月27日，普陀法院重新审理后作出判决，准予双方离婚，并对夫妻共同财产重新作出处理，双方当事人均不服该判决提出上诉，2023年4月25日，二审法院判决对财产部分的处理予以部分变更。

张某及其母亲、某汇所律师间的微信群聊天记录显示，2019年4月15日，张某表示“我要移植的，也不放弃房产，都是我的合法权利……陆要我付出金钱的对价，换取他的同意移植，是典型的出售”；2019年5月24日，张某表示“我要小孩，陆某某要钱。调解成功可以满足双方的诉求”；2019年8月29日，张某询问“我不同意离婚，而法官坚持判离婚的话，该怎么办？我可否坚持要求陆某某先签字同意移植我再同意离婚？”；2019年8月30日，某汇所律师回复“这次法院肯定会判离婚，已经第二次起诉了！关于移植问题，严格讲不属于离婚案件必须解决的内容，所以，除非你与对方达成一致，否则法官不会把它作为审理的主要问题解决”；2019年9月9日，张某表示“没有结婚证不可以移植。所以，法院的调解书要写明：2—3次移植时，陆某某要带好结婚证和身份证共同到医院签字”，某汇所律师回复“调解书不会写这些内容的，只能和法官说调解书晚点发”。

2019年9月21日，张某以某汇所律师的失职造成张某巨大损失为由，要求解除与某汇所签订的合同，并要求退回张某已经支付的律师费60000元。同日，张某与上海市康某律师事务所（以下简称康某所）签订《聘请律师合同》，约定康某所律师为张某与陆某某离婚诉讼的代理人，张某应支付律师费50000元。

2019年12月24日、2020年5月29日，张某再次与康某所签订《聘请律师合同》，约定该所律师作为其与陆某某离婚诉讼的代理人，张某应支付二审阶段律师费50000元、发回重审阶段律师费80000元。合同签订后，张某按约支付了上述费用。

原告某汇所诉称，张某于2018年11月19日与某汇所签订《聘请律师合同》，聘请某汇所律师为其与陆某某离婚案件的代理人，律师费共计110000元，分别应于2018年11月底前支付60000元，一审结束后再支付50000元。合同签订后，张某按约支付了律师费60000元，某汇所律师先后与张某见面商量讨论案件9次，参与房屋评估1次，参与庭审3次，后该案件于2019年9月4日在法院主持下调解成功，当日张某与陆某某均签署了调解笔录。此后张某反悔，要求撤销调解协议，并于2019年9月21日单方解除与某汇所的合同，剩余50000元律师费始终未支付。因此某汇所诉至法院，要求张某支付剩余律师费及逾期支付损失。

被告张某辩称，在自己与陆某某的离婚纠纷中，某汇所律师未为张某把控好法律风险，导致其同意签署调解笔录，在解除婚姻关系的同时以放弃价值数百万的财产为代价换取陆某某配合完成胚胎移植手术的权益，但签署调解笔录后张某才得知离异夫妻不能申请胚胎移植手术。基于上述情况，张某于2019年9月9日与某汇所律师联系，希望其与法官沟通更改调解协议内容，但其不予理会，张某只能在2019年9月21日解除对某汇所律师的委托，并委托新的律师帮助自己维护合法权益。同时，张某反诉称，因某汇所律师的失职，导致张某签署了无法保障自己合法权益的调解协议，虽然张某获得了法院在调解过后再行安排谈话和开庭的机会，但已签署的调解协议使张某始终处于被动地位，该案一审判决依然对张某不利。张某对此提起上诉，该案经二审法院裁定发回重审，经一审法院重新审理后判决，对夫妻共同财产重新作出划分。在上述过程中，张某额外花费了律师费180000元，参照张某与某汇所签订的合同所约定的律师费总金额，张某因某汇所律师的失职而额外支出了70000元律师费，故提出反诉，要求某汇所返还张某已经支付的律师费60000元，并赔偿张某损失70000元。

反诉被告某汇所辩称，本所律师已经完成了双方所约定的全部委托事项，没有失职行为。签署调解协议时，本律师即已完成与张某约定的全部委托事项。本所律师接受张某的委托处理离婚诉讼，而配合胚胎移植手术的办理并不在法院处理离婚纠纷的范围内，但本所律师依然尽最大可能帮助张某争取权益，积极与对方协商调解，并在签署调解协议后，陆某某确在2019年9月配合张某办理胚胎移植手续，只是由于张某身体原因才未能完成胚胎移植。调解当天张某本人即在场，对于调解协议的确认及签署，完全由张某本人决定，对于胚胎问题无法在调解主文中予以体现的情况，本所律师及法院均反复提醒和告知张某，张某在签署前也亲自阅看了调解笔录的内容，本所律师没有误导和过错。至于张某主张的损失，并非本所律师造成。

【审判】

上海市黄浦区人民法院经审理认为，委托合同建立在委托人和受托人互相信任的基础上，一旦基础丧失，将对合同履行产生重大影响，因此委托人或者受托人可以随时解除委托合同。

关于某汇所的本诉，某汇所与张某约定律师费为分期支付，尾款50000元于一审结束后支付，从订立合同目的理解，“一审结束后”指的应该是某汇所受委托作出代理行为至一审结束后。某汇所参与了（2019）沪0107民初6964号案件最后一次庭审和庭后调解，而调解后一审程序并未结束，张某在陆某某配合下办理胚胎移植手续的过程中发生了意料之外的情况，张某因腰椎疾病暂时无法进行胚胎移植，导致其对调解协议的预期落空。张某意识到调解协议并不能实现其胚胎移植的愿望后，认为财产分割上亦存在失衡，从而失去对某汇所律师的信任，另行花费律师费，委托新的律师代理其争取重新划分夫妻共同财产或延长审限的机会，案件经过二审、发回重审、再次上诉，从上述一系列行为来看，张某不存在无故解除委托的主观恶意，张某解除对某汇所律师委托的行为，系行使法定权利。（2019）沪0107民初6964号案件经法院继续审理后，最终以判决方式结束一审程序。某汇所和张某的委托合同于一审程序结束前解除，故对于某汇所要求张某按约支付剩余律师费及利息的诉讼请求，不予支持。

至于张某的反诉主张亦无法支持。根据法律规定，受托人完成委托事务的，委托人应当向其支付报酬。因不可归责于受托人的事由，委托合同解除或者委托事务不能完成的，委托人应当向受托人支付相应的报酬。某汇所在（2019）沪0107民初6964号案件审理过程中，参与了前期诉讼活动，提供了相应的法律服务，对胚胎问题也进行了法律释明，在履行合同方面不存在过错。最终张某和陆某某未能以协商方式解决离婚、财产、胚胎等问题，是因为在履行过程中发现腰椎疾病这一新的情况，导致双方陷入僵局。律师服务费的支付，应综合考量律师事务所付出的工作量、难易程度、律师费总金额、案件进展等情况进行判断。结合本案案情，认为张某主张某汇所退还其已支付的律师费并赔偿损失的反诉请求缺乏事实依据，不予支持。据此，判决：一、驳回原告（反诉被告）上海市某汇律师事务所的诉讼请求；二、驳回被告（反诉原告）张某的反诉请求。

宣判后，张某提起上诉。二审法院经审理后判决驳回上诉，维持原判。

【评析】

一、权责边界：法律释明与风险提示

（一）价值博弈：法律风险评估与权益实现预期

复合之诉案件中，所涉法律关系、权益保护多样，当事人出于自身整体利益的考量，会在调解中以让渡部分权益为条件，确保其他权益的实现。当权益的实现无法通过强制执行，而需以对方当事人的自愿为前提时，即使对该权益的约定无法列入调解主文，调解相较于判决依然更可能达成权益实现目标。而当独立于调解协议之外的约定履行不能，当事人对调解方案的通盘价值博弈失衡，由此导致当事人对调解协议的公允性及律师代理的尽责性产生质疑，难以取得实质性化解纠纷的效果。产生这一问题的根本原因在于，当事人对其权益实现的预期与法律风险评估未得到充分的释明或提示。

一方面，即使法院在调解中解释和阐述法律规则，严格按照实体法规定帮助当事人达成调解协议，不列入调解主文的约定所涉及的权益并非法院的处理范围，对于与其相关的法律规则解释往往在调解中缺位。另一方面，即使律师基于法律知识与技能帮助当事人确定的诉讼策略最接近当事人的核心诉求，依然未必能保证诉求的实现，对此当事人未必能理解和接受，又由于风险并不必然发生，对于相关的法律风险提示在调解中被弱化。

（二）优化路径：将法律风险提示与释法说理融入调解过程

充分的法律风险提示与释法说理可能会给调解带来困难，但帮助当事人充分考虑不利因素利于纠纷的实质性化解。当该未载入调解主文的约定指向当事人最为关切的诉求时，律师的法律风险提示与法院的释法说理在调解中均不可或缺。法院开展调解工作，在关注双方当事人争议事实的基础上，也应对不在裁判范围但与调解有关联的事实予以综合考量，而律师在调解中提示法律风险是以当事人利益为中心的表现。

因此，为了妥善处理此类纠纷，应当在调解过程中综合考量当事人的诉求，对未载入调解主文的当事人约定，律师应当对履约不能的风险进行提示，法院应当进行相应的释法说理，并在笔录中对当事人的回应予以明确，以此提升当事人对调解协议的内心确信。

二、律师法律风险提示对合同履行认定的影响

（一）对律师履约过错认定的影响

本案中，张某的核心诉求为获得对方办理胚胎移植手续的配合，该诉求以陆某某的自愿为基础，故调解确为更能达成该诉求实现目标的路径。调解协议签署后，陆某某确有陪同张某前往办理胚胎移植手续，而张某因腰椎疾病被告知不宜进行胚胎移植手术，又因离异夫妻不能申请胚胎移植手术，张某主张包含婚姻解除约定的调解协议自始无法实现其核心诉求，同时自己又为了该诉求让渡了部分夫妻共同财产，由此认为某汇所律师未为其把控法律风险，存在履约过错。

在明确当事人诉讼目标的过程中，律师应从当事人的立场与利益考虑，并以自己的专业判断得出结论。[①] 本案的特殊之处在于，张某的核心诉求无法通过强制执行实现，现行法律规定离异夫妻不能申请胚胎移植手术，而陆

① 参见洪冬英:《律师调解功能的新拓展——以律师主导民事调解服务为背景》，载《法学》2011 年第 2 期。

某某又仅在双方达成离婚合意的前提下同意配合办理胚胎移植手续。虽在离婚诉讼中达成调解确为更能实现张某移植诉求的途径，某汇所律师亦无构成履约过错的行为，但如某汇所律师对此作出风险提示则双方在履约过错方面的争议或可以避免。

（二）对行使任意解除权的性质认定影响

委托合同的成立大多建立在当事人的特殊信赖基础之上，如当事人信任基础丧失，则继续勉强合作也无益于合同目的的实现，故现行法律规定委托人享有任意解除权，但对此权利的行使学界普遍主张应作适当限制，②除不可归责于解除方的事由外，对于被解除方造成的损失应负有赔偿责任。律师未对不载入调解主文的约定无强制执行效力进行风险提示，虽如上所述并不必然导致履约过错，但导致委托人认为律师未尽到专业性服务而失去信任，解除委托合同。至于行使解除权的当事人是否存在主观恶意或过错，可通过其在后续诉讼中的行为、行使解除权的诉讼阶段等侧面反映。

（三）对给付条件成就认定的影响

当事人解除委托时给付条件尚未成就，则无义务再支付剩余款项。一般而言，当事人签署调解协议且调解笔录载明经签字生效的，调解协议即发生效力，一审程序即将结束。本案的特殊之处在于，签署调解协议后，法院确又考虑了当事人的情况而再行安排庭审并予以判决，故当事人行使解除权时一审程序尚未结束，双方约定的给付条件未成就。

律师参与案件调解，围绕当事人主要诉求进行法律风险提示，即使法律风险虽不必然发生，但在当事人决策的过程中即予以提示更有利于当事人与律师各自权责的明晰。

三、法院释法说理提升当事人对生效调解的内心确认

（一）对诉讼请求的适当性认识

诉讼请求为审理程序的起点，亦是调解的基础。在当下司法实践中，释

② 参见谢鸿飞：《合同法学的新发展》，中国社会科学出版社2014年版，第623页。

明制度日益受到法院的高度重视，[③] 根据法律规定，当事人主张的法律关系性质或民事行为效力与法院的认定不一致时，法院应当将此作为焦点问题进行审理，[④] 可见，法院应引导当事人提出适当的诉讼请求，实现纠纷的妥善解决。调解的本质在于当事人的合意而非法官的判断，用判决和调解方式处理同一个案件，其结果往往不同甚至相差甚远，[⑤] 故调解未必需要通过法律释明促成，但当事人的诉讼请求中涉及不属于法院受理范围内容，无法载入调解主文时，法院可将释法说理融入调解过程，引导当事人提出适当的主张并以此为基础确定最佳调解方案，以推进纠纷的彻底解决。

（二）对未载入调解主文的约定的效力认识

深入分析调解过程中各方对调解的态度以及决定这种态度的利益关系，才能真正认识调解的实际运作状况，[⑥] 故全面考量达成调解所涉及的各方因素有助于法院判断当事人对调解协议的认知与预期。即使双方就不列入调解主文的事项在调解中达成合意，法院亦可通过释法说理提示当事人该约定的效力及其与调解协议约束力的关联，使当事人对调解协议的效力范围有充分的认识。当事人同意调解方案未必仅基于法律层面的考量，且在风险未发生时难免带有侥幸，或者认为自己能够处理风险，故法院可在笔录中对释法说理予以体现并记录当事人的回应，使当事人在签署笔录时再次确认对调解协议效力范围已经明知，在风险发生时能更理性应对。

（三）对生效调解公允性的认识

在调解过程中当事人基于各方利益的考量愿意对部分权益作出让渡，以至于调解需要一种高于运用法律能力的特殊技巧，[⑦] 调解结果与严格围绕诉讼请求与法律事实的判决结果也往往不同。然这不意味着调解协议内容的公允性能够轻易被质疑，正因各方利益在调解机制下发生碰撞，所形成的调解协

③ 参见公丕祥主编：《纠纷的有效解决——和谐社会视野下的思考》，人民法院出版社2007年版，第318页。

④ 参见《最高人民法院关于民事诉讼证据的若干规定》第53条规定。

⑤ 参见沈志先主编：《诉讼调解》，法律出版社2009年版，第20页。

⑥ 参见李浩：《民事审判中的调审分离》，载《法学研究》1996年第4期。

⑦ ［美］戈尔丁：《法律哲学》，三联书店出版社1987年版，第223页。

议往往是最为接近各方利益平衡的方案，而不能仅以同样情形下的判决结果作为公允性的参照。在调解过程中存在当事人为实现调解协议以外的权益而让渡部分权益的，亦是价值博弈的结果，但当事人容易在权益未能全部实现的情况下认为调解协议有失公允，产生心理失衡，故法院在调解中即能就此进行释法说理，保障当事人对生效调解的公允性有更全面的理解，提升司法权威及公信力。

（责任编辑：成　阳）

冷冻胚胎权利人要求取回冷冻胚胎的司法审查

——任某某、高某诉上海某诊疗中心医疗服务合同纠纷案

章晓琳　胡峻峰*

【裁判要旨】

人体胚胎具有特殊的人格意义，在处置人体胚胎过程中，要格外注重对人格尊严、当事人隐私和知情同意权的尊重，严格限定在治疗疾病和必要科研的范围内，防范可能出现的商业化利用风险。对于权利人要求自行取回冷冻胚胎的，人民法院应当审查双方合同约定，原则上应当将冷冻胚胎交由具有资质的医疗机构予以保管，对于权利人要求自行保管的，一般不予支持。

【案情】

原告（上诉人）：任某某、高某

被告（被上诉人）：上海某诊疗中心

任某某、高某为夫妻关系，双方于 2021 年 11 月 1 日登记结婚。2022 年 7 月 5 日起，任某某、高某至上海某诊疗中心接受人类辅助生殖技术治疗。2022 年 7 月 25 日，任某某、高某在上海某诊疗中心共同签署了《体外受精—胚胎移植（IVF-ET）知情同意书》。8 月 4 日，上海某诊疗中心分别为任某某、高某实施了取卵、取精，实验室结果显示：获卵 4 枚、M Ⅱ卵 4 枚、正常受精 4 枚、有效胚胎 3 枚、冷冻胚胎 3 枚。

* 章晓琳，法律硕士，上海市第二中级人民法院民事审判庭审判员。胡峻峰，法学硕士，上海市第二中级人民法院民事审判庭法官助理。

2022年8月7日，任某某、高某在上海某诊疗中心共同签署了《胚胎冷冻、解冻及移植知情同意书》，载明："我们（任某某、高某）在上海某诊疗中心实施了体外受精胚胎移植治疗，目前有3个胚胎可以冷冻保存……我们自愿缴付胚胎冷冻贮藏费，期限为2022年8月7日起至2023年11月6日止……我们已知上海市卫生健康委员会规定冷冻胚胎临床使用时间一般控制在5年以内，储存超过5年的胚胎需及时销毁。如果超过保存期，我们愿意将胚胎□丢弃☑去标识后作为教学科研使用（任某某、高某勾选了该项）。"同日，任某某、高某向上海某诊疗中心支付胚胎冷冻费用4130元及胚胎冷冻储存费用（450天）2250元，合计6380元。

原告任某某、高某诉称，其在上海某诊疗中心接受人类辅助生殖技术治疗，治疗过程中产生的胚胎，除已经进行移植手术的，还剩余3枚冷冻在诊疗中心。由于目前不适宜进行胚胎移植手术，且胚胎保管期限将到期而被可能用于科研教学，故欲将胚胎取回后自行保管。冷冻胚胎的形成源于任某某、高某夫妻双方精子和卵子的结合，其中包含任某某、高某夫妻双方的遗传基因，具有特定的人身属性和情感属性，任某某、高某对胚胎天然地享有专属性权利，请求判令上海某诊疗中心返还任某某、高某冷冻储存的3个胚胎。

被告上海某诊疗中心辩称，不同意返还案涉冷冻胚胎。冷冻胚胎系双方在医疗服务合同中辅助生殖治疗形成，任某某、高某已在知情同意书上签字确认，明确保管期限五年，五年之后其同意去标识后作为教学科研使用。胚胎的保存、存储、持有亦需要严格的医疗条件，冷冻胚胎如果返还，会存在严重的法律和伦理风险。若任某某、高某希望继续冷冻胚胎，双方协商后可继续签署保管协议。

【审判】

一审法院经审理后认为，依法成立的合同，受法律保护，对双方当事人均具有约束力。一方面，涉案冷冻胚胎保存于诊疗中心属于涉案医疗服务合同项下内容，在案《胚胎冷冻、解冻及移植知情同意书》对胚胎的保管和去向亦作出了明确约定，任某某、高某要求返还涉案胚胎，缺乏合同依据。另一方面，冷冻胚胎不同于物权法意义上的"物"，故不能仅仅依据物权法相关规定规范涉冷冻胚胎的处置等问题。冷冻胚胎的利用和相关辅助生殖医疗技术的实施，涉及生命伦理，具有明显的社会公共利益和公共秩序属性，对个体处置冷冻胚胎的权利进行必要限制，具有正当性和合理性。判决驳回任某某、高某的全部诉讼请求。

宣判后，任某某、高某提出上诉。

二审法院经审理后认为，本案争议焦点为任某某、高某能否要求上海某诊疗中心返还3枚冷冻胚胎。第一，双方建立医疗服务合同关系，涉案冷冻胚胎保存于上海某诊疗中心属于合同项下约定内容。第二，冷冻胚胎系特殊的伦理物，并非仅作为一般标的物保管于上海某诊疗中心，冷冻胚胎需要保存在具有医疗资质的机构。第三，《胚胎冷冻、解冻及移植知情同意书》中明确冷冻胚胎临床使用时间一般控制在5年以内，任某某、高某已选择如果超过保存期，愿意将胚胎“去标识后作为教学科研使用”。第四，高某目前的身体状况不宜进行胚胎移植，上海某诊疗中心表示可就延期保存另行签署协议，由诊疗中心继续保管不影响任某某、高某生殖目的的实现，亦可避免“代孕”等伦理风险。因此，任某某、高某要求返还冷冻胚胎，缺乏依据。

二审法院判决驳回上诉，维持原判。

【评析】

胚胎冷冻技术作为辅助生殖技术的重要辅助手段，在人类繁衍和社会发展中发挥着重要作用。当今中国面临老龄化和少子化，冷冻胚胎权利人[①]要求取回存放在医疗机构的冷冻胚胎的纠纷也日益增加，如何认定冷冻胚胎的法律属性，如何处理个人权利和传统伦理的冲突，平衡个人自由和社会发展的内在张力，成为司法裁判必须回应的时代命题。

一、冷冻胚胎的法律属性

对于因冷冻胚胎权属问题而产生的法律纠纷，首先需要界定冷冻胚胎的法律属性，进而确定权利人的请求权基础，法院对权利人的请求权基础予以审查，最终认定当事人是否享有该权利。对于冷冻胚胎的法律属性，目前主

① 本文中的冷冻胚胎权利人一般指冷冻胚胎提供者或其近亲属（在提供者去世等法定情形由近亲属参与诉讼活动的情形），或者是与医疗机构等签订冷冻胚胎保管协议的当事人，其认为自身对于冷冻胚胎具有某种法律上的权利。为了便于行文，统称为冷冻胚胎权利人。

要存在以下三种观点。

（一）主体说

在传统民法理论中，存在人—物两分概念，即某一事物或为法律主体（法律中的“人”），或为法律客体（法律中的“物”），存在且只存在该两种区分，非此即彼。主体说主要认为冷冻胚胎具有法律主体的属性，即将胚胎视为自然人或权利受到限制的自然人。② 在域外，美国出现将胚胎视为法人（但不等同国内社团法人的概念）的观点并写入法律，主要认为胚胎是自然人的联合，此种联合与社团名义下自然人的联合是一样的，通过确立胚胎的主体地位从而增强保护力度。③

（二）客体说

如前所述，与法律主体相对的是法律客体。客体说主要认为冷冻胚胎不具有法律主体的特性，其应当被认定为法律客体，即法律意义上的“物”，适用法律中关于物的相关法律规范。

（三）折中说

不同于传统民法的人—物两分，折中说认为冷冻胚胎区别于民法意义上的一般物，而是具有特殊价值属性的“伦理物”或“特殊物”。一方面，冷冻胚胎具有“物”的法律属性，在不违背公共秩序和善良风俗的前提下，可以作为民事权利的客体。④ 另一方面，冷冻胚胎蕴含人类的特殊情感，具备人格利益，⑤ 可以适用《民法典》人格权的相关规定予以保护。

（四）本文的观点

本文赞同折中说。根据物权法定的法律原则，在现行法未予以明确规定

② 李燕、金根林：《冷冻胚胎的权利归属及权利行使规则研究》，载《人民司法》2014 年第 13 期。

③ 美国《路易斯安那州民法典》第一百二十三条，见徐国栋：《体外受精胚胎的法律地位研究》，载《法制与社会发展》2005 年第 5 期。

④ 梁慧星：《中国民法典草案建议稿》，法律出版社 2003 年版，第 19 页。

⑤ 杨立新：《人的冷冻胚胎的法律属性及其继承问题》，载《人民司法》2014 年第 13 期。

的情况下，不宜突破法律规范而创设权利或增加义务。因此，冷冻胚胎作为一种法律并未明确规定的事物，仍适用《民法典》关于“一般物”的相关规定。但是，胚胎作为一种由人类精子和卵子结合而成的受精卵发展而来，包含人类尊严和伦理价值，应当在法律适用上予以重点保护，对于侵犯权利人的行为，除了物权上的恢复原状、赔偿损失等，也可以适用《民法典》人格权编的相关规定，参照骨灰、尸体等特殊物的保护规则进行保护。与此同时，基于胚胎的特殊性，不能同一般物一样进行买卖和赠与（基于公益目的赠与除外）。但是，对于冷冻胚胎的保护必须限制在其作为法律上物的属性基础上，在司法裁判中，不宜通过创设权利，将冷冻胚胎作为“人和物之间的特殊属性”，从而赋予其超越法律规则的保护。⑥

二、权利人要求取回冷冻胚胎的司法现状及立场

在司法实践中，涉及冷冻胚胎的纠纷主要集中在冷冻胚胎返还和权属争议上，囿于篇幅和说理重点，本案为生育夫妻要求医疗机构返还冷冻胚胎的纠纷，故本文聚焦冷冻胚胎返还纠纷。冷冻胚胎返还纠纷一般指提供冷冻胚胎的夫妻或其他权利人（如夫妻死亡后其近亲属）要求保存冷冻胚胎的医疗机构（一般也是实施体外胚胎受精—移植的机构）返还冷冻胚胎所产生的纠纷。

（一）类案异判的司法困境

对于冷冻胚胎返还纠纷，由于现行法律并未明确规定冷冻胚胎的法律属性，各地法院在处理此类案件时，出于不同的价值判断和利益衡量，选择适用不同的法律规范，同时对法律规范作出不同的解释，导致类案异判现象较为突出，主要有以下三种不同类型的司法裁判。

1．应当返还

第一种司法裁判观点为支持权利人要求返还冷冻胚胎的主张。代表案例为2014年全国首例冷冻胚胎监管处置权案，法院认为原告对其各自子女经

⑥ 代表判例2014年中国首例胚胎案，无锡中院的判决受到质疑和批评。参见杨立新：《单方废弃夫妻共有的人体胚胎之侵权责任认定》，载《法律适用》2018年第9期。

过人工匹配取得，含有血缘传承的DNA等遗传物质和两个家族遗传信息的冷冻胚胎，具有生命伦理上的密切关切关联性，是双方家族血缘传承的唯一载体，承载着哀思寄托、精神慰藉、情感抚慰等人格利益，因而享有私法上的权利；同时还确认政府卫生行政管理部门关于胚胎不能买卖、赠送和禁止实施代孕的规定，是对医疗机构和医务人员在从事人工生殖辅助技术上的管理性规定，不具有强制性法律、法规的效力，不能对抗当事人基于私法所享有的正当权利，因而确认四位失独老人对争议的人体胚胎享有民事权利，判决被告予以返还。[⑦] 实践中，部分法院认为胚胎具有生命特质，比一般意义上的物具有更高的价值，应当受到特殊对待，提供胚胎的夫妻（及其近亲属）作为权利人，享有对保存在医疗机构的冷冻胚胎相应监管和处置的权利。[⑧]

2．不予返还

与支持返还的观点相反，实践中也存在判决不予返还冷冻胚胎的司法观点。但不予返还的理由存在差异。有法院认为冷冻胚胎具有人类基因组织，属于人类遗传资源材料，根据《中华人民共和国人类遗传资源管理条例》的规定，[⑨] 经有权机关批准后才可以保存，一般自然人缺乏保存条件，故不予支持返还的请求。[⑩] 还有法院认为在医疗服务合同中，如果当事人约定冷冻胚胎交由医疗机构保管，则应当按照合同约定进行履行，当事人不得违反合同要求返还。亦有法院认为权利人对于取回冷冻胚胎的用途和处置办法不能作出合理解释，存在代孕等违反法律和公序良俗的可能性，故判决不予返还。[⑪]

---

⑦ 参见（2014）锡民终字第1235号民事判决。

⑧ 如（2021）粤0104民初525号民事判决、（2020）川0104民初3890号民事判决、（2021）京0108民初59820号民事判决、（2021）云0103民初4669号民事判决。

⑨《中华人民共和国人类遗传资源管理条例》第14条规定："保藏我国人类遗传资源、为科学研究提供基础平台的，应当符合下列条件，并经国务院科学技术行政部门批准：（一）具有法人资格；（二）保藏目的明确、合法；（三）保藏方案合理；（四）拟保藏的人类遗传资源来源合法；（五）通过伦理审查；（六）具有负责人类遗传资源管理的部门和保藏管理制度；（七）具有符合国家人类遗传资源保藏技术规范和要求的场所、设施、设备和人员。"

⑩ 参见（2019）浙0102民初2774号民事判决。

⑪ 如（2020）川01民终8002号民事判决书、（2024）沪02民终8070号民事判决。

3. **附条件返还**

在还与不还之间，有少数法院采取附条件返还的裁判路径，其认为权利人对冷冻胚胎享有监管和处置的权利，但是根据医疗主管部门的规定，个人和普通机构不得持有和保存冷冻胚胎，因此判决被告向原告指定的具备《人类辅助生殖技术管理办法》规定资质的医疗机构交付冷冻胚胎。

（二）冷冻胚胎返还纠纷中的司法考量

人民法院作为纠纷的裁判者，对于冷冻胚胎纠纷的处理至关重要，在案件审理中保持何种立场和价值倾向，值得重视。

1. **尊重契约自由**

契约自由作为近代私法的三大原则之一，是私法自治意思自治的核心部分，在整个私法领域具有重要的核心作用。⑫ 契约自由原则的实质是契约的成立以当事人的意思表示一致为必要，契约权利义务仅以当事人的意志而成立时，才具有合理性和法律上的效力。⑬ 对于因当事人通过意思自治而形成的契约，在法无明文规定契约无效的情况下，法院应当予以尊重，不宜过度发挥自由裁量权对契约的效力给出否定性评价。

在冷冻胚胎返还纠纷中，双方当事人之间往往订立医疗服务合同，对各自的权利义务进行约定，若该约定内容并无违反强行法之处，法院应尊重当事人对于冷冻胚胎权属等问题所达成的合意，不宜认定条款无效或作出与合同约定相反的判决。

2. **维护社会公共利益**

法官适用法律进行判案的过程实际就是利益衡量的过程，在不同的利益层级中，社会公共利益具有较高层级。⑭ 与此同时，公共利益概念在《民法典》中有较为广泛的分布，在第一编“总则”、第二编“物权”的第二分编“所有权”和第三分编“用益物权”、第三编“合同”及第四编“人格权”等

⑫ ［德］罗伯特·霍恩、海因·科茨、汉斯·莱塞：《德国民商法导论》，楚建译，中国大百科全书出版社1996年版，第90页。

⑬ 李永军：《从契约自由原则的基础看其在现代合同法上的地位》，载《比较法研究》2002年第4期。

⑭ 梁上上：《利益的层次结构与利益衡量的展开》，载《法学研究》2002年第1期。

部分皆有直接或间接表达。因此，具有强制执行力和价值引领功能的裁判是否维护社会公共利益，是在司法裁判的过程中重要的考量因素。

在冷冻胚胎返还纠纷中，法官所面临的利益主要有要求取回胚胎当事人的个人利益、医疗管理秩序和传统伦理文化等社会公共利益，甚至还包括冷冻胚胎所孕育产生生命的后代利益。在不同利益衡量的过程中，社会公共利益应当被放置在较高的层级。要避免案件判决虽然维护了当事人的个人利益，但却对社会公共利益带来更为严重的损害这一不利后果。

3．避免机械主义

司法机械主义，或称机械司法主义，它表现为司法刻板、缺乏灵活性，⑮主要是指法官缺乏对法律规范的意涵以及立法意旨的考量，僵硬地适用法律条文。⑯倘若法官只知道简单恪守法律条文的核心语义或字面含义径行作出判决，而不懂得因应时事、适度校准，则难免产生差强人意的裁判效果甚至背反法律目的性的问题。⑰

在冷冻胚胎返还纠纷中，法院作出判决应当避免机械司法，减少和杜绝片面追求适用法律条文而不顾实际情况所导致的司法形式主义。实践中，有法院认为医疗机构应当将冷冻胚胎返还给权利人，但是相关法律规定了取回的冷冻胚胎不能进行买卖、赠与和实施代孕行为。因此，法院明确向当事人释明禁止将取回的冷冻胚胎用于非法途径，否则将承担相关法律责任。当事人在庭审中也承诺，取回冷冻胚胎后不用于非法途径。⑱但是，此种不得将取回的冷冻胚胎用于非法途径仅仅是法律上的宣示行为，法院无法判断更无法监管、控制当事人的行为。事实上，要求取回冷冻胚胎的当事人往往是无法通过试管婴儿等方式进行辅助生殖的，在现有医学技术下只能借助于代孕技术产生后代。因此，取回胚胎之后进行代孕生子具有高度可能性，案件审理过程中法院的释明、在文书中阐明以及当庭要求当事人承诺不能够成为一

⑮ 张建伟：《司法机械主义现象及其原因分析》，载《法治社会》2023 年第 1 期。

⑯ 胡昌明：《论机械司法》，载《经贸法律评论》2023 年第 4 期。

⑰ 黄祥青：《法官如何裁判才能防止机械司法》，载《人民法院报》2019 年 4 月 11 日第 8 版。

⑱ 樊高远：《试管婴儿未成功，冷冻胚胎归谁所有?》，载《人民法院报》2024 年 2 月 20 日第 3 版。

项独立的法律义务，有流于形式之嫌。

三、冷冻胚胎返还纠纷中的审查思路

对于冷冻胚胎返还纠纷，法院应当审查权利人主张权利的请求权基础，适用涉及的法律规范，并通过利益衡量等方法，判断权利人所主张的诉请是否成立。

（一）确定并审查请求权基础

如前所述，冷冻胚胎的权利人可以通过物权请求权、债权请求权和人格权请求权等三种方式进行权利救济。在冷冻胚胎返还纠纷中，当事人和法院往往选择医疗服务合同纠纷这一案由进行立案和审理，少部分会选择保管合同纠纷这一案由。一般而言，权利人是通过合同之债的债权请求权主张权利，法院应当审查这一债权请求权是否具备存在的基础，此时，需要审查双方合同约定，从而判定当事人在合同项下拥有何种权利。

原卫生部颁布的《人类辅助生殖技术管理办法》第14条规定，实施人类辅助生殖技术应当遵循知情同意原则，并签署知情同意书。涉及伦理问题的，应当提交医学伦理委员会讨论。无论是医疗服务合同还是保管合同中，一般医疗机构会都会按照规定要求冷冻胚胎的原始载体（精子和卵子）提供者签署知情同意书，作为合同的组成部分。中华医学会生殖医学分会制定一套人类辅助生殖技术知情同意书的推荐范本并推荐给全国的生殖医学中心参考使用，事实上，一般的医疗机构均会全文使用或主要参考使用该知情同意书。本案中医疗机构所提供的、双方当事人所签署的知情同意书即与中华医学会生殖医学分会的推荐范本基本一致。同时，各地卫生主管部门对冷冻胚胎的保管作出的相应规定一般也会载明到医疗服务合同。

本案中，作为原告的夫妇俩在被告医疗机构共同签署了《胚胎冷冻、解冻及移植知情同意书》，载明："我们实施了体外受精胚胎移植治疗，目前有数个胚胎可以冷冻保存……我们自愿缴付胚胎冷冻贮藏费……我们已知上海市卫生健康委员会规定冷冻胚胎临床使用时间一般控制在五年以内，储存超过五年的胚胎需及时销毁。"对于超过保存期胚胎的处理方式，夫妇俩勾选了"愿意将胚胎去标识后作为教学科研使用"这一选项。通过合同约定可知，权利人知晓冷冻胚胎临床使用时间一般控制在5年以内，储存超过5年的胚胎需及时销毁的规定，也即同意案涉冷冻胚胎的保管期限为5年，同时对于超期的冷冻胚胎愿意去标识后作为教学科研使用。因此，从尊重当事人契约自由的角度出发，法院应当适用该合同约定对当事人的请求权基础是否成立作出认定。

（二）选择并适用法律规定

关于冷冻胚胎的保存、监管和处置，除《民法典》中的一般规定外，并无专门条款予以规定。在法律、行政法规之外，只有部门规章涉及冷冻胚胎。原卫生部颁布的《人类辅助生殖技术管理办法》第3条规定：人类辅助生殖技术的应用应当在医疗机构中进行，以医疗为目的，并符合国家计划生育政策、伦理原则和有关法律规定。禁止以任何形式买卖配子、合子、胚胎。医疗机构和医务人员不得实施任何形式的代孕技术。该办法的适用对象为医疗机构和医务人员，但是作为涉及冷冻胚胎处置的具体规定，法院可予以参考并根据个案情况进行适用。

（三）进行利益衡量并裁决

在众多支持冷冻胚胎返还的案例中，法院大多认为权利人对胚胎享有直接的监管和处置权，从而判决医疗机构返还冷冻胚胎，其背后价值是当事人对于胚胎的利益高于合同约定和部门规章的规定。但本文认为，冷冻胚胎返还涉及的利益不仅包括个人私益，还包括胚胎背后蕴含的一般人格尊严和伦理道德以及国家卫生管理秩序等公共利益，应当综合考虑。

根据《民法典》第1009条的规定：从事与人体基因、人体胚胎等有关的医学和科研活动，应当遵法之外，还不得危害人体健康，不得违背伦理道德，不得损害公共利益。实际上，拒绝返还冷冻胚胎的一大理由是避免代孕。代孕是指通过人工辅助生殖技术将委托方夫妻的受精卵植入妻子以外女性子宫内，使其继续发育直至妊娠的一种生殖技术。[19] 我国现行法律禁止代孕，但具体只有2001年由原卫生部颁布的《人类辅助生殖技术管理办法》，其中第

---

⑲ 祝瑾、饶伟：《对我国代孕问题法律规制的思考》，载《医学与法学》2021年第2期。

3条规定“禁止以任何形式买卖配子、合子、胚胎；医疗机构和医务人员不得实施任何形式的代孕技术”，第22条规定了对上述“两禁”行为的违反处罚；2003年由原卫生部颁布的《人类辅助生殖技术与人类精子库相关技术规范、基本准则和伦理原则》明确规定了禁止代孕技术的实施及对违反规定而实施了代孕技术的医疗机构予以处罚的具体条款。学界赞同禁止代孕的观点主要认为代孕行为违反公序良俗，具有违法性和背德性。[20]虽然当下社会上存在呼吁开放代孕的声音，但我国仍通过立法禁止一切代孕行为，主要包括公共政策、家庭的稳定、对代孕子女的保护、对代孕母身体权和生育权的尊重等。[21]此外，这一立法选择与中国传统的道德观念紧密相连，当下社会无法接受代孕行为，代孕子女也可能面临周围人的歧视甚至侮辱，对其心理健康极为不利。由于代孕涉及道德、伦理、法律、医疗、心理等众多因素，对代孕的完全否定态度是立法者在当前条件下做出的相对较优的选择，作为法律适用者的人民法院，应当在司法裁判中将代孕作为严重损害社会公共利益的行为进行利益衡量。

在实践中，要求取回冷冻胚胎的当事人往往现有身体状况不适合移植胚胎，且无法对胚胎的用途和处置办法作出合理解释。[22]再如中国首例冷冻胚胎监管处置权案中，法院判决医疗机构将冷冻胚胎返还给原告后，原告通过多种途径进行代孕，最终获得一名男婴。[23]因此，在利益衡量中，出于维护传统伦理、医疗管理秩序等社会公共利益，应当将权利人对冷冻胚胎的监管和处置权进行限制，即冷冻胚胎应当实体存放在法定的医疗机构中，不允许个人实际持有，以避免可能发生的代孕、买卖等伦理风险。

本案所涉冷冻胚胎用于辅助生殖治疗目的，由于原告短期内不适宜移植受孕，因此解决争端的关键在于冷冻胚胎的合理保管问题。诉讼过程中，医院方表示愿意在保管期限届满后，协商延长保管期限，以便原告个人情况允

---

⑳ 湛中乐：《论代孕及其行为的公法规制》，载《医学与法学》2024年第3期。
㉑ 肖永平、张弛：《比较法视野下代孕案件的处理》，载《法学杂志》2016年第4期。
㉒ 如（2024）沪02民终8070号民事案件、（2020）川01民终8002号民事案件。
㉓ 王晓燕：《冷冻胚胎返还：权利保障与代孕规制》，载《南通大学学报（社会科学版）》2021年第3期。

许时可再行移植。这一方案既有利于冷冻胚胎的妥善保管及辅助生殖治疗最终目的的达成，也有利于防止出现伦理道德风险，是一项既符合法律精神又能保障当事人利益的处置方式，实现利益均衡。

（责任编辑：郑　重）

借名执业类案件适用通谋虚伪之穿透审理

——陈某诉某保险经纪公司委托合同纠纷案

林丽丽*

【裁判要旨】

在借名执业类委托合同纠纷中，受托人借用他人名义与委托人签订委托合同，委托人对此清楚、明知并达成合意，则双方构成通谋虚伪行为，相关名义合同无效；隐藏合同如未违反法律法规的禁止性规定，则属有效，双方受隐藏合同内容约束。

【案情】

原告：陈某

被告：某保险经纪公司

2019 年 11 月 26 日，原告与被告签订《保险经纪人委托合同》（以下简称委托合同）一份，甲方为被告，乙方为原告。合同 3.2 条约定，乙方同意手续费（佣金）为合同范围内乙方应得的全部手续费（佣金），且该手续费（佣金）未经甲方同意不得指定转让予第三方获得。5.3 条约定，本合同期满、解除时，本合同项下乙方享有的一切权利和手续费（佣金）均同时永久终止。5.10 条约定，乙方应自行承担与开展保险营销活动有关的一切费用。9.1 条约定，合同有效期为一年，自双方签订本合同之日起开始计算。9.2 条约定，本合同到期后双方如无异议，则本合同自动顺延一年，顺延次数不限。10.2.7 条约定，乙方存在损害甲方利益的行为或从事与甲方利益相冲突的活动，甲

* 林丽丽，法学硕士，上海市静安区人民法院金融审判庭审判员。

方有权本解除合同。11.1 条约定，当事人一方不履行义务或履行义务不符合约定给对方造成损失的，应当承担损害赔偿、采取补救措施等违约责任。另有编号 0019 委托合同一份，甲方为被告，乙方落款处有第三人任某字样的签名，合同内容同编号 0088 的委托合同。

2021 年 3 月 23 日，被告就原告与第三人职级互换事宜与原告进行了微信沟通，并作如下调整：原告和第三人职级进行互换，第三人调整为管理职级 DD，原告调整为销售职级 SSM，原原告名下团队成员调整至第三人名下。之后被告向第三人发放管理职级享有的管理报酬和保单销售佣金，向原告发放其调整后销售职级享有的保单销售佣金。后被告以原告带领团队成员前往同行公司学习、违反公司利益为由解除其与原告的委托合同；将第三人职级由管理职级降为销售职级。

原告提出诉讼请求：（1）判决被告向原告给付预期利益损失 486554.54 元及团队建设费 34605.30 元，共计 521159.84 元。（2）请求判决被告承担本案的财产保全费用及诉讼费。

被告辩称：（1）被告解除委托合同合理合法。原告带着被告员工在被告不知情的情况下参加被告竞争对手保险代理公司的培训活动，从事与被告利益相冲突的活动，违反保险代理从业人员职业道德。（2）原告在委托合同解除前已经由管理职级变更为销售职级，并无预期利益，不存在管理报酬损失。（3）根据委托合同第 5.10 条，团队建设费的诉请没有依据。（4）重疾险新规自 2021 年 1 月 1 日实施，重疾范围的缩小导致在此期间投保人数和投保金额激增，原告截取的时间段作为预期收益的依据不具有合理性。（5）第三人 2021 年 4 月至 6 月的业绩不符合被告《基本管理办法》要求，被告将其降级具有合法依据。

【审判】

法院经审理认为，合同签字主体是确认合同当事人身份的重要直接证据，鉴定结论载明合同签订主体并非第三人，结合第三人未委托原告签订相关委托合同、不主张相关权益的陈述，法院认定编号 0019 的委托合同签订主体与第三人无关，该委托合同对第三人不发生效力。原告表示，编号 0019 的委托合同是原告借用第三人名义与被告所签，相关的权利和义务应归属原告。通过原告和被告之间就职级互换事宜的沟通情况、被告支付报酬走向、第三人名下客户维护等证据以及被告未能提供证据证明与第三人签约之原因及情形，被告亦无法提供第三人在被告处包括培训、展业等在内的任何相关信息，足以证明表面上第三人与被告之间存在一份编号 0019 的委托合同，隐藏行为是原告与被告系该份合同的真实双方当事人，双方对此均清楚、明知并达成合意。该份委托合同在原告和第三人职级互换后其隐藏的真实意思表示为，双方约定原告以第三人名义管理团队并由第三人代持原告享有的团队管理报酬，相应的权利义务仍属于原告与被告，双方均应受其约束。

综观在案证据，被告解除其与原告间的委托合同进而对第三人的职级进行降级，必然导致原告相关利益受损。被告提供的证据不足以证明原告存在危害被告利益的行为，故被告抗辩依据原告违约解除合同的理由不成立。法律规定了委托合同双方均享有随时解除合同的权利，但对于有偿委托合同的解除，应当赔偿对方的直接损失和合同履行后可以获得的利益。故被告可以依据法律规定行使法定的合同解除权，但应当赔偿原告相应的利益损失。

关于损失赔偿的金额法院酌定考虑如下因素。首先，被告明确表示即使其与原告之间的合同未被解除，本年度合同到期也不再续签。故法院酌定被告赔偿原告损失的时间范围为自原、被告之间的合同解除之日至本年度合同到期之日。其次，由于保险经纪行业中保单的达成与否以及保单达成的时间具有不确定，受保险政策变化影响较大，同时保险经纪从业人员具有较强的流动性，合同解除前原告的团队管理报酬能够比较客观反映合同解除时原告所辖团队人员及业绩状况。故法院以合同解除之前三个月原告的管理报酬收入作为酌定原告利益损失的参考。再次，原告和被告之间的通谋借名执业行为，使在执业过程出现原告自己管理自己的不合理现象。即使如原告所称被告处尚存在其他从业人员借名执业的情况，但不属于本案审查范围，也不能成为原、被告通谋借名执业的正当理由。最后，原告带领团队成员参加同行公司的学习未向被告明确报备亦有不妥。至于原告主张的双方合同期间外的预期利益损失以及团队利益损失，无合同和法律依据，法院不予支持。

保险经纪人系基于投保人的利益与保险公司签订保险合同提供中介服务，要求其从业人员应当具有保险专业知识和技能，通晓保险市场规则。就保险经纪行业整体而言，借名执业行为不利于保险经纪从业人员队伍健康稳定发展，不利于投保人、被保险人利益的有效维护，也不利于保险经纪市场正常秩序的维持。原告与被告之间通谋借名执业的行为均有违诚信，不应得到提倡和鼓励；尤其对被告而言，其作为经过行政部门审批监管的保险经纪人，更应当遵守监管规定，确保保险经纪从业人员执业登记信息的真实、准确。综合全案事证，法院判决：被告某保险经纪公司支付原告陈某利益损失126000元并驳回原告陈某其他诉讼请求。

【评析】

一、通谋虚伪案件审理路径的厘清与选择

（一）通谋虚伪案件审理的通常程序路径

审判实践中大多数通谋虚伪案件表现为合同纠纷类案件，通谋虚伪案件涉及以虚假意思表示实施的民事法律行为和以虚假意思表示隐藏的民事法律行为，在此分别称之为“名义合同”和“隐藏合同”。之所以会借助于名义合同，主要是一方尤其是处于合同优势地位一方资质欠缺或者出于逃避监管、增加自身利益等原因考虑。实践中大多是占据合同优势地位的一方作为原告以名义合同提起诉讼，被告大多会以隐藏的法律关系进行抗辩。法院经审查确认名义合同无效的情况下，是否要对隐藏合同进行主动审理，是审判要面临的程序问题。一方面，主动审查隐藏合同对原告而言，有违“不告不理”之嫌，另一方面隐藏合同也并不当然与名义合同具有相同的管辖法院。故案件审理中更妥善的做法是在依据《民法典》第146条第1款规定认定名义合同无效时，对当事人进行释明，由原告选择是否按照隐藏合同进行审理。[①]

（二）“外观主义”审理不利于充分维护当事人的合法利益

本案中名义合同的合同主体分别为委托方被告某保险经纪公司和受托方第三人任某，名义合同背后的真实受托方陈某作为原告直接提起诉讼。通常认为，合同外观显现的签字主体是当事人意思表示的外在和直接表现形式，是确

① 茆荣华编著：《〈民法总则〉司法适用与审判实务》，法律出版社2017年版，第249页。

认合同当事人身份的重要直接证据，该观点即“外观主义”说。如果按照“外观主义”的思路进行审理，原告已经同第三人进行了职级互换，原告不再具有管理职级，其主张管理职级项下的管理报酬没有事实依据和合同依据；或者从另一个角度讲，涉诉的管理报酬系在第三人名下，原告不具有诉讼主体资格，应予驳回其诉讼请求。按照“外观主义”进行审理，原告的诉请被驳回后，如果以第三人的名义再次提起诉讼，则可能因为第三人与被告不具有真实的委托关系而使其诉请仍然无法得到支持，出现当事人的相关利益无法得到救济的窘境。

（三）“穿透式审判”② 对借名执业类案件审理的积极意义

审判实践中存在两种性质的当事人：一种是程序法意义上的当事人，一种是实体法意义上的当事人。法院在案件受理之初，无法确认当事人是否拥有实体法上的权利和义务，因此确立程序法意义上的当事人能够最大化保护当事人的权益。本案系隐藏合同的一方主体直接提起诉讼，其是否具有诉讼主体资格以及是否具有利害关系，则需要法院在案件审理过程中对名义合同及隐藏合同一并进行审查。通过名义合同和隐藏合同相互检验、审查，探求当事人之间的真实意思表示，才能确认原告有无主体资格、是否享有实体权利以及其诉请能否得到支持。本案采用穿透式审判思路，将名义合同的一方主体任某列为第三人，主动穿透、全面审查名义合同和隐藏合同，查明当事人之间的真实意思表示，节约了当事人的诉讼成本和司法资源，维护了当事人的合法权益，起到定分止争的社会效果。

二、借名执业类案件适用通谋虚伪行为的认定和处理

（一）通谋虚伪行为构成要件剖析

通谋虚伪行为，即行为人与相对人通谋以虚假的意思表示实施的民事法

② 2019年11月8日最高人民法院发布《全国法院民商事审判工作会议纪要》，明确提出“穿透式审判”的要求，要求各级法院“注意处理好民商事审判与行政监管的关系，通过穿透式审判思维，查明当事人的真实意思，探求真实法律关系”。“穿透式审判”是把哲学上“透过现象看本质”的思维方式运用到司法办案当中，具有破除“机械司法”、实质化解纠纷、避免“程序空转”的司法功效。

律行为，意在以假意掩盖真意。从概念本源上看，我国《民法典》第146条在语境表述及实质上与《德国民法典》一致，是对《德国民法典》的法律移植。《德国民法典》第117条规定："须以他人为相对人而做出的意思表示，系与相对人通谋而只是虚伪地做出的，无效。因虚伪行为，致另一法律行为隐藏的，适用关于被隐藏的法律行为的规定。"③ 王泽鉴教授认为通谋虚伪表示的构成要件有三：一须有意思表示的存在，二须表示与真意不符，三须其非真意的表示与相对人通谋。④ 审判实践中，一方常主张对其有利的名义合同成立，否认与另一方存在通谋虚伪，在此情况下另一方要证明双方之间存在通谋虚伪通常比较困难。本案被告否认与原告有通谋虚伪行为，法院综合全案证据并通过举证责任分配等方式，证明原告一方发起通谋，结合签约场景、履约情况及交易习惯等因素证明被告对此清楚、明知并达成合意，以此证明通谋虚伪行为的存在。

（二）借名执业本质为通谋隐藏合同主体

以合同纠纷为例，如名为保理、典当、融资租赁而实为借贷合同纠纷，均为名义合同和隐藏合同的双方当事人一致，合同内容存在"名义"与"隐藏"之分。除此之外，还存在隐藏合同主体的情形。合同由合同主体、合同内容、合同客体三个要素组成。合同主体是合同权利的享有者和合同义务的履行者，是合同法律责任的最终承担者。不同于合同内容涉及具体的权利义务关系，合同的主体容易被忽视。借用他人名义签订合同在实践中时有发生，这种情况下实际履行合同的主体与名义合同主体并不相符，如果对方与隐藏合同主体进行了通谋，则名义合同主体可以从合同中剥离，由隐藏主体直接承担合同内容。本案中原、被告通谋原告以第三人身份与被告签订委托合同，是对合同主体的隐藏，属于通谋虚伪行为。借名执业类案件中，名义合同与隐藏合同内容一致，用一个名义上的合同主体身份隐藏真实的合同主体身份。因双方构成通谋虚伪，应当由隐藏合同主体享有合同权利并承担合同义务。

③ 陈卫佐编译：《德国民法典》，法律出版社2006年版，第36页。
④ 王泽鉴主编：《民法总则》，北京大学出版社2009年版，第285页。

（三）对“未违法但违规”通谋虚伪行为的处理

根据《民法典》第146条，通谋虚伪不以存在非法目的为必要，这也是通谋虚伪的效力规则与原“合法形式掩盖非法目的”无效的重要区别。在效力评价上，通谋虚伪隐藏的行为只有在违反法律法规的强制性规定以及法律有明确规定其无效时才给予否定评价，体现了民法的意思自治原则以及维护民事行为的有效性。本案中，原、被告之间的通谋虚伪行为因为没有违反法律法规的强制性规定而被认定为有效，但被告在此过程中违反了行业的监管规定。《保险经纪人监管规定》第62条明确规定，保险经纪人应当对保险经纪从业人员进行执业登记信息管理，并确保执业登记信息的真实、准确、完整。据此法院在判决金额的酌定上，充分考虑到原、被告之间的通谋虚伪行为不应得到提倡和鼓励，并综合考虑被告的违规情形、双方的过错程度以及社会影响，确定了被告赔偿原告利益损失的参考基数和时间范围，最终判决被告赔偿原告约四分之一的诉请金额，体现了司法在谦抑中的能动。

三、借名执业通谋虚伪案件合同主体的判定与识别

在通谋虚伪合同纠纷案件中，名义合同通常表现为合同文本记载、单证记载、权力部门登记等形式，一般能够被感知；隐藏合同一般比较隐晦，真实意思表示不易被证实。在某些情况下一方为维护自己的利益，通常会否认隐藏合同的存在。故在借名执业通谋虚伪案件中如何对当事人真实意思表示以及合同主体进行识别，是该类案件审查的重点。

（一）判定与识别一：存在合同关系成立之基础

合同的履行必然存在于一定的背景和场景，合同双方在合同履行的过程会存在一定的沟通互动，存在合同履行的痕迹。本案被告抗辩第三人是合同真实当事人，但仅能提供一份外观显现为第三人签字的合同和转款记录，无法提供第三人在被告处包括培训、展业、考核等在内任何相关信息。在原告与第三人职级互换过程中，被告仅通过与原告一个人沟通即能够完成，被告未能证明就职级互换与第三人沟通之情形。据此可以认定，外观显现的签名主体和合同实际履行主体不一致，被告与第三人之间存在合同关系的可能性

极低。而纵观在案证据，被告与原告之间存在合同关系则具有事实上的合理性。

（二）判定与识别二：合同目的之欲得者

合同目的是合同的起点和终点，体现合同当事人订立及履行合同所要实现的利益。合同目的与合同当事人紧密联系在一起。一般而言，真正欲达合同目的者是合同的当事人。本案中原告借第三人之名与被告签订合同的目的，是原告能够通过该份合同在被告处获得另一个执业资格，加之原告以自己的名义与被告签订的合同，则原告在被告处同时拥有具有上下级关系的管理职级和销售职级，如此便可以使原告自身销售保单所产生的管理报酬由第三人代持并最终归原告所有。本案中原告同时享有自身保单销售佣金以及由此产生的管理报酬，是合同利益的最终获得者，是案涉合同的真实当事人。

（三）判定与识别三：合同义务之实际承担者

合同权利义务是合同法律关系的基石，合同权利和合同义务原则上属于合同双方，为合同当事人享有与负担。合同义务人承受的约束、负担是经其同意、认可的义务，故可以从合同义务的承担倒推合同主体。本案原告和第三人职级互换原告降为销售职级后，原告仍然在为被告做团队增员，从事管理职级工作。即便被告解除其与原告之间的合同后，第三人名下客户的续保投诉事宜，相关保险公司甚至包括被告在内，均联系原告处理。由此可知原告是涉案合同义务的实际承担者，是合同的真实主体。合同主体是合同义务的实际落实者和贯彻者，贯穿合同始终，合同义务的承担者是识别合同主体的重要依据。

（责任编辑：董　庶）

破产管理人提名选任的司法审查

——上海某电子科技有限公司申请上海某实业发展有限公司破产重整案

冯 静 李 想*

【裁判要旨】

（1）允许破产程序利益相关方发挥能动作用，提名适格的中介机构担任管理人，拓宽意思自治原则在破产法领域的适用边界。

（2）向人民法院提出破产申请的债务人和债权人均有权提名管理人人选，债权人的提名权不受其享有的债权数额或在全部债权中的比重限制。

（3）人民法院应通过书面与听证相结合的“二元制”模式，对被提名的管理人人选的资质能力和任职回避事项进行全面审查。“类破产管理服务”不属于应任职回避的利害关系。

【案情】

申请人：上海某电子科技有限公司

被申请人：上海某实业发展有限公司

上海某实业发展有限公司（以下简称实业公司）于 1999 年 10 月 19 日在上海市浦东新区注册成立，注册资本为人民币 10000 万元（币种下同），股东为上海某贸易有限公司。实业公司以养老护理项目开发与建设为主营方向，公司成立后已基本完成一养老产业园区前期基础建设，建筑面积近 10 万平方

* 冯静，法学博士，上海市虹口区人民法院副院长。李想，法律硕士，上海市浦东新区人民法院破产审判庭审判员。

米，并获得部分护理业务的行政审批，但受资金链断裂影响，内部装修建设陷入停滞状态。同时，实业公司因股权转让、合作方款项拖欠、高额关联担保等问题涉及数十起诉讼和执行案件，对外负债达29亿余元，资产估值7.4亿余元，已严重资不抵债。第二大普通债权人为实现债权，申请法院强制执行并拍卖实业公司名下部分不动产。

2022年2月7日，债权人上海某电子科技有限公司（以下简称电子公司）向上海市浦东新区人民法院（以下简称浦东法院）申请对实业公司进行破产重整。同时，电子公司称上海市某律师事务所系上海市高级人民法院编制的管理人名册中的一级管理人，在破产业务领域具备丰富的实战经验及良好声誉，依据《上海市浦东新区完善市场化法治化企业破产制度若干规定》（以下简称《浦东破产规定》）第17条“债权人或者债务人提出破产申请的，可以向人民法院书面提名一名管理人人选”的规定，提名该律所为本案管理人人选。2022年2月8日，浦东法院裁定受理电子公司对实业公司的破产重整申请。为选任破产管理人，浦东法院书面审查了被提名的管理人人选递交的执业许可证、管理人级别公告、利害冲突审查说明、书面承诺等系列材料，并召集实业公司的大额债权人就提名管理人事宜进行听证，大额债权人对申请人的提名均表示同意。

【审判】

浦东法院审查认为，根据《浦东破产规定》第17条，申请人具备提名管理人的主体资格，上海市某律师事务所符合本案任职条件并作出相关书面承诺，债务人的大额债权人亦同意申请人的提名，应当作出指定决定。2022年2月17日，浦东法院依照《中华人民共和国企业破产法》（以下简称《企业破产法》）和《浦东破产规定》的规定作出决定书，指定被提名人选上海市某律师事务所担任本案管理人。

【评析】

管理人制度是破产程序依法高效运行的重要制度依托。随着经济社会的不断发展和全国法院破产审判的深入推进，该项制度在实践验证中逐渐显现出亟须改革与完善之处，首当其冲的就是管理人选任问题。上海市人大常委会运用全国人大常委会授予上海市人大及其常委会制定浦东新区法规的立法权，“大胆试、大胆改、自主改”，聚焦制约办理破产瓶颈问题制定《浦东破产规定》。该法规第 17 条创新性赋予提出破产申请的债权人和债务人对管理人的提名权，拓宽了现行法律和司法解释中的管理人选任路径，旨在为国家立法层面建立与国际通行规则相衔接的管理人选任方式提供范式样本。本案系全国首例有法规支撑的、以提名方式在企业破产案件中选任管理人的典型案件，从明确提名权利行使主体、厘清提名审查内容、构建提名审查程序三方面对提名选任路径进行了探索实践。

一、提名选任管理人的理念内涵：当事人意思自治

利益相关者意思自治是公司治理中重要理念之一，而破产法语境下的最密切利益相关方无外乎债权人和债务人。进入破产程序后，因债务人已脱离正常经营状态下的权力机关治理范畴，债务人或者股东在程序推进过程中的自由意志表达范围受到破产法律制度的极大限制。而债权人则主要依赖债权人会议与债权人委员会这一载体通过多数决的方式行使权利，单个债权人的权利大多体现在知情权和异议权上。我国企业破产立法过程中，基于对债务人财产有效管理和当事人利益的考虑，以建立当事人自治型破产程序为目标。① 但在管理人的选任方面，并没有给债权人、债务人两方主体留下行权空间。现行法律和相关司法解释明确规定的方式主要包括法院随机摇号、竞争选任和特定案件中的金融监督管理机构推荐，仅在法院指定的管理人履职不当、不能胜任职务时，赋予债权人会议向法院申请更换的权利。显然，这种由法院享有绝对主导权的选任方式具有成本低、效率高的优势，但其与当事人自治型破产程序制度目标之间的差距也不容忽视。从破产法的发展历史看，各国破产法在破产管理人的选任主体上，普遍寻求一种融法院指定和债权人会议选任于一体的方法。② 联合国国际贸易法委员会破产法立法指南第二部分有关破产管理人的甄选和指定机制中，建议采取的办法包括根据债权人或债权人委员会的建议指定、由债务人指定等，③ 体现了这一立法导向。世

① 郁琳：《破产程序中管理人职责履行的强化与监督完善——以管理人的法律地位和制度架构为视角》，载《法律适用》2017 年第 15 期。

② 汤维建：《破产程序与破产立法研究》，人民法院出版社 2001 年版，第 292 页。

③ 联合国国际贸易法委员会《破产法立法指南》，载 https://uncitral.un.org/zh/texts/insolvency/legislativeguides/insolvency_law，2023 年 8 月 13 日访问。

界银行在其发布的《营商环境评价报告》中，将管理人由谁指定、债权人在指定中享有何种权利，作为“办理破产”项下评判债权人权利的一项指标，更加直观地反映出其对债权人意志的关切态度。④

《浦东破产规定》第 17 条规定的管理人提名制度顺应国际立法趋势，不但允许破产程序的最密切联系方提名举荐适当的人选担任管理人，将管理人选任权从以往绝对的司法控制中释放出来，而且采用“提名优先 + 随机为辅”这一制度设计，将组织全体当事人协商作为数人提名人选不一致时法院行使司法裁判权的前置程序，拓宽了意思自治原则在破产法领域的适用边界，有助于管理人制度的规范化、市场化、国际化进程。

二、提名选任主体：申请破产的债权人和债务人均有权提名管理人人选

为推动全国营商环境整体优化、培育和激发市场主体活力，国务院于 2021 年发布国发〔2021〕24 号《关于开展营商环境创新试点工作的意见》，将健全更加开放透明、规范高效的市场主体准入和退出机制列为十项重点任务之一，并正式提出允许债权人等推荐选任破产管理人。上海、北京、重庆、广州、深圳等首批试点城市先后以法规或工作办法、指引等方式对此作出相应规定，但各地区划定的享有提名选任权的主体范围不尽一致。例如，北京、广州的相关规定将享有管理人推荐权的范围限定在债务人已知债权人二分之一及以上的主要债权人。⑤笔者理解对推荐主体作此限定意在体现大额债权人或多数债权人的集体意志。然而，法院在破产审查阶段可知晓的债权情况并不全面充分，此时“主要”债权人的债权不一定能够对应进入破产程序后

④ 参见王欣新：《营商环境破产评价指标的内容解读与立法完善》，载《法治研究》2021 年第 3 期。

⑤《北京破产法庭接受债权人推荐指定管理人的工作办法（试行）》第 4 条：“符合下列情形之一的破产案件受理前，债务人的主要债权人协商一致，可以以一家或者多家债权人的名义，在北京市企业破产案件管理人名册中向本院推荐一家中介机构或者两家中介机构联合担任该破产案件的管理人……”《重庆市第五中级人民法院破产案件管理人指定办法》第 1 条：“本院受理的破产案件，采取下列方式指定管理人……（五）接受主要债权人推荐指定。”《广州市中级人民法院关于在破产案件中推荐破产管理人的工作指引（试行）》第 3 条：“债务人、主要债权人等相关权利人依照本指引的规定向人民法院推荐管理人人选……”

获得法院裁定确认的二分之一以上债权额，况且该推荐也不必然获得法院的许可，上述规定的司法效用尚待实践。

上海在《浦东破产规定》中明确，提出破产申请的债权人或债务人可以向法院提名一名管理人人选，可见该规定不但未将债权金额或比重作为债权人行使提名权的考量标准，而且赋予债务人相同的提名权利。笔者认为，如此规定一是因为破产申请人系破产程序发起者，而管理人系破产程序推动者，相较于尚未参与破产的相关方，两者关联更为密切，将申请主体作为提名主体最能彰显最密切联系原则，也有助于进一步提升其参与程序的积极性。二是允许债务人提名管理人并不会侵害债权人利益，企业在陷入困境或濒临破产时曾聘请中介机构提供债务清理、融资指导等“类破产管理服务”的，相较于普通的债权人对破产管理人的工作内容更为熟悉，经历庭外重组或预重整后申请破产的债务人，在推举适当人选时更具发言权。三是破产审查阶段的债权金额和比重仍处于未定状态，虽然解决小额债权人申请破产时利益的平衡问题仍是个难题，但是站在体系解释的角度，既然《企业破产法》及其相关司法解释未限制小额债权人的破产申请权，赋予不同性质、不同金额的债权人提名管理人的权利，更能彰显破产法律制度的公平原则。至于小额债权人的提名能否得到其他债权人的认可，抑或是不同债权人在行权过程中的争议均可交由法院通过后续审查程序予以解决。

本案中，债务人实业公司的债务规模高达数十亿元，提名管理人的债权人电子公司享有债权本金为2000万余元，合议庭审查后认为该名债权人有权行使《浦东破产规定》赋予的管理人提名权，并依法接收了其提名申请材料。

三、提名审查内容：正向资质能力评定与反向任职回避核查

如本文第一部分所言，绝对的当事人选任或法院指定都不是现代破产法的发展趋势，因此在丰富管理人选任路径的同时，有必要厘清当事人自治权和司法裁判权在管理人选任中的关系。根据《企业破产法》规定，管理人由法院指定，因此无论通过何种路径产生管理人人选，最终任命该人选担任管理人系属人民法院的司法裁判权范畴。又因法律和司法解释中对能够担任管理人的机构和个人的资质条件有所规定，笔者认为，在充分保障当事人行使自治权、提名管理人人选的同时，法院应遵照《企业破产法》第24条和《最

高人民法院关于审理企业破产案件指定管理人的规定》第23条和第24条，从正向的资质能力评定和反向的任职回避核查两个层面对具体的管理人候选人进行审查。

（一）正向的资质能力：重点审查是否具备与个案需求相匹配的履职能力

近年来，各省市高级人民法院和部分中级人民法院已根据上述法律和司法解释的相关要求，结合本辖区律师事务所、会计师事务所、破产清算事务所等社会中介机构及专职从业人员的数量和企业破产案件数量，编制了当地的管理人名册。以上海为例，入册的管理人机构共90家、自然人共10人。凡入册的机构和人员均经编制机构筛选，符合《企业破产法》规定、具备相关专业知识和执业资质。因此，从管理人名册中择取的提名人选在正向的执业资质评定上通常不存在障碍，审查侧重点应放在提名人选的履职能力与个案需求的适配度上，这一点在重大复杂案件的管理人选任中显得尤为重要。例如涉众性案件中的维稳能力、涉融资融券案件中的专业储备、跨境破产中的涉外办案经验、复杂重整案件中的商业谈判和资源整合能力等。需要强调的是，能力考察应从注重机构的历史业绩转向对具体管理团队与个人履职能力并重，避免因个人的离职流动导致机构原有工作水平和能力发生变化，而使指定判断标准失去实际意义。⑥

（二）反向的任职回避："类破产管理服务"不宜认定为禁止任职类服务

《企业破产法》第24条和《最高人民法院关于审理企业破产案件指定管理人的规定》第23条、第24条明确规定不得担任管理人的任职回避情形，具体包括因故意犯罪受过刑事处罚、曾被吊销相关专业执业证书、与本案有利害关系。目前存在争议的是，为濒危的困境企业提供尽职调查、梳理债权债务、资产评估、财务审计、设计重组方案等"类破产管理服务"是否属于可能影响忠实履行管理人职责的利害关系。笔者认为，第一，在供给侧结构

⑥ 王欣新：《管理人制度的发展与创新》，载《人民司法（应用）》2017年第19期。

性改革的时代背景下，引导濒危企业运用市场化法治化手段积极引资、重组自救是有效化解和淘汰落后产能的重要途径之一，符合习近平总书记关于“法治建设既要抓末端、治已病，更要抓前端、治未病”的重要指示精神。“类破产管理服务”提供者的出现是市场经济发展的客观需要，也是让市场发挥资源配置机制的表现。第二，为困境企业提供的“类破产管理服务”性质不同于禁止任职的相对固定的中介服务。禁止任职类服务通常是在利益冲突的博弈中维护委托人一方的利益，由于事先某一独立利益关系的存在而可能影响后续管理人职责的公正履行。而“类破产管理服务”与管理人工作职责在性质上具有统一性和延续性，在利益上具有一致性和相容性，并不会形成与管理人忠实履职相对立的利害关系。⑦ 第三，提供“类破产管理服务”的中介机构往往已与主要债权人、债务人、意向投资方等主要利益相关方建立密切联系，已进行的脱困方案分析、破产理念宣传有助于消除利益相关方对破产申请的惰性认识和错误利益判断，而且将有效减少破产程序中各方主体间沟通与博弈等隐性成本。⑧ 因此，不应将“类破产管理服务”认定为可能影响忠实履职的禁止任职类服务，进而将此类中介机构排除在指定范围外。

四、提名审查程序：构建任职条件书面审和任职人选听证审相结合的“二元制”模式

（一）任职条件的书面审查

如前文所述，对于某一具体候选人的任职条件，应从正向资质能力评定与反向任职回避核查两方面开展。是否被编入管理人名册、享有何种级别、是否因故意犯罪受过刑事处罚、是否曾被吊销相关专业执业证书、是否与本案有利害关系、过往执业经验等，由候选人提交相关证明材料及承诺文件交由法院书面审查，有利于节约司法成本、提高审查效率。

（二）任职人选的听证审查

书面审查的局限性导致无法形成实时的观点交互。司法实践中，不同利

⑦ 前引⑥，王欣新文。

⑧ 参见许胜峰：《管理人制度适用的现实困局及立法建议》，载《法律适用》2017年第15期。

益主体对管理人的具体人选有着不同的考量标准，这就可能导致一人提名和多人提名、被提名的候选人一致或不一致等多种情况出现。结合《浦东破产规定》来看，其采用“提名优先＋随机为辅”这一制度设计，将组织全体当事人协商作为数人提名人选不一致时法院行使司法裁判权的前置程序，又在随后的第 18 条中赋予债权人会议以管理人变更权。⑨ 也就是说，债权人会议可以“任性”地将管理人的履职能力、态度、实效等客观因素排除在考虑范围外，仅依主观意志以多数决的方式更换掉被提名的人选。如果法院在审查个别债权人提名的人选时忽略其他债权人尤其是多数人的意见，就容易造成因多数债权人主观不认可而作出更换管理人决议的后果，这又将不可避免地带来程序的拖延和成本的增加，显然不利于案件的高效审理和利害关系人的权益保障。鉴于此，笔者认为，法院在收到管理人提名申请后，应及时组织已知债权人召开听证会披露管理人提名事宜，引导申请人和债权人充分交流沟通，达到揭示利弊、提示风险、弥合分歧，进而实现在审查阶段达成合意、降低候选人被任意更换的概率，这也是能动司法理念在管理人选任中的具体诠释。

具体到本案中，合议庭一方面要求被提名人选递交执业许可证、管理人级别公告、利害冲突审查说明等资质证明材料，并就符合任职资质、不存在任职回避、不存在恶意串通损害第三人利益等内容作出书面承诺，另一方面召集实业公司的大额债权人参与听证，就被提名管理人人选事宜听取意见。在审查确认被提名人选符合任职条件且获得参加听证的大额债权人认可的基础上，依法指定被提名人选担任本案管理人。本案的审理构建了任职条件书面审和任职人选听证审相结合的“二元制”审查雏形，为后续的类案审查积累了经验。

（责任编辑：徐　川）

⑨ 《浦东破产规定》第 18 条：债权人会议可以作出更换管理人的决议，并由人民法院指定新的管理人。人民法院召集第一次债权人会议时，可以组织债权人就是否更换管理人进行讨论和表决。债权人会议确定了符合任职条件的管理人人选的，人民法院应当指定其担任破产案件管理人。债权人会议确定的人选不符合任职条件或者未确定新的人选的，人民法院可以直接指定新的管理人。

上海市高级人民法院参考性案例
第二十六批（第175—177号）

经上海市高级人民法院审判委员会2024年第28次会议讨论决定，现将“钉某科技公司诉贺某餐饮公司等侵害商标权纠纷案”等3件案例，作为上海市高级人民法院2024年第二批（总第二十六批）参考性案例予以发布，主要为涉知识产权专题案例，供全市法院在审判类似案件时参考。

参考性案例175号

钉某科技公司诉贺某餐饮公司等侵害商标权纠纷案

（上海市高级人民法院审判委员会2024年12月31日讨论通过）

关键词 知识产权/侵害商标权纠纷/驰名商标/按需认定/跨类保护

裁判要点

商标侵权诉讼中，被告以其注册商标抗辩，而原告主张商标驰名的，应区分被告商标使用形态确定原告商标驰名的时间节点。被告原样使用注册商标的，应以被告注册商标申请注册之时认定原告商标是否驰名；被告非原样使用注册商标的，则应以被告非原样使用行为发生之时认定原告商标是否驰名。

基本案情

钉钉是阿某集团推出的企业级智能移动办公平台。钉某科技有限公司（以下简称钉某科技公司）和钉某（中国）信息技术有限公司（以下简称钉某信息公司）系研发并提供钉钉产品和服务的主体。2014年7月7日，申请人阿某集团申请注册第42类信息技术服务等类别“钉钉”商标，注册公告日期为2015年8月14日。2015年1月23日，阿某集团申请注册第42类信息技术服务等类别翅膀图形商标，注册公告日期为2017年12月21日。钉某科技公司和钉某信息公司经授权，享有第42类等类别上的“钉钉”文字和翅膀图形等注册商标使用权，并单独以自己公司的名义，针对该等商标专用权的侵权行为提起民事诉讼，并获得法律救济。该等注册商标经过长期的使用和推广，在国内已为相关公众广泛知晓并具有较高的知名度和影响力。2016年9月12日，阿某集团还申请注册了第43类餐厅等类别翅膀图形商标，注册公告日期为2018年5月7日。原告曾与提供第43类餐饮服务的多家知名餐饮类企业开展合作，具体合作形式是“钉钉”为客户提供钉钉软件等产品或服务。

2015年11月19日，案外人在第29类食品和第43类餐饮住宿类别上申请注册了“钉钉冒菜”商标，并于2016年12月28日获得授权。2016年12月28日，被告贺某后从案外人受让了前述两商标。2023年1月29日，国家知识产权局就前述两商标作出“钉钉冒菜”商标无效宣告请求裁定书，认为前述两商标注册申请未违反《商标法》相关规定，对其予以维持。

贺某为贺某集团创始人、成都贺某品牌管理有限公司（以下简称贺某品牌公司）的董事长以及贺某餐饮共创平台的总发起人。贺某集团于2019年正式成立贺某餐饮共创平台，成都贺某餐饮管理有限公司（以下简称贺某餐饮公司）是贺某集团孵化出的首家项目子公司，也是贺某餐饮共创平台项下的公司之一，其招商手册中载明钉钉冒菜图文组合标识为其经营的一家品牌，并在同页印有“贺某品牌公司”。贺某餐饮公司与贺某运营的新都区钉某某冒菜店等数家线上线下店铺，在店铺招牌、宣传展板、点餐牌、室外立式海报以及汉某公司外卖平台线上店铺和部分食品产品上使用了钉钉冒菜图文组合标识。被告在使用其“钉钉冒菜”注册商标时，存在改变字体并拆分的情况，即横向突出放大“钉钉”二字，并缩小“冒菜”二字竖向排列在“钉钉”的右侧。外卖线上店铺的点菜栏目使用“钉钉套餐”“钉钉素菜”等进行分类，同时以“钉钉—午餐肉”“钉钉—蛋饺”等作为菜品。被告还在午餐肉罐头上使用了钉钉冒菜文字及图文组合标识。网名为“热血小曾”的用户在被告线上店铺发布的评价显示“钉钉不止可以办公还可以吃冒菜，大丰这边新开了一家钉钉冒菜店……”。被告贺某曾与设计公司就钉钉冒菜项目签订了VI设计方案委托合同，该设计方案中载明要“借势营销”“利用品牌名所具备的市场背书，迅速打造知名度，并且全盘具备相应属性，从视觉、体验感、营造模式，均能带动品牌联想性”。

原告钉某科技公司、钉某信息公司诉称，被告的行为实际已经破坏了涉案商标与软件运营服务之间的直接密切联系，减弱涉案商标的显著性，共同侵害了原告就涉案驰名商标享有的相关权益，并且违反了诚实信用原则及商业道德，扰乱了市场竞争秩序，构成商标侵权，依法应当承担停止侵权、公开消除影响、赔偿损失人民币 300 万元（以下币种同）等民事责任。

被告贺某品牌公司、贺某餐饮公司、新都区钉某某冒菜店、贺某共同辩称，被告享有第 43 类、第 35 类及第 29 类“钉钉冒菜”注册商标。就翅膀图形商标而言，权利人在第 43 类上本身就有注册商标，缺乏认定驰名商标的必要性。认定驰名商标亦应以被告“钉钉冒菜”商标申请注册日作为时间节点，而原告证据尚不足以证明诉争商标在被告商标申请日之前已构成驰名商标，不应给予跨类保护。故两原告诉请缺乏事实和法律依据，请求法院依法驳回其全部诉请。

被告上海汉某信息咨询有限公司辩称，其是为网络用户提供信息存储空间的网络服务提供者，收到诉状后及时履行了“通知—删除”义务，不存在侵权过错。故请求法院依法驳回对上海汉某公司的全部诉讼请求。

裁判结果

上海市高级人民法院于 2024 年 3 月 19 日作出（2021）沪民初 6 号民事判决：一、被告贺某品牌公司、贺某餐饮公司、新都区钉某某冒菜店、贺某停止对涉案“钉钉”文字注册商标和图形注册商标的侵害；二、被告贺某餐饮公司、贺某连带赔偿两原告经济损失 50 万元，被告贺某品牌公司对其中 20 万元承担连带赔偿责任，被告新都区钉某某冒菜店对其中 15 万元承担连带赔偿责任；三、被告贺某品牌公司、贺某餐饮公司、新都区钉某某冒菜店、贺某公开刊登声明消除影响；四、驳回两原告的其他诉讼请求。一审宣判后，各方当事人均未提出上诉，一审判决已生效。

裁判理由

法院生效判决认为：根据当事人请求与本案具体情况，本案的侵权行为认定需以涉案“钉钉”文字商标和翅膀图形商标是否驰名为前提。结合在案证据和当事人陈述，可以认定被告的非原样使用注册商标行为在 2019 年 11

月实际运营“钉钉冒菜”店铺之时即已发生。本案中，原告提交了大量2015年至2022年期间的证据，足以证明涉案“钉钉”文字商标和翅膀图形商标于前述使用之时在第42类软件运营服务上为驰名商标。原告方涉案第42类“钉钉”文字商标和翅膀图形商标可以获得在第29类、第35类和第43类涉案类别上的跨类保护。被告方在前述类别上的非原样注册商标使用行为足以使相关公众认为被诉商标与驰名商标具有相当程度的联系，减弱了涉案驰名商标的显著性，不正当利用了该驰名商标的市场声誉，致使原告方利益受损，侵犯了原告方涉案“钉钉”文字商标和翅膀图形商标作为驰名商标的商标权利。但是没有证据表明，在被告方“钉钉冒菜”商标申请注册之时即2015年11月19日，原告涉案“钉钉”文字商标和翅膀图形商标构成驰名商标。被告可在其注册商标专用权范围内继续合法使用被诉“钉钉冒菜”商标，但应当依法严格规范使用，不得进行“借势营销”，不得突出或者单独使用“钉钉”，更不得对其“钉钉冒菜”注册商标变造拆分使用。

相关法条

《中华人民共和国商标法》第13条、第14条

《最高人民法院关于审理涉及驰名商标保护的民事纠纷案件应用法律若干问题的解释》第9条、第10条、第11条

参考性案例176号

郭某侵犯商业秘密案

（上海市高级人民法院审判委员会2024年12月31日讨论通过）

关键词　知识产权/侵犯商业秘密罪/非法获取持有/虚拟许可使用费/芯片/成本法/自首

裁判要点

（1）非法获取持有型侵犯商业秘密犯罪中，未实际产生许可使用费的，可以通过评估涉案商业秘密虚拟许可使用费予以认定，并可根据个案中权利人实施涉案商业秘密的实际情况，结合科学性、合理性原则选择最优评估方式。涉及前沿芯片技术秘密的可以其中自研模块的研发成本进行评估，评估时可以规范、完整的财务凭证为依据，并坚持存疑有利于被告人原则，仅计

算与研发直接相关的费用。

（2）非法获取持有型侵犯商业秘密罪的被告人在主动投案后，仅供述其行为方式，但否认其获取手段的不正当性，不属于如实供述本罪主要犯罪事实，不能认定为自首。

基本案情

两被害单位绍兴某科技有限公司、上海某科技有限公司系母子公司，共同从事人工智能处理器NPU芯片的研发及销售，并于2020年8月研发完成涉案芯片项目。该项目芯片由多模块组成，其中涉案两项技术系自研模块，是实现芯片功能的关键技术。经鉴定，该两项技术信息在案发前不为公众所知悉。同时，被害单位通过对服务器设置物理隔离、控制网络访问及数据传输、制定保密工作制度、签署保密协议等，对涉案技术信息采取了相应保密措施。

被告人郭某原系被害单位创始人，并担任被害单位上海某科技有限公司首席运营官，负责涉案项目的芯片研发相关工作，并与被害单位签订了保密协议。2022年9月至11月，被告人郭某因与被害单位其他创始人产生矛盾，为在后续与公司谈判时增加筹码和话语权，并便于离职后使用相关数据，在未告知其他股东的情况下，利用其任职所掌握的root账户权限，多次绕开公司服务器安全管理设置，擅自将包括涉案两项技术信息在内的大量保密数据非法复制、传输至本地电脑后上传至其个人网盘。此外，2022年8月起，被告人郭某以案外公司核心人员身份参与该公司对外融资活动并出现在该公司大算力芯片项目宣传资料中。

经鉴定，被告人郭某上传至其个人存储空间的文件中所包含代码与涉案技术信息代码具有同一性。经评估，涉案两项技术信息的合理许可使用费为231万元。

2022年11月，被告人郭某通过上述方式非法复制、传输保密数据时被公司当场发现并报警。2023年11月，被告人郭某经公安机关电话通知后到案。其到案后承认其从两被害单位处复制、传输了核心数据至其个人网盘，但辩称其目的系为两被害单位备份数据，至检察机关审查逮捕时才如实供述上述基本犯罪事实。

公诉机关上海市浦东新区人民检察院指控被告人郭某犯侵犯商业秘密罪，

向上海市浦东新区人民法院提起公诉。

裁判结果

上海市浦东新区人民法院于2024年4月16日作出（2024）沪0115刑初493号刑事判决：被告人郭某犯侵犯商业秘密罪，判处有期徒刑二年，缓刑二年，并处罚金十万元。一审宣判后，被告人未上诉、公诉机关未抗诉，判决已发生法律效力。

裁判理由

法院生效裁判认为，本案的争议焦点是：商业秘密权利人的损失数额如何认定；被告人郭某是否应被认定具有自首情节。

一、关于商业秘密权利人损失数额的认定问题

首先，侵犯商业秘密罪以“情节严重”作为入罪标准，而权利人的损失数额是认定“情节严重”的主要因素，是影响定罪量刑的重要事实，有必要作出准确认定。本案系非法持有获取型侵犯商业秘密犯罪，依据《最高人民法院、最高人民检察院关于办理侵犯知识产权刑事案件具体应用法律若干问题的解释（三）》第5条之规定，该类犯罪中权利人的损失数额可以根据该项商业秘密的合理许可使用费确定。涉案商业秘密没有实际许可使用费标准，应由资产评估机构对密点的“虚拟许可使用费”予以价值评估。

其次，商业秘密评估方式一般包括成本法、收益法、市场法三种。结合本案权利人实施涉案商业秘密的实际情况，一方面，涉案商业秘密所涉产品在评估鉴定时销售时间较短、销售数量较少，且均为疫情期间流片投产，属于非正常生产、销售状态，相关销售数据不具备收益法适用条件，故本案商业秘密价值评估鉴定不宜适用收益法。另一方面，本案权利人对于涉案商业秘密所涉研发支出能够提供规范、完整的记账凭证和原始凭证，故本案采用成本法评估涉案商业秘密价值具有科学性、合理性。

最后，本案商业秘密所涉产品系人工智能芯片，根据存疑有利于被告人原则，不能将涉案芯片产品的所有研发成本全部纳入涉案商业秘密的价值评估计算之中。芯片产品系由一个或多个模块构成，不同模块由不同逻辑电路组成、负责不同功能。本案芯片内置多个模块，其中最关键的两个功能模块系由被害单位自研、对应涉案两项技术秘密，故本案评估鉴定围绕该两个自

研模块展开，包括研发人员的人力资源成本、材料费、设备折旧等。而预研阶段的资产投入、芯片流片费用、其余非自研模块的采购费用、申请相关知识产权的费用等无关支出均未计入。

二、关于被告人郭某是否应被认定具有自首情节

犯罪以后自动投案，如实供述自己的罪行的，是自首。《最高人民法院关于处理自首和立功具体应用法律若干问题的解释》第1条规定，如实供述自己的罪行，是指犯罪嫌疑人自动投案后，如实交代自己的主要犯罪事实。对于非法获取持有型侵犯商业秘密犯罪而言，其犯罪事实是指以盗窃、贿赂、欺诈、胁迫、电子侵入或者其他不正当手段获取权利人的商业秘密且情节严重。本案中，被告人郭某经公安机关电话通知到案之初，虽能如实供述其从两被害单位服务器中复制、传输了核心数据至其个人网盘的行为，但却辩解称其行为系为两被害单位备份数据，实际上否认了其行为的不法性，不属于如实交代自己的主要犯罪事实，因此不能认定为自首。

相关法条

《中华人民共和国刑法》第67条、第219条

《最高人民法院、最高人民检察院关于办理侵犯知识产权刑事案件具体应用法律若干问题的解释（三）》第5条

参考性案例177号

刘某生、刘某侵犯著作权案

（上海市高级人民法院审判委员会2024年12月31日讨论通过）

关键词 知识产权/侵犯著作权罪/软件著作权/安全认证/盗版/“加密狗”/医疗设备软件

裁判要点

行为人通过制作、销售盗版安全认证工具、盗版软件，避开权利人为保护其软件著作权而采取的技术措施，从而实现应用软件盗版使用的，应当认定为《中华人民共和国刑法》第217条第6项的侵犯著作权或者与著作权有关的权利的情形。

基本案情

超声设备 Voyager 平台软件、血管造影机 Azurion R1 软件、CT 扫描仪 Brilliance 软件、IntelliSpace Portal 星云工作站软件、算码器软件、维修手册等作品的著作权人系皇家飞某有限公司及其关联公司，该公司授权飞某（中国）投资有限公司（以下简称飞某中国公司）在中国境内行使著作权；医学图像处理软件 AW 工作站、核磁共振设备 Image and Raw Data Viewer 维修工具软件等作品的著作权人系通某电气精准医疗有限责任公司；医学图像处理软件飞云工作站的著作权人系西某医疗有限公司。上述公司为保护其软件作品，在上述软件作品中设置了安全认证系统、认证工具（俗称“加密狗”）、算码器等技术保护措施。

2019 年 3 月起，被告人刘某生以营利为目的，未经上述著作权人许可，自行制作盗版“加密狗”用于避开著作权技术保护措施，提供维修手册等作品的下载链接，擅自复制上述工作站软件，通过闲鱼账户“2020-20**”等渠道销售“加密狗”和盗版软件给案外人刘某宇等人。经上海沪港金茂会计师事务所有限公司审计，2019 年 3 月至 2022 年 7 月，刘某生通过其个人支付宝、微信、银行账户、Paypal，共收取“加密狗”、盗版软件的销售金额 91 万余元。2020 年 7 月起，被告人刘某生指使被告人刘某（被告人刘某生之妻）开设闲鱼账户“一切随缘 ****”销售“加密狗”和盗版软件。其间，刘某生负责制作“加密狗”、复制盗版软件、上架商品、寄快递等，刘某负责“一切随缘 ****”账户客服、收款等。经上海沪港金茂会计师事务所有限公司审计，2020 年 7 月至 2022 年 7 月，刘某通过个人支付宝收取“加密狗”、盗版软件销售金额 14 万余元。经上海辰星电子数据司法鉴定中心鉴定，刘某生、刘某销售的“加密狗”可以避开上述著作权人为其作品采取的技术保护措施，销售的盗版软件与著作权人的作品实质相同。

上海市人民检察院第三分院指控被告人刘某生、刘某犯侵犯著作权罪，向上海市第三中级人民法院提起公诉。

裁判结果

上海市第三中级人民法院于 2023 年 4 月 12 日作出（2023）沪 03 刑初 23 号刑事判决：一、被告人刘某生犯侵犯著作权罪，判处有期徒刑三年二个月，并处罚金七十万元；二、被告人刘某犯侵犯著作权罪，判处有期徒刑一年，缓刑一年，并处罚金八万元；三、违法所得予以追缴，扣押在案的供犯罪所用的读卡器、芯片卡、光盘、电脑、手机等予以没收。本案一审判决后，二被告人均未上诉，公诉机关未抗诉。本案现已生效。

裁判理由

法院生效判决认为：被告人刘某生作为常年从事医疗设备维修的人员，明知著作权人对其医疗设备的后台维修软件等普遍设置了一定的保护措施，需要通过安全认证系统、认证工具“加密狗”、算码器等才能进入后台操作，却因市场上有大量需求，为牟取非法利益，从2019年3月起开始制作、销售盗版“加密狗”、盗版软件等，在相关系列案件中处于犯罪产业链的源头；被告人刘某生制作、销售的盗版软件和认证工具“加密狗”数量多、范围广，非法经营数额达106万余元，不仅侵犯了多家权利人公司的软件著作权，还影响到著作权人的竞争优势；被告人刘某生当庭供称其从未维修过皇家飞某有限公司的医疗设备，对其制作、销售的盗版“加密狗”、软件的性能、安全性、稳定性无法保障，其也未对购买客户的资质、专业背景等一一审核，一旦非专业人员使用盗版“加密狗”、软件进行不当操作反而可能会导致医疗设备的故障，影响医疗设备的正常运行和使用，具有较大的社会危害性。综上，对被告人刘某生不宜适用缓刑。

被告人刘某生早在疫情发生前就开始从事相关业务，且主要为了获取非法利益。无证据表明购买人系因疫情封控无法维修医疗设备，要求其帮忙制作盗版“加密狗”予以解决。所以辩护人辩称刘某生因疫情封控影响造成医疗设备无法及时维修，才制作、销售盗版“加密狗”、盗版软件的辩护意见不予采信。

依据《最高人民法院、最高人民检察院关于办理侵犯知识产权刑事案件具体应用法律若干问题的解释（三）》第10条规定，罚金数额一般按照非法经营数额的百分之五十以上一倍以下确定。本案中，公诉机关在违法所得无法查清的情况下，依据非法经营数额的百分之五十以上一倍以下确定刘某生的罚金刑，量刑建议于法有据。在共同犯罪中，被告人刘某生起主要作用，系主犯，应当按照其所参与或者组织、指挥的全部犯罪处罚。被告人刘某起次要作用，系从犯，应当从轻处罚。被告人刘某生、刘某认罪认罚，于庭前预缴了罚金，可以从宽处理。

相关法条

《中华人民共和国刑法》第217条第6项

《最高人民法院、最高人民检察院关于办理侵犯知识产权刑事案件具体应用法律若干问题的解释（三）》第10条

（责任编辑：牛晨光）

《上海审判实践》征稿启事

《上海审判实践》是由上海市高级人民法院主办的应用法学类刊物。为进一步提升《上海审判实践》的办刊质量，更好地服务法官执法办案，更好地汇聚法律共同体的真知灼见，进一步扩大刊物的社会影响力，自 2018 年 5 月起，《上海审判实践》将改版公开发行。在改版之际，本刊编辑部正式向全市法院系统及社会公开征稿，欢迎全市法院干部、法学理论界和司法实务界同仁惠赐佳作。

一、办刊宗旨

《上海审判实践》将秉持求真务实的原则，秉承兼容并蓄的风格，倡导实务研究，鼓励理论创新，传递“法律人共同的声音”，努力构筑法学理论界、司法实务界探索交流的实践与学术高地。刊物以季刊形式每年四辑公开出版。

二、栏目简介

1. 专稿：主要展示司法实务部门业务专家、权威学者等的理论研究佳作。

2. 专题策划：以相关法律热点为专题开展深入探讨，形成对热点问题的系统、全面解读。

3. 司法实务：主要展示对司法实践突出问题的深入分析与认真思考，突出文章的现实指导意义和实践参考价值。

4. 学术争鸣：主要展示专家学者、实务界精英对前沿理论问题的思考。

5. 司法大数据分析：以司法大数据为基础，梳理实践中的突出问题，深入剖析内在原因，探索解决路径。

6. 改革前沿：主要展示司法改革的内容、成效以及相关思考。

7. 案例精解：精选最高人民法院指导性案例、公报案例、上海法院精品案例等，进行深度解读。

8. 审判业务文件：对最高人民法院、上海市高级人民法院等发布的审判业务文件进行研究解读。

9. 审判答疑：对审判实务中的热点、难点，尤其是法律适用不统一问题，组织经验交流和总结答疑。

三、征稿要求

1. 字数：《上海审判实践》以稿件的学术水平及文稿质量作为辑录依据。普通稿件 8000—10000 字为宜；案例分析 6000—7000 字为宜。

2. 稿件要求：《上海审判实践》编辑部拥有《上海审判实践》辑录作品的相关知识产权。来稿需未在任何纸质和电子媒介上发表过；译稿请同时寄送原文稿，并附作者或出版者的翻译书面授权许可；作者应保证对其作品具有著作权并不侵犯其他个人或组织的著作权。稿件需注明作者身份、联系方式和投稿栏目信息。

3. 格式要求（见附件）。

四、来稿方式

上海法院内部的稿件通过《上海审判实践》投稿系统直接投送；上海法院外部的稿件以电子邮件方式发送至电子邮箱 shspsj@126.com。上海市高级人民法院《上海审判实践》编辑部，地址：上海市徐汇区肇嘉浜路 308 号。

五、辑录说明

1.《上海审判实践》公开出版发行后，“中国上海司法智库”微信公众号将作为其唯一电子版及电子增刊发布平台。除作者在来稿时声明保留外，则视为同意将《上海审判实践》投稿作品供“中国上海司法智库”微信公众号进行编辑推送。

2. “中国上海司法智库”微信公众号已发布的优秀原创作品，将择优辑录入《上海审判实践》；未辑录入《上海审判实践》的作品，也将择优以

《上海审判实践》电子增刊形式在“中国上海司法智库”微信公众号进行编辑推送。

3.《上海审判实践》及“中国上海司法智库”微信公众号上刊登的上海法院原创来稿，将录入上海法院调研工作考核系统。

《上海审判实践》辑录所有文章的转载、摘登、翻译和结集出版事宜，均须得到编辑部的书面许可。

上海市高级人民法院研究室

《上海审判实践》编辑部

2018年4月2日

请扫右侧二维码

即时关注《上海审判实践》网络版及电子增刊

发布平台

附：注释体例

来稿一般应有摘要及关键词，应做到“三统一”，即体例统一、数字用法统一和注释规范统一。

（一）本书提倡引用正式出版物，出版时间应精确到年；根据被引资料性质，可在作者姓名后加“主编”、“编译”、“编著”、“编选”等字样。

（二）文中注释一律采用脚注，全文连续注码，注码样式为：①②③等。

（三）非直接引用原文时，注释前加“参见”；非引用原始资料时，应注明“转引自”。

（四）数个注释引自同一资料时，注释体例为：前引①，哈耶克书，第48页。

（五）引文出自同一资料相邻数页时，注释体例为：……，第67页以下。

（六）引用自己的作品时，请直接标明作者姓名，不要使用“拙文”等自谦词。

（七）具体注释体例：

1. 著作类

① 胡长清：《中国民法总论》，中国政法大学出版社 1997 年版，第 20 页。

2. 论文类

① 苏永钦：《私法自治中的国家强制》，载《中外法学》2001 年第 1 期。

3. 文集类

①［美］J. 萨利斯：《想象的真理》，载［英］安东尼·弗卢等著：《西方哲学演讲录》，李超杰译，商务印书馆 2000 年版，第 112 页。

4. 译作类

①［法］卢梭：《社会契约论》，何兆武译，商务印书馆 1980 年版，第 55 页。

5. 报纸类

① 刘均庸：《论反腐倡廉的二元机制》，载《法制日报》2004 年 1 月 3 日。

6. 古籍类

①《史记·秦始皇本纪》。

7. 辞书类

①《新英汉法律词典》，法律出版社 1998 年版，第 24 页。

8. 外文类

依从该文种注释习惯。

图书在版编目(CIP)数据
上海审判实践. 2025年. 第1辑. / 王光贤主编.
上海 : 上海人民出版社, 2025. -- ISBN 978-7-208
-19556-1
Ⅰ. D926.22
中国国家版本馆CIP数据核字第2025WU2963号

责任编辑 史尚华
封面设计 夏 芳

上海审判实践(2025年第1辑)
上海市高级人民法院 主办
王光贤 主编

出 版 上海人民出版社
(201101 上海市闵行区号景路159弄C座)
发 行 上海人民出版社发行中心
印 刷 上海商务联西印刷有限公司
开 本 720×1000 1/16
印 张 20.5
插 页 2
字 数 313,000
版 次 2025年6月第1版
印 次 2025年6月第1次印刷
ISBN 978-7-208-19556-1/D·4513
定 价 95.00元